ENCYCLOPÉDIE-RORET

NATURALISTE
PRÉPARATEUR

PREMIÈRE PARTIE

MANUELS-RORET

NOUVEAU MANUEL COMPLET

DU

NATURALISTE

PRÉPARATEUR

PREMIÈRE PARTIE

CONTENANT

LES CLASSIFICATIONS D'HISTOIRE NATURELLE,
LA RECHERCHE
ET L'EMBALLAGE DES OBJETS D'HISTOIRE NATURELLE,
AINSI QUE LES MEILLEURS PROCÉDÉS

POUR LA CONSERVATION DES COLLECTIONS

Par M. BOITARD

Chevalier de la Légion d'Honneur, Membre de plusieurs Sociétés
savantes.

NOUVELLE ÉDITION
CORRIGÉE, AUGMENTÉE ET ENTIÈREMENT REFONDUE
D'APRÈS LES NOUVELLES CLASSIFICATIONS

Ouvrage orné de Figures.

PARIS

LIBRAIRIE ENCYCLOPÉDIQUE DE RORET
L. MULO, SUCCESSEUR
12, RUE HAUTEFEUILLE, 12
1895

AVIS

Le mérite des ouvrages de l'**Encyclopédie-Roret** leur a valu les honneurs de la traduction, de l'imitation et de la contrefaçon. Pour distinguer ce volume, il porte la signature de l'Éditeur, qui se réserve le droit de le faire traduire dans toutes les langues, et de poursuivre, en vertu des lois, décrets et traités internationaux, toutes contrefaçons et toutes traductions faites au mépris de ses droits.

Le dépôt légal de ce Manuel a été fait dans le cours du mois de Septembre 1895, et toutes les formalités prescrites par les traités ont été remplies dans les divers États avec lesquels la France a conclu des conventions littéraires.

AVIS DE L'ÉDITEUR

C'est la première fois que le *Manuel du Naturaliste-Préparateur*, de BOITARD, est publié en deux parties distinctes. De nos jours, les sciences suivent une marche progressive tellement rapide, qu'il eût été difficile de grossir le volume publié en 1868, sans le rendre incommode; d'un autre côté, il était impossible de le publier à nouveau sans y introduire les corrections et les additions indispensables. Nous nous sommes donc décidé à le diviser en deux parties, refondues de manière à former deux ouvrages distincts l'un de l'autre et pouvant se compléter d'après le besoin du lecteur.

Cette première partie renferme tout ce qui peut intéresser le naturaliste; la seconde, dont il peut se dispenser s'il ne veut pas prendre la peine de préparer lui-même le produit de ses chasses, est exclusivement réservée à la Taxidermie, aux Préparations anatomiques et aux Embaumements. Le premier volume, tout scientifique, ne contient aucune des recettes et des méthodes qui constituent l'industrie du Préparateur et du Taxidermiste.

Il était impossible de conserver au commencement de ce volume les anciennes classifications de Linné, que Boitard avait adoptées à une époque où les travaux de nos naturalistes modernes n'avaient pas encore été publiés. Cette première section a dû être entièrement changée, et elle a pris une telle extension qu'elle occupe actuellement cent pages, au lieu des vingt-huit dans lesquelles elle était contenue dans l'édition précédente. Ce travail, *entièrement neuf*, est dû à la collaboration de deux naturalistes, qui ont désiré garder l'anonyme, malgré la compétence qu'ils avaient pour traiter le sujet qui leur était confié. Nous leur adressons ici nos remerciements pour le soin qu'ils ont apporté à ce travail minutieux et souvent difficile.

La deuxième section renferme les méthodes connues pour se procurer les objets d'histoire naturelle des trois règnes et pour les rapporter chez soi, en bon état d'être livrés au Préparateur.

La troisième section concerne le naturaliste-voyageur que l'amour de la science a poussé vers des voyages lointains et quelquefois sous des latitudes éloignées de la nôtre; elle renferme l'emballage des objets d'histoire naturelle et elle est complétée par des instructions sur la manière dont les pièces doivent être traitées provisoirement jusqu'au moment où le Préparateur les recevra pour les préparer définitivement.

La quatrième section s'adresse à tous les Naturalistes qui possèdent une collection quelle qu'elle soit, et leur indique les moyens de la conserver en bon état et de la sauvegarder des insectes qui la détruisent.

Ces trois dernières sections, dues à la plume de Boitard, ont été classées, corrigées et complétées avec soin.

Le Manuel que nous publions aujourd'hui peut donc être considéré comme un travail nouveau, à cause de la nouvelle disposition des matières qui y sont traitées. Il convient aux jeunes amateurs qui sont entraînés par l'attrait des sciences naturelles à recueillir les animaux, les végétaux ou les minéraux qui sont à leur portée, pour en faire une Collection, qui peut devenir importante avec le temps; il convient encore aux Naturalistes dont la profession est de voyager pour recueillir en France ou à l'étranger les objets et les individus qui ne figurent que rarement dans les Collections publiques ou privées. Il peut rendre bien des services à ces hardis pionniers de la science qui ne sont rebutés ni par les privations ni par les dangers.

En effet, c'est une vie de fatigues à laquelle est voué le hardi voyageur qui explore les pays inconnus. « Il doit s'armer de patience, de courage, et surtout » de son amour pour la science, et aller braver dans » les climats lointains les intempéries d'un ciel étran- » ger, les mœurs barbares de peuples sauvages, et les » fatigues d'un voyage long et pénible. C'est sur le » sable embrasé de l'Afrique, sur les montagnes es- » carpées de l'Amérique, dans les plaines dangereuses » de l'Inde, dans les contrées souvent inhospitalières » de l'Océanie, qu'il rencontrera des richesses inap- » préciables pour la science, et qu'il acquerra des » titres à la reconnaissance de ses concitoyens et du » monde savant.

» Cependant, si le destin le condamnait à n'étendre » ses recherches que dans sa patrie, il pourrait en- » core faire des découvertes précieuses, et rendre des » services essentiels à l'histoire naturelle. Par une » singularité inexplicable, la plus grande partie des » naturalistes ont toujours négligé leur propre pays » pour s'occuper, de préférence, d'explorer des con- » trées lointaines; aussi les animaux et les plantes qui » habitent les forêts, les montagnes, les eaux des lacs

» et des rivières de la France, nous sont peut-être
» moins connus que ceux qui peuplent l'Amérique. »

Nous rappelons ici ces dernières considérations
émises par Boitard, pour engager les jeunes amateurs
des sciences naturelles à parcourir leur propre pays
et à en connaître toutes les régions. Les communications ont été de nos jours tellement facilitées par
les chemins de fer, qu'on est impardonnable de ne pas
visiter les pays que notre auteur signalait comme
renfermant des richesses inexplorées, lorsqu'on peut
le faire si facilement et sans courir les dangers auxquels on s'expose dans les contrées éloignées et barbares.

On voit par ce qui précède combien ce volume dif-
fère de la seconde partie de l'ouvrage de Boitard, par
les matières qui y sont traitées, et combien sont différents les lecteurs auxquels il s'adresse. Nous croyons
avoir rendu un véritable service aux Naturalistes
amateurs et de profession en publiant en un volume
séparé tout ce qui les intéresse, sans les forcer à acquérir un ouvrage dont la plus grande partie ne les
concerne qu'à un point de vue très secondaire. Nous
accueillerons avec plaisir les observations, les cri-
tiques et les procédés nouveaux qu'on voudra bien
nous envoyer, en vue d'améliorer ce Manuel à une
nouvelle édition.

NOUVEAU MANUEL COMPLET

DU

NATURALISTE

PRÉPARATEUR

✦

PREMIÈRE PARTIE

PREMIÈRE SECTION

Classification des Objets d'Histoire naturelle.

INTRODUCTION

Il ne suffit pas à un amateur d'apprendre à préparer un animal, à dessécher un végétal, et à placer un échantillon de minéralogie dans toutes les conditions nécessaires pour lui conserver ses caractères spécifiques, il faut encore qu'il étudie les classifications adoptées par le monde savant, et professées ou établies par les hommes célèbres qui ont fait de notre patrie le centre des lumières dans tout ce qui concerne les sciences naturelles.

Il faut qu'il sache mettre de l'ordre dans sa collection, et placer les individus qu'il a préparés à côté de ceux avec lesquels ils ont le plus d'analogie. La collection la plus nombreuse, la mieux conservée, sans cette condition, n'a aucun mérite pour le savant, qui ne peut plus reconnaître les chaînons de cette immense série d'êtres qui composent la nature tout entière.

Nous donnons, dans la première section de ce volume, un exposé succinct des classifications, d'après les auteurs les plus autorisés : MM. Milne-Edwards, Is. Geoffroy Saint-Hilaire, Duméril et Bibron, Cuvier, Latreille, de Siebold, de Jussieu, Delafosse, etc., auxquels nous renvoyons pour plus de détails.

On se propose, en étudiant les corps en particulier, de découvrir l'influence que chacun d'eux exerce sur les autres corps, son importance dans la nature, les conditions nécessaires de son existence, et enfin, par la comparaison, les lois particulières, puis générales, qui régissent la nature entière. Tout homme qui envisage l'histoire naturelle sous un rapport philosophique, qui ne veut pas être seulement un nomenclateur, doit donc rapprocher les uns des autres les êtres qui ont le plus d'analogie entre eux, afin d'établir aisément plus de comparaisons justes, d'en tirer des conséquences nouvelles, et d'arracher, autant qu'il est en lui, un morceau de ce voile qui cache encore à nos yeux les *causes premières*.

Sans autre préambule, nous allons donc mettre sous les yeux du lecteur les principales divisions adoptées aujourd'hui, au moyen desquelles il parviendra facilement à placer dans son règne, sa classe et sa famille, un être quelconque qui tomberait dans ses mains. S'il veut connaître son genre et son espèce, il aura recours à un ouvrage spécial sur la classe à laquelle il appartient.

Tous les corps composant l'univers, ou du moins tous ceux que nous connaissons, se divisent en deux sections : 1º les corps organiques; 2º les corps inorganiques.

Ces deux grandes coupes se divisent en trois règnes :

A. CORPS ORGANIQUES ET VIVANTS.

1º Etres doués de sensibilité, ayant la faculté de se mouvoir, c'est le *règne animal*.

2º Corps insensibles, mais dont quelques-uns sont encore susceptibles d'irritabilité sur place, c'est le *règne végétal*.

B. CORPS INORGANIQUES SANS VIE.

3º Corps composés de matières inertes ne donnant jamais signe de sensibilité ou de mouvement, c'est le *règne minéral*.

I. RÈGNE ANIMAL

Le règne animal se divise en deux grandes coupes : 1º ceux dont le corps est soutenu par une charpente osseuse, intérieure, articulée, nommée colonne vertébrale, ce sont les animaux vertébrés ; 2º ceux qui n'ont pas de colonne vertébrale intérieure, ce sont les animaux invertébrés.

PREMIER EMBRANCHEMENT.

Animaux vertébrés.

ALLANTOÏDIENS

Respiration pulmonaire	circulation complète. .	*Mammifères.* *Oiseaux.*
	circulation incomplète.	*Reptiles.*

ANALLANTOÏDIENS

Des poumons dans l'âge adulte seulement.	*Batraciens.*
Point de poumons, des branchies . .	*Poissons.*

SECOND EMBRANCHEMENT.

Animaux articulés.

Respiration aérienne . . . . {
Insectes.
Arachnides.
Myriapodes.
Crustacés.

MOLLUSQUES PROPREMENT DITS.

Système nerveux composé de plusieurs ganglions . . . . {
Céphalopodes.
Ptéropodes.
Gastéropodes.
Acéphales.

MOLLUSCOÏDES.

Système nerveux rudimentaire . . {
Tuniciers.
Bryozoaires.

VERS.

Respiration presque toujours branchiale . . . . {
Annélides.

Respiration cutanée. . . . . {
Helminthes.
Rotateurs.
Turbellariés.
Trématodes.
Cestoïdes.

ZOOPHYTES RAYONNÉS.

Corps offrant une disposition radiaire . . . . {
Echinodermes.
Acalèphes.
Polypes ou *Coralliaires.*

ZOOPHYTES SARCODAIRES.

Corps offrant une disposition sphérique. . . . . {
Infusoires.
Spongiaires.

CLASSE DES MAMMIFÈRES

Genres.

Ordre des Bimanes. *Homme.*

Ordre des Quadrumanes.

Sous-Ordre des PRIMATES

FAMILLE DES SIMIENS

Pas de queue. Pouces opposables
aux quatre membres. . . . . . . *Orang.*

FAMILLE DES CYNOPITHÉCIENS

Singes de l'ancien continent.
Une queue. Des callosités ischia-
tiques. Des abajoues. . . . . . . *Cercopithèque.*

FAMILLE DES CÉBIENS

Singes du Nouveau-Monde.
Pas de callosités ischiatiques. Queue
prenante. Pas d'abajoues. . . . . *Sajou, Atèle.*

FAMILLE DES PLATYRRHINIENS

Queue non prenante. . . . . *Nyctipithèque.*

FAMILLE DES HAPALIENS

Ongles en griffes. . . . . *Ouistiti.*

Sous-Ordre des LÉMURIENS

FAMILLE DES LÉMURIDÉS

1re *Tribu. — Indrisiens.*

Une très petite queue . . . . *Indris.*
Une queue longue. . . . . *Propithèque.*

2ᵉ *Tribu.* — *Lémuriens.*

Une queue longue. Incisives inférieures proclives. Poil laineux. . *Maki.*

3ᵉ *Tribu.* — *Galaciens.*

Oreilles grandes. Yeux très grands. *Galago.*

FAMILLE DES TARSIDÉS

Membres longs et grêles. Queue
longue. . . . . *Tarsier.*

FAMILLE DES CHIROMYDÉS

Pouces opposables aux membres
postérieurs seulement. Doigt mé-
dian de la main très long et
grêle . . . . *Aye-Aye.*

FAMILLE DES GALÉOPITHÉCIDÉS

Membres enveloppés dans un repli
de la peau et formant des ailes
ou parachutes. . . . . *Galéopithèque.*

Ordre des Chiroptères.

FAMILLE DES PTÉROPODIDÉS

Ailes arrondies. Pas de membranes
interfémorales, ni de queue . . . *Roussette.*

FAMILLE DES RHINOLOPHIDÉS

Une feuille nasale compliquée. Ailes
grandes et développées. . . . . . *Rhinolophe.*

FAMILLE DES NYCTÉRIDÉS

Oreilles réunies à leur base, oreillon extérieur, membrane interfémorale grande et enveloppant
la queue. . . . . *Nyctère.*

FAMILLE DES VESPERTILIONIDÉS

Oreillon interne, des abajoues,
queue longue enveloppée dans
une membrane . . . . *Vespertilion.*

FAMILLE DES EMBALLONURIDÉS

Oreilles moyennes, pas d'oreillons. *Emballonure.*

FAMILLE DES MOLOSSIDÉS

Tête courte, museau renflé, oreilles
grandes, réunies, queue longue,
membrane interfémorale étroite
et terminée carrément . . . . . . *Molosse.*

FAMILLE DES PHYLLOSTOMIDÉS

Feuilles du nez simples, l'une en
feuille, l'autre en fer à cheval ;
oreilles grandes et unies, oreillon
interne denté ; queue variable en
longueur . . . . *Phyllostome.*

Ordre des Insectivores.

FAMILLE DES TUPAÏDÉS

Tête pointue, cinq doigts à chaque
pied, queue longue, couverte de
longs poils : arboricoles. . . . . *Cladobate.*

FAMILLE DES MACROSCÉLIDÉS

Tête pointue, membres postérieurs
très longs, queue longue. . . . . *Macroscélide.*

FAMILLE DES SORICIDÉS

Nez long et mobile, de très petits
yeux, queue ronde, oreilles mé-
diocres . . . . *Musaraigne ter-*
restre.

Queue aplatie latéralement. . . . . *Musaraigne aquatique.*

FAMILLE DES TALPIDÉS

Corps trapu, point d'oreilles, membres antérieurs en forme de pelle. *Taupe, Condylure.*

FAMILLE DES ÉRINACÉIDÉS

Corps couvert de piquants; pouvant se rouler en boule ; queue très courte. . . . . *Hérisson.*

Ordre des Carnassiers.

PLANTIGRADES

FAMILLE DES POTIDÉS

Queue longue et prenante, poilue jusqu'à son extrémité . . . . . . *Kinkajou.*

FAMILLE DES URSIDÉS

Plante des pieds nue, cinq doigts à chaque pied. . . . . *Ours, Blaireaux*

DIGITIGRADES

FAMILLE DES VIVERRIDÉS

Ongles en griffes, membres ordinaires. . . . . *Mangouste, Civette.*

FAMILLE DES CANIDÉS

Ongles ordinaires, membres très hauts . . . . *Chien, Hyène.*

FAMILLE DES FÉLIDÉS

Ongles rétractiles, membres forts. *Lion, Chat.*

AMPHIBIES

FAMILLE DES PHOCIDÉS

Corps allongé, membres enveloppés
dans la peau, en forme de nageoires, ne servant qu'à la nata-
tion. . . . . *Phoque, Otarie.*

CLAVICULÉS

FAMILLE DES PTÉROMYDÉS

Peau des flancs très dilatée entre les
membres et formant une sorte de
parachute . . . . *Écureuil volant*

FAMILLE DES SCIURIDÉS

Pattes armées d'ongles très acérés,
queue longue et souvent disti-
que . . . . *Écureuil.*

FAMILLE DES ARCTOMYDÉS

Corps lourd, queue courte . . . . . *Marmotte, Sper-*
mophile.

FAMILLE DES MURIDÉS

Queue longue, membres courts. . . *Rat.*

NON CLAVICULÉS

FAMILLE DES DIPODIDÉS

Membres postérieurs très longs,
queue longue . . . . *Gerboise.*

FAMILLE DES SPALACIDÉS

Queue courte, corps trapu, des po-
ches jugales. . . . . *Bathyergue,*
Spalax.

FAMILLE DES HYSTRICIDÉS

Corps couvert de piquants, queue
courte ou nulle . . . . *Porc-Épic.*

FAMILLE DES LÉPORIDÉS

Pattes postérieures très longues,
oreilles grandes. . . . . *Lièvre, Lapin.*

Ordre des Edentés.

FAMILLE DES BRADYPODIDÉS

Membres terminés par deux ou trois
crochets. Dents similaires . . . . *Paresseux.*

FAMILLE DES MYRMÉCOPHAGIDÉS

Membres terminés par des crochets.
Queue prenante. Pas de dents . . *Myrmécophage.*

FAMILLE DES MANIDÉS

Corps couvert d'écailles. Pas de dents. *Pangolin.*

FAMILLE DES DASYPODÉS

Corps recouvert d'une carapace mobile. Dents similaires . . . . . . *Tatou.*

Ordre des Pachydermes.

FAMILLE DES PROBOSCIDÉS

Une trompe. Membres en colonne. *Éléphant.*

FAMILLE DES ÉQUIDÉS

Pieds formés d'un doigt unique enveloppé dans un sabot. . . . . . *Cheval.*

FAMILLE DES PORCIDÉS

1re *Tribu. — Hippopotamiens.*

Nez plat et large. Narines percées
au-dessus du museau . . . . . . *Hippopotame.*

2e *Tribu.* — *Suidés.*

Défenses en boutoir. Narines percées au bout d'un groin . . . . . *Sanglier.*

Ordre des Ruminants.

FAMILLE DES CAMÉLIDÉS

Deux doigts engagés dans la peau.
Une bosse adipeuse sur le dos. . *Chameau.*
Pas de bosse sur le dos . . . . . . *Lama.*

FAMILLE DES TRAGULIDÉS

Une canine sortant de la bouche
chez les mâles. . . . . *Chevrotin.*

FAMILLE DES CAMÉLOPARDALIDÉS

Cou très long, cornes tronquées,
avec une couronne de longs poils.
Queue courte, terminée par un
flocon de longs poils. . . . . . . *Girafe.*

FAMILLE DES BOVIDÉS

Cornes à axes osseux, plus ou moins
arrondies et dirigées de côté.
Corps épais . . . . *Bœuf.*

FAMILLE DES OVIDÉS

Cornes en spirale, à axe osseux . . *Mouton,Chèvre.*

FAMILLE DES ANTILOPIDÉS

Cornes à noyaux osseux, à double
ou triple spirale. . . . . *Gazelle,Chamois*

FAMILLE DES CERVIDÉS

Bois sessiles, plus ou moins divisés,
se renouvelant chaque année. . . *Cerf.*

Ordre des Marsupiaux.

FAMILLE DES. DIDELPHIDÉS

Queue nue, écailleuse et prenante,
une poche marsupiale . . . . . . *Sarigue.*

FAMILLE DES DASYURIDÉS

Pouce du pied de derrière rudimentaire. Queue non prenante. Pas
de poche marsupiale. . . . . . . *Dasyure.*

FAMILLE DES PÉRAMÉLIDÉS

Tête longue, nez pointu. Les deux
premiers doigts aux membres
postérieurs réunis par la peau. . *Péramèle.*

FAMILLE DES PHALANGISTIDÉS

Tête courte, queue prenante, pas
de parachutes. . . . . *Phalanger.*
Queue non prenante, des para-
chutes. . . . . *Pétauriste.*

FAMILLE DES MACROPODIDÉS

Membres postérieurs très robustes
et très grands. Queue longue.
Une poche marsupiale. . . . . . *Kanguro.*

FAMILLE DES PHASCOLOMIDÉS

Corps ramassé. Une poche marsu-
piale. Queue presque nulle. . . . *Phascolome.*

FAMILLE DES PHASCOLARCTIDÉS

Corps trapu. Cinq doigts à chaque
pied. Ongles très robustes . . . . *Phascolarctos.*

Ordre des Monotrêmes.

FAMILLE DES ÉCHIDNÉS

Museau très mince, au bout duquel
s'ouvrent les narines et la bouche. Corps couvert de piquants
en partie cachés sous le poil. Pas
de dents. Langue extensible . . . *Echidné.*

FAMILLE DES ORNITHORHYNCHIDÉS

Corps court. Queue courte et aplatie. Bec corné et aplati en forme
de spatule. Plaques cornées remplaçant les dents. Un ergot aux
membres postérieurs . . . . . . *Ornithorhynque*

Ordre des Cétacés.

Sous-Ordre des SIRÉNIENS

FAMILLE DES SIRÉNIDÉS

Tribu des Manatiens.

Queue arrondie. Pas d'incisives . . *Lamantin.*

Tribu des Halicoriens.

Queue fourchue . . . . *Dugong.*

Sous-Ordre des CÉTODONTES

Tribu des Delphiniens.

Dents en grand nombre à chaque
mâchoire . . . . *Dauphin.*

Tribu des Physétériens.

Pas de dents à la mâchoire supé-
rieure, une nageoire dorsale . . . *Hyperoodon.*

Sous-Ordre des MYSTICÈTES

FAMILLE DES BALÉNIDÉS

Des fanons. Pas de nageoires sur
le dos. . . . . *Baleine.*
Une nageoire élevée sur le dos . . *Balénoptère.*

———

CLASSE DES OISEAUX

Ordre des Oiseaux de proie ou Rapaces.

DIURNES

FAMILLE DES FALCONIDÉS

1ʳᵉ *Tribu. — Falconiens.*

Bec plus ou moins court, à crochet
saillant, point de nudité cépha-
lique . . . . *Faucon.*

2ᵉ *Tribu. — Polydoriens.*

Bec court, à crochet peu saillant,
quelques nudités céphaliques . . *Caracara.*

3ᵉ *Tribu. — Gypogéraciens.*

Bec allongé, à crochet peu saillant,
quelques nudités céphaliques . . *Gypohiérax.*

4ᵉ *Tribu. — Vulturiens.*

Bec allongé, des nudités céphaliques
étendues . . . . *Vautour.*

FAMILLE DES SERPENTARIDÉS

Bec allongé, des nudités céphali-
ques, jambes très longues. . . . *Serpentaire.*

NOCTURNES

FAMILLE DES STRIGIDES

Bec plus ou moins long. Disque
plus ou moins complet. Yeux
grands . . . . *Chouette, Hibou.*

Ordre des Zygodactyles ou Grimpeurs.

FAMILLE DES PSITTACIDÉS

1re *Tribu.* — *Psittaciens.*

Queue longue ou carrée. Bec fort.
Joues emplumées ou nues. . . . *Kakatoës, Ara,*
Perruche.

2e *Tribu.* — *Strigopiens.*

Tarses longs. Bec moyen, presque
caché par un disque de plumes . *Strigops.*

3e *Tribu.* — *Microglossiens.*

Bec très fort et aplati latéralement.
Une huppe très développée . . . *Microglosse.*

FAMILLE DES RAMPHASTIDÉS

Bec énorme. . . . . *Toucan.*
Bec très grand . . . . *Aracari.*

FAMILLE DES CUCULIDÉS

1re *Tribu.* — *Scythropiens.*

Bec très grand. . . . . *Scythrope.*

2e *Tribu.* — *Cuculiens.*

Bec déprimé à la base, comprimé
à la pointe . . . . *Coucou.*

3ᵉ *Tribu.* — *Bucconiens.*

Bec fort, garni de poils raides à sa
base . . . . *Barbu.*

FAMILLE DES GALBULIDÉS

Bec fort et un peu arqué. . . . . . *Jacamar.*

FAMILLE DES PICIDÉS

Bec droit. Queue dont les plumes
se terminent en pointe. . . . . . *Torcol, Pic.*

Ordre des Passereaux Syndactyles.

1° MAGNIROSTRES

FAMILLE DES BUCÉRIDÉS

Bec surmonté d'un casque ou d'une
crête . . . . *Calao.*

2° LONGIROSTRES

FAMILLE DES MOMOTIDÉS

Bec droit et pointu . . . . *Motmot.*

FAMILLE DES MÉROPIDÉS

Bec légèrement arqué. . . . . . . *Guépier.*

FAMILLE DES ALCÉDIDÉS

Bec comprimé et pointu. . . . . . *Martin-pêcheur*
Bec élargi et légèrement recourbé
à la pointe . . . . *Martin-chasseur*

LATIROSTRES ET DÉPRESSIROSTRES

FAMILLE DES TODIDÉS

Bec plat . . . . *Todier.*

FAMILLE DES EURYLAMIDÉS

Bec large. . . . . *Eurylaime.*

FAMILLE DES PIPRIDÉS

Bec court et large. . . . . *Manakin.*

Ordre des Passereaux Déodactyles.

1° FISSIROSTRES

FAMILLE DES HIRUNDIDÉS

Bec aplati et largement fendu. . . *Hirondelle,*
Martinet.

FAMILLE DES CAPRIMULGIDÉS

Bec très largement fendu. . . . . . *Engoulevent,*
Podarge.

2° TÉNUIROSTRES

FAMILLE DES TROCHILIDÉS

Bec plus ou moins long, mais tou-
jours très grêle . . . . *Oiseaux-mouches*

FAMILLE DES CERTHIDÉS

Bec comprimé et légèrement arqué . *Soui-Manga.*

FAMILLE DES PICUCULIDÉS

Bec long et souvent très arqué. . . *Picucule.*

FAMILLE DES UPUPIDÉS

Bec grêle et recourbé. . . . . *Huppe.*

3° CULTRIROSTRES

FAMILLE DES SCITTIDÉS

Bec convexe en dessous . . . . . . *Sittelle.*

FAMILLE DES CORVIDÉS

1re *Tribu. — Paradisiens.*

Bec très long et arqué. . . . . . . *Paradisier.*

2ᵉ Tribu. — Coraciens.

Bec comprimé. . . . . *Choucari.*

3ᵉ Tribu. — Corviens.

Bec fort et arqué légèrement à la
pointe. . . . . *Corbeau.*

DENTIROSTRES

FAMILLE DES TURNICIDÉS

1ʳᵉ Tribu. — Laniens.

Bec fort et crochu à la pointe . . . *Pie-Grièche.*

2ᵉ Tribu. — Turdiens.

Bec comprimé ou triangulaire . . . *Merle, Loriot.*

3ᵉ Tribu. — Ampéliens.

Bec arqué ou droit . . . . *Cotinga, Tyran.*

4ᵉ Tribu. — Motaciliens.

Bec fin et très fendu. . . . . *Fauvette, Traquet.*

FAMILLE DES TANAGRIDÉS

Bec à mandibule inférieure dilatée . *Tangara, Eu-
phone.*

CONIROSTRES

FAMILLE DES PARIDÉS

Bec droit, moyen et à arête supérieure courbe. . . . . *Mésange.*

FAMILLE DES COLIDÉS

1ʳᵉ Tribu. — Buphagiens.

Bec assez allongé, en partie droit . *Pique-Bœuf.*

2ᵉ *Tribu. — Coliens.*

Bec court et épais . . . . *Coliou.*

FAMILLE DES STURNIDÉS

1ʳᵉ *Tribu. — Sturniens.*

Ailes aiguës. . . . . *Etourneau.*

2ᵉ *Tribu. — Xantorniens.*

Bec droit, couvrant le front . . . . *Cassique.*

FAMILLE DES FRINGILLIDÉS

1ʳᵉ *Tribu. — Fringilliens.*

Bec fort et conique ou renflé à la
base . . . . *Gros-Bec.*

2ᵉ *Tribu. — Phytotomiens.*

Bec à mandibules dentées . . . . . *Phytotome.*

FAMILLE DES ALAUDIDÉS

1ʳᵉ *Tribu. — Alaudiens.*

Bec fin, court ou allongé. Un ongle
long au pouce. . . . . *Alouette.*

2ᵉ *Tribu. — Certhalaudiens.*

Bec long et courbe . . . . *Sirlé.*

Ordre des Gallinacés.

FAMILLE DES COLOMBIDÉS

1ʳᵉ *Tribu. — Colombiens.*

Bec souvent renflé à son extrémité . *Colombe.*

2ᵉ *Tribu. — Lophyriens.*

Genre unique. . . . . *Lophyre.*

FAMILLE DES OPISTHOCOMIDÉS

Une huppe. (Genre unique) . . . . *Opisthocome.*

FAMILLE DES MÉGAPODIDÉS

Ongles des pouces allongés. Bec
comprimé . . . . *Mégapode.*

FAMILLE DES TINAMIDÉS

Forme lourde. Bec long et droit . . *Tinamou.*

FAMILLE DES ATTAGIDÉS

1re *Tribu. — Attagiens.*

Bec offrant la disposition ordinaire. *Attagis.*

2e *Tribu. — Chioniens.*

Bec à base recouverte supérieurement d'une lame . . . . *Chionis.*

FAMILLE DES PHASIANIDÉS

1re *Tribu. — Tétraoniens.*

Bec court et épais. Région sourcil-
lière nue . . . . *Tétras, Lagopède.*

2e *Tribu. — Phasianiens.*

Queue en toit ou un peu convexe.
Une partie nue autour des yeux . *Faisan, Paon, Dindon.*

Ordre des Echassiers.

PRESSIROSTRES

FAMILLE DES OTIDÉS

Bec robuste, recourbé. Jambes hau-
tes . . . . *Outarde.*

FAMILLE DES CHARADRIDÉS

1re *Tribu.* — *Charadriens.*

Bec grêle. Pouce rudimentaire. . . *Pluvier, Vanneau.*

2e *Tribu.* — *Edicnémiens.*

Bec robuste, très comprimé . . . . *Edicnème.*

FAMILLE DES HÉMANTOPIDÉS

Bec excessivement comprimé et droit . . . . *Huîtrier.*

UNCIROSTRES

FAMILLE DES CARIAMIDÉS

Bec très profondément fendu. Doigts courts. Ongles robustes . . . . . *Cariama.*

FAMILLE DES PSOPHIDÉS

Bec médiocrement fendu. Doigts moyens. Ongles recourbés . . . . *Agami.*

LONGIROSTRES

FAMILLE DES ARDÉIDÉS

1re *Tribu.* — *Gruiens.*

Bec à peu près égal en longueur au reste de la tête, très haut sur jambes . . . . *Grue.*

2e *Tribu.* — *Ardéiens.*

Bec très long. Cou toujours long. *Héron.*

3e *Tribu.* — *Plataléiens.*

Bec aplati en forme de spatule à son extrémité . . . . *Spatule.*

FAMILLE DES SCOLOPACIDÉS

1re *Tribu.* — *Ibidiens.*

Bec arqué en bas et très long . . . *Ibis.*

2e *Tribu.* — *Scolopaciens.*

Bec plus ou moins droit, toujours
long et grêle. . . . . *Bécassine.*

FAMILLE DES HIMANTOPIDÉS

Bec grêle. Jambes extrêmement
hautes. . . . . *Echasse.*

PALAMODACTYLES

FAMILLE DES AVOCETTIDÉS

Bec arqué en haut, très grêle.
Doigts demi-palmés . . . . *Avocette.*

FAMILLE DES PHÉNICOPTÉRIDÉS

Jambes démesurément hautes. Bec
gros, épais, droit à sa base, puis
courbé à angle droit. . . . . . . *Flamant.*

FAMILLE DES GLARÉOLIDÉS

Doigts longs. Bec court et arqué. . *Glaréole.*

FAMILLE DES PALAMÉDIDÉS

Doigts très longs. Bec court et arqué. . . . . *Kamichi.*

FAMILLE DES RALLIDÉS

1re *Tribu.* — *Parriens.*

Doigts démesurément longs, styli-
formes . . . . *Jacana.*

2ᵉ *Tribu*. — *Ralliens*.

Ongles longs. Pas de plaque frontale . . . . *Râle.*
Ongles très longs. Une plaque fron-
tale. . . . . *Poule sultane.*

3ᵉ *Tribu*. — *Fuliciens*.

Doigts à membranes étendues et
lobées. Une plaque frontale . . . *Foulque.*

Ordre des Palmipèdes.

LONGIROSTRES

FAMILLE DES PROCELLARIDÉS

1ʳᵉ *Tribu*. — *Procellariens*.

Narines supérieures. Tarses longs.
Bec comprimé. . . . . *Pétrel.*

2ᵉ *Tribu*. — *Diomédiens*.

Narines latérales. Tarses courts.
Pieds largement palmés . . . . . *Albatros.*

FAMILLE DES LARIDÉS

Membranes interdigitales complètes. Bec offrant l'apparence de
plusieurs sutures . . . . *Goëland.*

FAMILLE DES RHYNCHOPIDÉS

Bec long et arqué au bout. . . . . *Rhynchope.*

TOTIPALMES

FAMILLE DES PHAÉTONIDÉS

Tarses très courts. Corps lourd.
Bec très pointu . . . . *Phaéton.*

FAMILLE DES PÉLICANIDÉS

Bec démesurément long et crochu
au bout; une poche sous le bec . *Pélican.*

LAMELLIROSTRES

FAMILLE DES ANATIDÉS

1re *Tribu. — Anatiens.*

Bec élargi, pourvu de lamelles
transversales. Col long . . . . . *Canard.*

2e *Tribu. — Mergiens.*

Bec comprimé, long, crochu, denté
sur toute sa longueur . . . . . . *Harle.*

Ordre des Brachyptères.

FAMILLE DES COLYMBIDÉS

1re *Tribu. — Héliorniens.*

Palmature incomplète. Queue lon-
gue. . . . . *Héliorne.*

2e *Tribu. — Podicépiens.*

Queue rudimentaire. Palmatures lobées. . . . . *Grèbe.*

3e *Tribu. — Colymbiens.*

Bec allongé, pointu. Ailes étroites. *Plongeon.*

FAMILLE DES ALCÉDIDÉS

Ailes rudimentaires, ayant les ap-
parences de nageoires . . . . . . *Pingouin.*

Ordre des Rudipennes.

FAMILLE DES STRUTHIONIDÉS

Deux doigts. Ailes impropres au vol. *Autruche.*

Trois doigts. Ailes impropres au
vol . . . . *Nandou.*

FAMILLE DES CASUARIDÉS

Bec déprimé. Plumes décomposées. *Emeu.*
Bec comprimé. Un casque. Plumes
ressemblant à du crin . . . . . . *Casoar.*

CLASSE DES REPTILES

Ordre des Chéloniens.

FAMILLE DES CHERSITES

Pattes antérieures à 5 ongles, carapace d'une seule pièce, plastron
non mobile . . . . *Tortue.*

FAMILLE DES ÉLODITES

Pattes postérieures à ongles pointus. Plastron en croix ou mobile.

1º Tête épaisse . . . . *Cistude.*
2º Tête déprimée. . . . . *Peltocéphale.*

FAMILLE DES POTAMITES

Carapace à bords flottants, mous,
surtout en arrière. Plastron étroit. *Gymnopode.*

FAMILLE DES THALASSITES

Carapace recouverte d'écailles cornées. Un ou deux ongles à chaque
patte . . . . *Chélonée.*

Ordre des Sauriens.

FAMILLE DES CROCODILIENS

Corps déprimé. Pattes courtes ;
doigts postérieurs réunis par une
membrane. . . . . *Caïman.*
Queue comprimée, à crête. Narines
au bout du museau. Dents coni-
ques. . . . . *Crocodile.*

FAMILLE DES CAMÉLÉONIENS

Corps comprimé. Queue conique et
prenante. Doigts réunis en deux
paquets. Langue protractile . . . *Caméléon.*

FAMILLE DES GECKOTIENS

Corps trapu ; bas sur jambes. Tête
large, plate, à bouche très fendue ;
yeux gros. . . . . *Gecko.*

FAMILLE DES VARANIENS

Corps très allongé, sans crête dorsale. Peau disposée par anneaux.
Langue protractile. . . . . *Varan.*

FAMILLE DES IGUANIENS

Corps à écailles entuilées. Un petit
fanon sous la gorge. Crête dor-
sale. . . . . *Iguane.*

FAMILLE DES LACERTIENS

Corps très long, surtout dans la région de la queue. Tête amincie.
Dos sans crête. . . . . *Lézard.*

FAMILLE DES SCINCOÏDIENS

Tête conique, à museau pointu.
Doigts plats et dentelés . . . . . . *Scinque.*

FAMILLE DES CHALCIDIENS

Queue à anneaux et épineuse. Un
sillon le long des flancs. Tête plus
large que le cou. . . . . *Zonure.*

Ordre des Ophidiens.

FAMILLE DES ÉPANODONTIENS

Tête revêtue de plaques ; bout du
museau arrondi ; n'ont de crochets lisses qu'à la mâchoire supérieure. Corps arrondi, vermi-
forme. . . . . *Typhlops.*

FAMILLE DES CATODONTIENS

Yeux très petits. Queue courte. Tête
plate, tronquée, à museau plat. . *Catodonte.*

FAMILLE DES HOLODONTIENS

Dents arrondies, coniques, pleines,
lisses et sans cannelures. . . . . *Morélie.*

1re *Tribu.* — *Erycides.*

Queue non prenante. Museau prolongé en boutoir. . . . . *Eryx.*

2e *Tribu.* — *Boœides.*

Queue prenante ; écailles carrées. *Enygre.*

FAMILLE DES ACROCHORDIENS

Corps revêtu de tubercules granu-
lés . . . . *Acrochorde.*

FAMILLE DES CALAMARIENS

Corps très grêle, arrondi, presque
de même grosseur de la tête à la
queue. . . . . *Oligodonte.*

FAMILLE DES UPÉROLISSIENS

Serpents à palais sans dents. . . . *Rhinophis.*

FAMILLE DES PLAGIODONTIENS

Dents sus-maxillaires et palatines
à pointes dirigées en dedans. . . *Plagiodonte.*

FAMILLE DES CORYPHODONTIENS

Crochets lisses, inégaux ; les antérieurs beaucoup plus courts que
les suivants. . . . . *Coryphodon.*

FAMILLE DES ISODONTIENS

Dents toutes semblables pour la longueur et les intervalles. . . . . . *Dendrophis.*

FAMILLE DES LYCODONTIENS

Crochets antérieurs plus longs que
les suivants. Tête plus large que
le cou. . . . . *Lycodon.*

FAMILLE DES LEPTOGNATHIENS

Tête confondue avec le tronc. Queue
pointue. Dents palatines distinc-
tes. . . . . *Pétalognathe.*

FAMILLE DES SYNGRANTÉRIENS

Tous les crochets lisses, distribués
sur une même ligne, les derniers
plus longs. . . . . *Leptophis.*

FAMILLE DES DIACRANTÉRIENS

Crochets lisses, les derniers sus-
maxillaires plus longs et séparés
des autres par un intervalle libre. *Dromique.*

FAMILLE DES OXYCÉPHALIENS

Corps très allongé. Tête longue et
étroite ; museau prolongé en
pointe. . . . . *Xiphorhynque.*

FAMILLE DES STÉNOCÉPHALIENS

Corps très long. Tête courte, confondue avec le tronc. Queue
courte, conique . . . . *Elapomorphe.*

FAMILLE DES ANISODONTIENS

Crochets lisses, inégalement distribués, souvent avec espaces libres. *Bucéphale.*

FAMILLE DES PLATYRRHINIENS

Les dents sus-maxillaires postérieures sillonnées. Museau tron-
qué carrément. . . . . *Hypsirhine.*

FAMILLE DES SCYTALIENS

Crochets antérieurs lisses, presque
égaux. Museau large, souvent
retroussé . . . . *Rhinosime.*

FAMILLE DES DIPSADIENS

Dents cannelées plus longues. Crochets simples. Museau rond et
étroit . . . . *Télescope.*

Sous-Ordre des **PROTEROGLYPHES**

FAMILLE DES CONOCERQUES

1re *Tribu.* — *Terrestres.*

Dents crochues aux deux mâchoires.
Os sus - maxillaires portant des
dents à venin, non perforées dans
leur longueur . . . . *Elaps.*

2e *Tribu.* — *Aquatiques.*

Des crochets cannelés. Tête recouverte de plaques. Queue plate et
large . . . . *Plature.*

Sous-Ordre des **SOLÉNOGLYPHES**

FAMILLE DES VIPÉRIDÉS

Dents crochues aux deux mâchoires ; os maxillaires ne portant que
des crochets venimeux. . . . . . *Vipère.*

FAMILLE DES CROTALIDÉS

Des fossettes lacrymales. Queue
garnie de grelots. . . . . *Trigonocéphale*

Ordre des Batraciens.

Sous-Ordre des **BATRACIENS APODES**

FAMILLE UNIQUE DES PÉROMÈLES

Museau creusé d'une fossette sous
chaque narine. Tête arrondie en
avant. Langue à deux tubercules
coniques. . . . . *Cécilie.*

Sous-Ordre des BATRACIENS ANOURES

1re *Tribu.* — *Raniformes.*

Langue charnue. Mâchoire supérieure garnie de dents. Doigts
palmés . . . . *Grenouille.*

2e *Tribu.* — *Hylæformes.*

Extrémités des doigts élargies, di-
latées en disque. . . . . *Rainette.*

3e *Tribu.* — *Bufoniformes.*

Mâchoire supérieure non dentée.
Pas de dents au palais. . . . . . *Crapaud.*

4e *Tribu.* — *Pipæformes.*

Pas de queue. Pas de langue charnue . . . . *Pipa.*

Sous-Ordre des BATRACIENS URODÈLES

FAMILLE DES SALAMANDRIDÉS

Quatre doigts en avant, cinq en arrière. Queue conique, à saillie
dorsale. Dents en série longitu-
dinale fourchue en arrière . . . . *Salamandre.*

1re *Tribu.* — *Pennibranches.*

Corps épais. Queue comprimée.
Pattes courtes, à quatre doigts
devant, cinq derrière. . . . . . . *Axolotl.*

2e *Tribu.* — *Pérobranches.*

Queue et cou offrant des fentes ou
des trous latéraux sans apparence de branchies extérieures.
Corps anguiforme. Queue com-
primée . . . . *Amphiume.*

CLASSE DES POISSONS

Sous-Classe des ACRANIENS

Sang incolore, pas de cerveau ni de boîte crânienne.

FAMILLE UNIQUE

Amphioxus.

Sous-Classe des CYCLOSTOMES

Bouche circulaire ou demi-circulaire ; corde dorsale persistante.

FAMILLE DES MYXINOÏDES

Corps vermiforme ; six ou sept paires de branchies en forme de bourses.

Myxine, Petromyzon.

Sous-Classe des EUICHTHYES

Squelette osseux ou cartilagineux.

Ordre des Sélaciens.

Boîte crânienne cartilagineuse, bulbe aortique renfermant plusieurs valvules ; une valvule spirale dans l'intestin.

FAMILLE DES CHIMÉRIDES

Nageoires pectorales très développées ; nageoire dorsale antérieure garnie d'un fort piquant.

Chimæra.

FAMILLE DES SQUALIDES

Corps fusiforme ; orifices branchiaux externes ; queue forte et charnue.

Scyllium, Lamna, Cestracion, Carcharias, Squatina.

FAMILLE DES RAJIDES

Corps aplati ; orifices branchiaux à la face ventrale du corps.

Torpedo, Raja, Trygon.

Ordre des Ganoïdes.

Écailles émaillées ou plaques osseuses dermiques.

FAMILLE DES CHONDROSTÉIDES

Peau nue ou revêtue de plaques osseuses en place d'écailles ; dents très petites ou absentes.
Acipenser.

FAMILLE DES POLYPTÉRIDES

Corps couvert d'écailles rhomboïdales ; nageoire dorsale plurifide.
Polypterus.

FAMILLE DES LÉPIDOSTÉIDES

Corps allongé ; nageoire dorsale très en arrière.
Lepidosteus.

Ordre des Téléostéens.

Squelette osseux ; pas de valvule spirale dans l'intestin ; bulbe aortique muni de deux valvules.

Sous-Ordre des LOPHOBRANCHES

Corps cuirassé ; museau dépourvu de dents et allongé en tube ; branchies en houppes.

FAMILLE DES SYNGNATHIDES

Corps cylindrique ; ouverture branchiale très étroite ; une seule nageoire dorsale.
Syngnathus, Hippocampus.

Sous-Ordre des **PLECTOGNATHES**

Corps globuleux, comprimé latéralement ; maxillaire supérieur et inter-maxillaire soudés ; fente buccale étroite ; cuirasse dermique souvent épineuse.

FAMILLE DES OSTRACIONIDES

Corps en forme de coffre ; dents peu nombreuses.
Ostracion, Balistes.

FAMILLE DES TÉTRODONTIDES

Corps globuleux ; mâchoires transformées en bec.
Diodon, Tetrodon.

Sous-Ordre des **MALACOPTÉRYGIENS ABDOMINAUX**

Une vessie natatoire avec un canal aérien.

FAMILLE DES APODES

Pas de nageoires abdominales.
Muræna, Anguilla, Gymnotus.

FAMILLE DES CLUPÉIDES

Des nageoires abdominales.
Clupea, Alausa.

FAMILLE DES ÉSOCIDES

Tête large, aplatie. Cavité buccale largement fendue ; armature dentaire complète.
Esox.

FAMILLE DES SALMONIDES

Une nageoire adipeuse.
Salmo.

FAMILLE DES CYPRINIDES

Mâchoire faible, privée de dents, qui sont placées sur les os pharyngiens inférieurs.
Cyprinus, Gobio, Barbus, Cobitis.

FAMILLE DES CHARACINIDES

Corps revêtu d'écailles, sauf la tête. Pas de pseudo-branchies.

Erythrinus, Serrasalmo.

FAMILLE DES SILURIDES

Tête large, peau nue ou revêtue d'une cuirasse. Un stylet osseux au premier rayon des nageoires pectorales.

Silurus, Doras, Bagrus.

Sous-Ordre des ACANTHINÉS

Pas de canal aérien à la vessie natatoire.

FAMILLE DES GADIDES

Corps allongé, revêtu d'écailles molles.

Gadus, Motella.

FAMILLE DES PLEURONECTIDES

Corps comprimé latéralement et asymétrique.

Rhombus, Solea, Pleuronectes.

FAMILLE DES SCOMBÉRESOCIDES

Écailles cycloïdes; mâchoires prolongées en forme de bec.

Belone, Scomberesox.

Sous-Ordre des ACANTHOPTÈRES

Rayons osseux placés dans les nageoires.

FAMILLE DES LABRIDES

Os pharyngiens inférieurs soudés.

Labrus, Julis.

FAMILLE DES PERCIDES

Os pharyngiens non soudés ; écailles cténoïdes.

Perca, Serranus.

FAMILLE DES PRISTIPOMATIDES

Écailles finement dentées ; une nageoire dorsale dont la partie épineuse est à peu près aussi longue que la partie molle ; pas de dents au vomer.

Pristipoma, Dentex.

FAMILLE DES MULLIDES

Grandes écailles à bords unis ou finement dentés ; deux longs barbillons sur l'os hyoïde.

Mullus.

FAMILLE DES SPARIDES

Pièces de l'opercule inermes ; dentition très variée.

Sargus, Pagrus, Boops.

FAMILLE DES TRIGLIDES

Grosse tête garnie d'épines ou de piquants ; une plaque osseuse dans la région malaire.

Trigla, Cottus.

FAMILLE DES SCIÆNIDES

Deux nageoires dorsales ; nageoire anale munie de deux piquants ; os pharyngiens garnis de dents.

Pogonias, Umbrina, Sciæna.

FAMILLE DES SCOMBÉRIDES

Peau nue ou couverte de petites écailles. Nageoire caudale échancrée en forme de demi-lune.

Scomber, Thynnus, Xiphias.

FAMILLE DES GOBIIDES

Piquants grêles à la nageoire dorsale antérieure et aux nageoires abdominales ; celles-ci sont insérées sur la poitrine ou sur la gorge.

Gobius.

FAMILLE DES BLENNIDES

Nageoire dorsale occupant presque toute la longueur du dos.

Blennius.

FAMILLE DES MUGILIDES

Nageoire anale plus longue que la nageoire dorsale postérieure ; nageoires pectorales placées très haut sur les côtés du corps.

Mugil, Atherina.

FAMILLE DES LABYRINTHIFORMES

Os pharyngiens supérieurs divisés en petits feuillets contenant des cellules qui conservent l'eau.

Anabas, Polyacanthus.

FAMILLE DES FISTULARIDES

Museau allongé, tubuliforme.

Fistularia, Aulostoma.

FAMILLE DES PÉDICULÉS

Nageoires pectorales portées sur des espèces de bras, qui peuvent servir à la reptation ; corps court, à partie antérieure élargie.

Lophius, Chironectus.

Ordre des Dipnoés.

Respiration branchiale et pulmonaire ; corde dorsale persistante.

FAMILLE DES CÉRATODIDES

Un seul poumon.

Ceratodus.

FAMILLE DES SIRÉNOÏDES

Deux poumons.

Lepidosiren.

CLASSE DES INSECTES
Sous-Classe des COLÉOPTÈRES
PENTAMÈRES
FAMILLE DES CARNASSIERS

Six palpes, dont quatre maxillaires et deux labiaux, mandibules découvertes.

1re *Tribu* . . . . *Cicindélides.*

Manticorites, Megacephalites, Cicindela, Odontocheila, Euprosopus, Ctenostomites.

2e *Tribu* . . . . *Carabiques.*

Odacanthites, Stenocheila, Miscelus, Dryptites, Cymindites, Calleida, Lebiites, Brachinites, Siagonites, Scaritites, Disomites, Harpalites, Sténolophytes, Eucephalus, Gynandropus, Cyclosomites, Pogonites, Calathites, Feronites, Sphodrites, Amarites, Anchomenites, Callisthites, Dicœlites, Panageites, Cynthia, Cychrites, Procustes, Nebriites, Bembidionites, Trechites.

FAMILLE DES HYDROCANTHARES

Tarses pentamères ; mâchoires à 4 palpes ; pattes postérieures aplaties et ciliées.

1re *Tribu* . . . . *Ditiscites.*

Eunectes, Colymbetes, Noterus, Hyphydrus.

2e *Tribu* . . . . *Gyrinites.*

Gyrinus, Enhydrus, Adelopotus.

FAMILLE DES BRACHÉLYTRES

Quatre palpes. Antennes composées d'articles lenticulaires. Elytres plus courtes que l'abdomen.

Sous-Famille. — Microptères

1re *Tribu* . . . . *Staphylinides.*

Ocyporites, Staphylinites, Lathrobites.

2e *Tribu* . . . . *Sténides.*

Phœderites, Stenites.

3e *Tribu* . . . . *Oxytélides.*

Leptochirus, Piestus, Siagonum, Bledius, Oxytelus, Platystethus, Coprophilus.

4e *Tribu* . . . . *Omalides.*

Phlœocharis, Tœnosoma, Cillœus, Omalium, Anthobium, Acidota, Ino, Proteinus, Micropeplus.

5e *Tribu* . . . . *Tachinides.*

Hypocyphtites, Tachyporites.

6e *Tribu* . . . . *Aléocharides.*

Lamichusites, Aleocarites.

Sous-Famille. — Pséphaliens

Psephalites, Tyrus, Ctenistes, Psephalus.

Sous-Famille. — Palpeurs

Scydmænites.

FAMILLE DES STERNOX

Corps de consistance ferme. Antennes se logeant dans une rainure.

1re *Tribu* . . . . *Buprestides.*

Chrysochroites, Chrysobothrites, Buprestites, Agrilites, Trochisites.

2e *Tribu* . . . . *Eucnémides.*

Eucnemites, Eucalosoma, Cryptostomites, Throscites, Lissomites.

3e *Tribu* . . . . *Elatérides.*

Tetralobites, Agriotites, Elater.

FAMILLE DES MALACODERMES

Corps de consistance molle. Tête inclinée en avant. Antennes ne se logeant pas dans une cavité.

1re *Tribu* . . . . *Atopes.*

Cebrionites, Rhipicerites, Atopites.

2e *Tribu* . . . . *Lampyrides.*

Lycusites, Lampyrites, Telephorites.

3e *Tribu* . . . . *Mélyrides.*

Malachites, Dasydites.

4e *Tribu* . . . . *Clairones.*

Tillites, Tilloïdes, Prionocerites, Notoxites, Carynetites.

5e *Tribu* . . . . *Xylotrogues.*

Atractocerites, Rhysodites.

6e *Tribu* . . . . *Ptiniores.*

Ptinites, Anobium, Gibbium.

FAMILLE DES NÉCROPHAGES

Antennes non coudées. Mandibules comprimées, terminées en une pointe forte.

1ʳᵉ *Tribu* . . . . *Silphales.*

Silphalites, Silpha, Nitidularis, Engidites, Scaphidites.

2ᵉ *Tribu* . . . . *Nitidulaires.*

Nitidula, Helota, Ips.

3ᵉ *Tribu* . . . . *Engidites.*

Engis, Cryptophagus.

4ᵉ *Tribu* . . . . *Scaphidites.*

Scaphidium, Catops.

FAMILLE DES HYSTÉROÏDES

Pattes contractiles ; antennes coudées terminécs en massue ; élytres tronquées.

Histeroites, Dendrophilus, Onthophilus.

FAMILLE DES CLAVICORNES

Antennes presque toujours droites ; mandibules droites, épaisses et dentées.

1ʳᵒ *Tribu* . . . . *Dermestins.*

Dermestites, Attagenites.

2ᵉ *Tribu* . . . . *Byrrhiens.*

Byrrhites.

3ᵉ *Tribu* . . . . *Acanthopodes.*

Heterocerites.

4ᵉ *Tribu* . . . . *Macrodactylites.*

Elmites, Georissites.

FAMILLE DES PALPICORNES

Antennes courtes ; palpes maxillaires au moins aussi longs que les antennes.

1re *Tribu* . . . . *Hydrophiliens.*

Elophorites, Hydrophilus.

2e *Tribu* . . . . *Sphéridiotes.*

Spheridites, Cercyon.

FAMILLE DES LAMELLICORNES

Antennes courtes, insérées dans une cavité profonde sous les bords latéraux de la tête.

1re *Tribu*. . . . . *Coprophages.*

Ateuchites, Sisyphus, Coprites, Onthophagus, Onitides, Aphodites, Aphodius, Oxyomus.

2e *Tribu* . . . . *Arénicoles.*

Geotrupes, Ægialites, Athyreus, Bolbocerus, Trogites, Geobius.

3e *Tribu* . . . . *Xylophiles.*

Dynastites, Scarabeus, Oryctes, Rutélites.

4e *Tribu* . . . . *Phytophages.*

Anoplognathus, Melolonthites, Hoplites.

5e *Tribu* . . . . *Anthobies.*

Pachycnemides.

6e *Tribu*. . . . . *Mélitophiles.*

Trichites, Galliathites, Cetonites.

FAMILLE DES PECTICORNES

Antennes assez longues, composées de dix articles, les derniers formant une massue.

Lamprinites, Lucanites, Œsalites.

HÉTÉROMÈRES

FAMILLE DES MÉLASOMES

Corps généralement aptère, à élytres souvent soudées. Antennes grenues, renflées à l'extrémité.

1re *Tribu* . . . . *Piméliaires.*

Pimelites, Calognathus, Eurygona, Nyctela, Akisites, Tentyrites, Tagénites.

2e *Tribu* . . . . *Blapsidaires.*

Blapsites, Asidites, Apatrites, Tenebrionites, Chiroscelites.

FAMILLE DES TAXICORNES

Mâchoire sans onglet corné à leur côté interne. Antennes souvent grenues. Tête ovoïde.

1re *Tribu* . . . . *Diapériales.*

Anemia, Phaleria.

2e *Tribu* . . . . *Cossyphènes.*

Cossyphus.

FAMILLE DES STÉNÉLYTRES

Crochets des tarses simples. Antennes insérées sous les bords de la tête. Corps ovalaire.

1re *Tribu* . . . . *Hélopiens.*

Blapides, Lœna, Cyphonotus, Stenochia.

2e *Tribu* . . . . *Cystéliens.*

Cistelites.

3e *Tribu* . . . . *Serropalpiens.*

Orchesia, Melandrya.

4e *Tribu* . . . . *Œdemériens.*

Œdemera, Stenostoma.

5e *Tribu* . . . . *Rhynchostomes.*

Mycterus, Salpingus.

FAMILLE DES TRACHÉLIDES

Tête cordiforme ; antennes non perforées ; élytres molles.

1re *Tribu* . . . . *Pyrochroïdiens.*

Lagriites, Anthicites.

2e *Tribu* . . . . *Mordellones.*

Rhipiphorites, Pelecotoïdes, Mordellites.

3e *Tribu* . . . . *Epispastiques.*

Mylabrites, Cantharidites, Meloe.

TÉTRAMÈRES

FAMILLE DES CURCULIONITES

Tête prolongée en avant en forme de trompe. Antennes coudées.

1re *Tribu* . . . . *Orthocères.*

Bruchus, Spermaphagus, Attelabites, Brenthites, Brachycerites.

2e *Tribu* . . . . *Curculiones.*

Curculionites, Cleonites, Byrsopsites, Otiorhynchites, Orchestes, Cholites, Cryptorhynchus, Calandrites.

FAMILLE DES XYLOPHAGES

Tête sans prolongement ni saillie en forme de trompe. Antennes insérées devant les yeux, toujours courtes. Labre allongé, dilaté en cœur à son extrémité.

Scolytites, Bostrychites, Paussites, Monotomites, Lyctites, Mycetophagites, Trogossitites.

FAMILLE DES LONGICORNES

Corps ordinairement long. Antennes au moins de la longueur du corps. Labre très petit. Mandibules cornées, robustes, souvent fort grandes. Mâchoires courtes, à un ou deux lobes.

1re *Tribu* . . . . *Prionites.*

Titanus, Ancistrotus, Prionus, Stenodontes, Pyrodes.

2e *Tribu* . . . . *Cérambycins.*

Trachyderes, Amphidesmus, Mallocera, Cerambyx, Criodion, Rosalia, Ibidion, Clytus, Mallosoma, Callidium.

3e *Tribu* . . . . *Lamiaires.*

Acrocinus, Acanthoderus, Anisopus, Mesosa, Anisocerus, Oncideres, Morimus, Parmena, Hemilophus, Agapanthia, Saperda, Stenoderus, Rhagium, Leptura.

FAMILLE DES CHRYSOMÉLINES

Antennes filiformes, insérées près des yeux. Corselet cylindrique ou carré. Pattes postérieures souvent renflées.

1re *Tribu* . . . . *Eupodes.*

Sagrites, Megalopus, Criocerites.

2ᵉ *Tribu* . . . . *Cycliques.*

Cassidites, Chrysomelines, Timarcha, Galerucites.

3ᵉ *Tribu* . . . . *Clavipalpes.*

Erotylites, Agathidites.

SOUS-FAMILLE DES TRIMÈRES.

Tarses formés de trois articles. Antennes plus longues que la tête et le corselet réunis. Corps ovalaire. Palpes maxillaires à peine renflés à l'extrémité.

1ʳᵉ *Tribu* . . . . *Fungicole.*

Eumorphus, Dapsa, Endomychus, Sternotarsus.

2ᵉ *Tribu* . . . . *Aphidiphages.*

Coccinella, Cassidula, Lithophilus, Notiophygus.

Sous-Classe des ORTHOPTÈRES

COUREURS

FAMILLE DES FORFICULIENS

Antennes moniliformes ; tarses de 3 articles ; abdomen terminé par une pince ; ailes courtes.

Forficula.

FAMILLE DES BLATTIENS

Antennes très longues ; élytres plates ; tarses de 5 articles.

Blatta, Polyphaga, Carydia, Phorsapis.

FAMILLE DES MANTIENS

Prothorax beaucoup plus long que les autres segments ; pattes armées de crochets ; tarses de 5 articles.

Heteronytarsus, Eremiaphila, Mantis.

FAMILLE DES PHASMIENS

Corps grand, filiforme ; prothorax plus court que les autres segments ; tarses de 5 articles.

Cyphocrana, Aplopus, Prisopus, Xerosoma, Phasma.

FAMILLE DES GRYLLONIENS

Corps ramassé, épais ; antennes très longues et grêles ; cuisses postérieures renflées.

Æcanthus, Phalangopsis, Gryllus.

FAMILLE DES LOCUSTIENS

Corps assez épais ; antennes excessivement longues et très fines ; tarses de 4 articles.

Prochilus, Pterochroza, Acanthodis, Phyllophora, Saga, Locusta.

FAMILLE DES ACRIDIENS

Corps assez long ; antennes courtes ; élytres et ailes couvrant l'abdomen ; cuisses postérieures renflées ; tarses de 3 articles.

Proscopia, Truxalis, Pamphagus, Dictyophorus, Acridium.

Sous-Classe des **NÉVROPTÈRES**

FAMILLE DES TERMIENS

Ailes à nervures transversales rares ; tarses composés de 4 articles.

Termites, Embia, Psocites.

FAMILLE DES PERLIENS

Ailes horizontales avec les inférieures, plissées et doublées sur elles-mêmes.

Perla, Nemoura.

FAMILLE DES LIBELLULIENS

Antennes en forme de stylet ; yeux gros et saillants ; ailes toujours réticulées.

Ephemera, Libellula, Agrion.

FAMILLE DES MYRMELÉONIENS

Antennes composées d'un très grand nombre d'articles, mandibules fortes ; ailes en toit, très réticulées.

Myrmeleo, Ascalaphus, Hemerobius, Mantispa.

FAMILLE DES PANORPIENS

Extrémité de la tête en forme de bec ou de trompe ; ailes horizontales, les inférieures égales aux supérieures ; tarses de 5 articles.

Nemoptera, Bittacus, Panorpa.

FAMILLE DES PHRYGANIENS

Tête plus large que longue ; yeux grands, très articulés, deux ocelles sur la tête ; pattes longues, armées d'épines ; tarses longs, de 5 articles.

Phryganea, Mystacides, Sericostoma, Rhycophila, Psychomia.

Sous-Classe des HÉMIPTÈRES

FAMILLE DES NOTONECTIENS

Corps assez convexe ; yeux très gros ; pattes antérieures courtes ; pattes intermédiaires plus longues ; les postérieures beaucoup plus longues.

Corixa, Notonecta, Ploa.

FAMILLE DES NÉPIENS

Corps aplati ; pattes antérieures ravisseuses, pattes intermédiaires et postérieures très allongées et très grêles.

Banatra, Nepa, Belostoma, Diplonychus, Naucoris.

FAMILLE DES GALGULIENS

Corps large et aplati ; antennes à dernier article plus gros que les autres ; yeux proéminents ; pattes fort grêles.

Mononyx, Galgulus, Pelogonus, Hebrus, Hydrometra.

FAMILLE DES LEPTOPODIENS

Corps déprimé ; tête n'ayant pas d'étranglement en arrière des yeux.

Salda, Leptotus.

FAMILLE DES VÉLIENS

Corps long, étroit, duveteux ; antennes cylindriques à 4 articles.

Velia, Microvelia, Cerris.

FAMILLE DES RÉDUVIENS

Corps allongé ; tête rétrécie à sa partie postérieure ; bec court, épais et très recourbé ; antennes grêles et longues ; pattes longues et minces.

Emesa, Zelus, Macrops, Reduvius, Nabis.

FAMILLE DES ARADIENS

Corps arrondi et déprimé ; bec inséré dans une cavité ; tête pointue ; élytres et ailes reçues dans une dépression située au-dessus de l'abdomen.

Cimex, Brachyrhynchus, Disobius, Arabus.

FAMILLE DES CORÉENS

Tarses munis de deux appendices, situés entre les crochets des tarses ; tête aplatie ; antennes insérées sur la même ligne que les yeux.

Coreites, Myrmus, Corizus.

FAMILLE DES LIGÉENS

Antennes insérées sous les yeux ; tarses n'ayant pas d'appendices entre les crochets.

Largus, Acinocoris, Astema, Cymus.

FAMILLE DES MIRIENS

Antennes terminées par un article très grêle ; abdomen des femelles présentant une tarrière.

Miris, Phytocoris, Heterotoma, Strongylocoris.

FAMILLE DES SCUTELLERIENS

Corps ovalaire, antennes de la longueur du corps ; écusson couvrant en partie les élytres et l'abdomen.

Pentatomites, Megymenum, Oncomeris, Agapophyta, Stiretrus, Scutellera.

Sous-Classe des HOMOPTÈRES

FAMILLE DES STRIDULIENS

Tête portant sur son sommet trois oreilles ; antennes courtes terminées par une soie grêle.

Citada, Hemidictya.

FAMILLE DES FULGORIENS

Antennes insérées sous les yeux ; élytres et ailes enveloppant les parties latérales du corps.

Fulgora, Phenax, Pæocera, Flata, Anotia, Issus.

FAMILLE DES MEMBRACIENS

Tête très inclinée en avant en forme de pointe obtuse ; antennes très petites.

Membracis, Heteronotus, Bocydium, Darnis.

FAMILLE DES CICADELLIENS

Antennes insérées devant les yeux ; ocelles au nombre de deux ; front gros et court.

Cercopis, Aphrophora, Tettigonia, Evacanthus, Cypona.

FAMILLE DES PSYLLIENS

Antennes composées de 10 articles, ayant des soies à leur extrémité ; tête large, trigone ; pattes propres à sauter.

Psylla, Livia.

FAMILLE DES APHIDIENS

Corps ovalaire, tête élargie ; rostre perpendiculaire, formé de 3 articles ; élytres et ailes réfléchies.

Aphis, Chermes.

FAMILLE DES COCCINIENS

Antennes filiformes ou sétacées, composées de 9 ou 16 articles ; tarses composés de 2 ou 3 articles.

Monophleba, Lecanium, Aspidiotus.

FAMILLE DES THRIPSIENS

Corps excessivement étroit, plat et allongé ; antennes composées de 8 ou 9 articles ; ailes inégales, parallèles.

Phlœthrips, Æolothrips.

Sous-Classe des HYMÉNOPTÈRES

FAMILLE DES TENTHRÉDINIENS

Mandibules fortes et dentées ; antennes composées de plus de 10 articles ; les 4 ailes divisées en un grand nombre de cellules ; abdomen composé de 9 anneaux.

Lyda, Tarpa, Atalia, Abia, Hylotoma, Lophyrus, Tenthredo.

FAMILLE DES SIRICIENS

Corps allongé et cylindrique ; tête semi-globuleuse, portant 3 ocelles disposées en triangle ; mandibules courtes et épaisses ; tarses de 5 articles.

Xyphidia, Sirex.

FAMILLE DES ORYSSIENS

Corps assez épais ; palpes maxillaires composés de 5 articles ; thorax large.

Oryssus.

FAMILLE DES CYNIPHIENS

Antennes composées de 13 à 15 articles, grossissant un peu vers l'extrémité ; ailes inférieures n'ayant plus qu'une seule nervure.

Cynips, Figites, Anacharis.

FAMILLE DES CHALCIDIENS

Antennes de 12 à 13 articles, coudés, et formant après le coude une massue allongée en forme de fuseau ; ailes dépourvues de cellule radicale.

Leucospis, Chalcis, Thoracantha, Eurytoma, Spaniopus.

FAMILLE DES OXYURIENS

Palpes maxillaires longs et pendants ; antennes composées de 10 à 15 articles ; ailes dépourvues de nervures.

Galesus, Helorus, Dryinus, Epyris, Teleas.

FAMILLE DES CHRYSIDIENS

Corps presque cylindrique, pouvant se replier en forme de boule, mandibules arquées et terminées en pointe aiguë ; pattes courtes, les jambes antérieures armées d'épines.

Parnopes, Chrysis, Stilbum.

FAMILLE DES ÉVANIENS

Antennes filiformes très grêles, composées de 13 à 14 articles ; mandibules dentelées ; pattes postérieures beaucoup plus grandes que les autres.

Evania, Fœnus, Aulacus.

FAMILLE DES ICHNEUMONIENS

Corps étroit et linéaire ; antennes vibratiles, longues et grêles ; mandibules dentées vers leur extrémité ; ailes très veinées, offrant des cellules complètes.

Ichneumonites, Thyphon, Scolobates, Cryptus, Pimpla, Banchus, Xorides, Blacus.

FAMILLE DES SPHEGIENS

Corps long, antennes longues, filiformes ou sétacées, articles longs et enroulés ; mandibules longues, courbées et terminées en pointe aiguë ; tête large et courte ; abdomen attaché au corps par un pédoncule.

Sphegites, Podium, Chlorion, Planiceps, Pepsis.

FAMILLE DES LARRIENS

Labre entièrement caché ; mandibules ayant au côté inférieur une profonde échancrure ; abdomen ovoïde, conique.

Palarus, Dinetus, Miscophus.

FAMILLE DES CHARBONNIENS

Labre entièrement caché ; mandibules sans échancrures au côté interne ; tête large et épaisse ; antennes filiformes ; corps robuste.

Nyssonites, Astata, Oxybelus, Triphoxylon, Crabro, Diodontus.

FAMILLE DES BEMBÉCIENS

Tête transversale, avec les yeux s'étendant jusqu'à son bord postérieur ; pattes assez courtes et robustes.

Bembex, Stizus.

FAMILLE DES SCOLIENS

Antennes épaisses ; labre saillant ; pattes courtes, assez robustes, avec les cuisses arquées vers leur extrémité et comprimées ; corps robuste.

Scolia, Meria, Sapyga.

FAMILLE DES MUTILLIENS

Antennes filiformes, vibratiles, avec le premier et troisième articles très longs ; pattes robustes ; jambes épineuses ; tarses sillés. Femelles aptères.

Methoca, Tynnus, Myrmosa.

FAMILLE DES FORMICIENS

Antennes coudées ; le labre grand et corné dans les neutres ; mâles ailés.

Myrmicites, Ponerites, Formica.

FAMILLE DES MASARIENS

Corps épais ; antennes ne paraissant composées que de 8 articles ; palpes maxillaires courts ; ailes supérieures doublées longitudinalement dans le repos.

Masaris.

FAMILLE DES EUMÉNIENS

Corps oblong ; antennes composées de 13 articles dans les mâles et de 12 chez les femelles ; ailes repliées longitudinalement.

Ceramius, Synagris, Odynerus.

FAMILLE DES GUÊPIENS

Corps assez long ; yeux échancrés ; mandibules presque aussi larges que longues; labre trifide ; ailes pliées longitudinalement.

Epipona, Chartergus, Agelaia, Polybia.

FAMILLE DES MELLIFICIENS

Mâchoires et lèvres longues, et formant une espèce de trompe ; jambes élargies et creusées en cuiller.

Apites, Melliponites, Anthophora, Sarupoda.

Sous-Classe des LÉPIDOPTÈRES

Papillons diurnes.

FAMILLE DES PAPILLIONIENS

Corps assez long ; tête grosse ; yeux grands ; palpes courts ; ailes larges ; tarses à crochets simples.

Papilio, Thais, Pieris, Pontia, Rhodocera, Iphias.

FAMILLE DES NYMPHALIENS

Palpes longs ; antennes très rapprochées à leur base, terminées en massue plus ou moins allongée; quatre pattes ambulatoires seulement.

Peridromia, Euplæa, Idea, Helicornius, Melitea.

FAMILLE DES ERYCIENS

Palpes ayant le 3e article nu ; tarses à crochets très petits.

Lycœna, Thecla, Arhopala, Anops, Loxura.

FAMILLE DES HESPÉRIENS

Antennes terminées par un crochet en forme d'hameçon ; jambes postérieures munies de deux paires d'épines, une au milieu, l'autre à l'extrémité.

Eudamus, Hesperia, Thanos.

Papillons crépusculaires.

FAMILLE DES CASTIENS

Antennes simples, épaissies vers leur milieu ou à l'extrémité, une trompe ; palpes très saillants, à articles bien distincts.

Cocytia, Agarista, Coronis, Ægocera.

FAMILLE DES ZYGÉNIENS

Antennes renflées en massue, filiformes ou en cornes de bélier ; corps long ; ailes fort étroites, en toit pendant le repos.

Chimœra, Glaucopis, Syntomys.

FAMILLE DES SPHINGIENS

Corps extrêmement épais ; antennes prismatiques, terminées en une petite pointe, dentelées au-dessous dans les mâles, en râpes simples chez les femelles.

Pterogon, Thyreus, Sphinx.

Papillons nocturnes.

FAMILLE DES BOMBYCIENS

Antennes sétacées et fortement pectinées chez les mâles ; trompe rudimentaire, palpes fort courts.

Sericaria, Aglia, Attacus, Borocera.

FAMILLE DES NOCTUÉLIENS

Corps robuste, moins gros que dans la plupart des Bombyciens ; trompe moyenne ; antennes sétacées ; ailes petites par rapport au corps.

Cymathophora, Bryophila, Gonoptera, Mania, Rusina.

FAMILLE DES PHALÉNIENS

Corps grêle ; antennes des mâles simples ou pectinées ; trompe rudimentaire ou membraneuse ; palpes petits et cylindriques ; ailes grandes.

Urania, Metrocampa, Ennomos, Himera, Scodiona.

FAMILLE DES PYRALIENS

Antennes sétacées ; palpes assez grands ; trompe longue ; pattes longues ; abdomen grêle.

1re *Tribu* . . . . *Botydes.*

Hercyna, Alossa, Madopa, Adontia, Scopula.

2e *Tribu* . . . . *Pyralides.*

Halias, Sarrothripa, Penthina, Sericoris.

3e *Tribu* . . . . *Crambides.*

Scirpophagus, Chilo, Crambus, Diosia.

4e *Tribu* . . . . *Iponomeutides.*

Myelophila, Iponomeuta.

5e *Tribu* . . . . *Tinéides.*

Diurnea, Lemmatophila, Tinea.

Sous-Classe des RHIPIPTÈRES

Bouche dont les mandibules ont la forme de petites lames linéaires, croisées l'une sur l'autre ; palpes maxillaires composés de deux articles ; yeux gros et grenus.

Xenos, Elenchus, Stylops, Halictophagus.

Sous-Classe des DIPTÈRES

FAMILLE DES CULICIENS

Antennes filiformes, de 14 articles, hérissées de longs
poils ; trompe longue, avancée, renfermant un suçoir ; palpes longs, de 5 articles ; ailes à nervures
couvertes d'écailles.

Culex, Ædes.

FAMILLE DES TIPULICIENS

Corps grêle, élancé ; trompe courte, épaisse, terminée
par deux grandes lèvres, avec le suçoir composé de
deux soies.

Corethra, Tanypus, Ceratopogon, Macropeza,
Tipula.

FAMILLE DES ASILIENS

Trompe longue et grêle, lèvres terminales peu distinctes ; antennes à 3ᵉ article simple.

Cephalocera, Mydas, Asilites, Ramphomyia,
Bombylius.

FAMILLE DES TABANIENS

Corps large ; tête fortement déprimée ; trompe saillante, suçoir de 6 pièces ; dernier article des antennes ayant de 4 à 8 divisions.

Pangonia, Dicrania, Tabanus, Acanthomera.

FAMILLE DES SYRPHIENS

Corps déprimé ou conique ; trompe courte, membraneuse, à lèvres transversales épaisses ; antennes
ayant leur 3ᵉ article aplati.

Callicera, Chymophila, Ceratophya, Psarus.

FAMILLE DES DOLICHOPODIENS

Corps assez étroit ; trompe courte, membraneuse ; antennes à 3e article simple.

Dolichopus, Psilopus, Argyra, Diaphora.

FAMILLE DES MUSCIENS

Suçoir renfermé dans la trompe ; antennes à dernier article lenticulaire.

Scenopinus, Pipunculus, Lonchoptera, Platypeza.

FAMILLE DES ORNITHOMYENS

Trompe labiale nulle ; suçoir composé de deux soies insérées sur un pédicule commun ; antennes d'un seul article distinct, insérées aux extrémités latérales et antérieures de la tête ; ailes rudimentaires ou nulles.

Strebla, Ornithobia, Olfersia, Anapera.

FAMILLE DES SYPHONAPTÈRES

Pas d'ailes ; deux yeux lisses, arrondis, et un suçoir de trois pièces renfermé entre deux lames articulées, formant une trompe cylindrique.

Pulex.

Sous-Classe des ARACHNIDES

FAMILLE DES TARENTULES

Yeux au nombre de huit, divisés en trois groupes. Abdomen ovalaire.

Telephonus, Phrynus.

FAMILLE DES ARANÉIDES

Quatre ouvertures stigmatiformes. 4 filières, 2 grandes et 2 petites.

1re *Tribu* . . . . *Tetrapneumones*.

Mygale, Atypus, Colommata.

2° *Tribu* . . . . *Dipneumones.*

(Divisée en un très grand nombre de sections et de sous-sections).

Segestria, Uptiotes, Scytodes, Lycosa.

FAMILLE DES PÉDIPALPES

2 grandes palpes en forme de serres. Queue mobile finissant en un aiguillon.

Buthus, Scarpio.

Ordre des Aporobranches.

FAMILLE DES NYMPHONIDES

Siphon accompagné d'appendices consistant en deux chélicères ou en deux palpes. Corps et pattes longs.

Nymphon, Ammothea, Proxichilus.

FAMILLE DES PYCNOGONIDES

Pas de mandibules ni de palpes.

Pycnogonon.

Ordre des Trachéennes.

FAMILLE DES FAUX SCORPIONS

8 pieds, 2 crochets égaux au bout des tarses. 2 antennes-pinces.

Galeodes, Obisium, Chelifer.

FAMILLE DES PHALANGIENS

Didactyles, extérieures ou recouvertes par un avancement antérieur de la tête, en forme de capuchon.

Gonyleptes, Ostracidium, Eusarcus, Stygnus.

FAMILLE DES TROMBITES

Palpes terminés en pointe. Corps mou, sans anneaux distincts.

Tetranychus, Pachygnathus, Raphignathus.

FAMILLE DES ACARIDES

;ᶜ Palpes grêles, surnuméraires à la lèvre. Mandibules en forme de pinces. Yeux nuls.

Dermanyssus, Gamasus, Uropoda.

FAMILLE DES TIQUES

ᵢᵪ Corps plat.

Bdella, Smaridia, Scirus, Ixodes.

FAMILLE DES HYDROCHNELLES

ᵢᵪ Corps presque ovoïde, mou. Palpes à articles inégaux, le deuxième terminé en grappin.

Atax, Diplodontus, Arrenurus, Eylais.

FAMILLE DES MICROPHTHIRES

₃ᵢ Jamais que 6 pieds.

Leptus, Achlysia, Ocypete.

Sous-Classe des **MYRIAPODES**

Ordre des Chilognathes.

FAMILLE DES POLYXÉNITES

ᵢ Corps mou, oblong, muni postérieurement et sur les côtés d'écailles en forme de pinceaux. 12 paires de pattes.

Polyxenus.

FAMILLE DES GLOMÉRITES

) Corps crustacé, pouvant se contracter en boules. 31 à 40 pattes.

Glomeris, Zephronia.

FAMILLE DES IULITES

) Corps de forme linéaire, pouvant se rouler en spirale. Anneaux et pattes en nombre très considérable.

Polydesmus, Blaniulus, Iulus.

Ordre des Chilopodes.

FAMILLE DES SCUTIGÉRITES

Corps plus court que les précédents. Dessous divisé en 15 demi-anneaux, portant chacun une paire de pattes. Yeux grands. Antennes grêles et longues.

Scutigera.

FAMILLE DES SCOLOPENDRITES

Corps partagé sur deux faces, en un pareil nombre de segments portant chacun une paire de pattes. Yeux composés d'un grand nombre d'yeux lisses.

Lithobius, Scolopendra, Cryptops, Geophilus.

Ordre des Monomorphes.

FAMILLE DES LÉPISMÈNES

Bouche composée d'un labre. Antennes longues. Corps en ellipse, couvert d'écailles brillantes.

Machilis, Petrobius, Lepisma.

FAMILLE DES PODURELLES

Bouche composée de deux petites lames longitudinales. Yeux conglomérés, composés de 6 petits yeux lisses. Antennes de 4 ou 5 articles.

Orchesella, Podura, Smynthurus.

Ordre des Anoploures.

FAMILLE DES MALLOPHAGES

Aptères. — Tête souvent très développée. — Antennes courtes.

Philopterus, Trichodectes, Liotheum, Gyropus.

Ordre des Parasites.

Aptères et ne subissant pas de métamorphose. Tête petite, un peu allongée. Antennes filiformes, composées de 5 articles. Yeux sétacés, petits, indistincts dans plusieurs espèces.

Pediculus, Phthirius.

CLASSE DES CRUSTACÉS

Ordre des Décapodes-macroures.

FAMILLE DES BRACHYURES

1re *Tribu* . . . . *Quadrilatères.*

Pieds toujours découverts ; tarses comprimés, lamelliformes ou en nageoires. Yeux portés par de longs pédoncules. Queue composée de sept tablettes.

Ocypodites, Gecarcinites, Pinnotherites, Grapsoïtes, Gonoplacites, Trapezoites, Thelpeusites, Pilumnites.

2e *Tribu* . . . . *Arqués.*

Queue composée de cinq tablettes ; pieds nus non terminés en nageoires.

Cancérites, Carcinites, Xantho, Panopeus.

3e *Tribu* . . . . *Nageurs.*

Carapace peu élevée ; orbites dirigés en haut et en avant ; antennes repliées transversalement.

Portunites, Orithytes.

4e *Tribu* . . . . *Cristimanes.*

Pinces très élevées, comprimées, dentées en manière de crête.

Hepatites.

5e *Tribu* . . . . *Cryptopodes.*

Pieds pouvant se retirer sous des voûtes.

Calappites, Cryptopodites.

6ᵉ *Tribu* . . . . *Notopodes.*

Dernières pattes situées sur le dos.
Dromites, Dorippites.

7ᵉ *Tribu* . . . . *Orbiculaires.*

Cavité buccale rétrécie supérieurement, yeux petits,
antennes petites, queue de 4 tablettes.
Corysittes, Leucosites.

8ᵉ *Tribu* . . . . *Triangulaires.*

Carapace triangulaire, yeux rétractiles, article basilaire des antennes petit.
Parthenopites, Maites, Macropodites, Hyme-
nosomites.

9ᵉ *Tribu* . . . . *Hypophthalmes.*

Carapace épineuse et armée d'un rostre ; 2ᵉ, 3ᵉ et 4ᵉ
paires de pattes très longues, 5ᵉ paire très courtes et
préhensiles.
Homolites, Pactolites.

FAMILLE DES MACROURES

1ʳᵉ *Tribu* . . . . *Notoptérygiens.*

Point d'appendices à l'extrémité latérale de la queue ;
antennes latérales, longues et avancées ; les deux
pieds antérieurs pourvus d'une pince didactyle,
triangulaire et comprimée.
Ranina.

2ᵉ *Tribu* . . . . *Hippides.*

Albunea, Hippa, Remipes.

3ᵉ *Tribu* . . . . *Paguriens.*

Queue molle, en forme de sac ; pieds antérieurs terminés en pince didactyle; pédicules oculaires cylindriques.

Pagurus, Cœnobita, Cancellus.

4e *Tribu* . . . . *Scyllarides.*

Carapace plus longue que large, orbites situés à peu de distance du bouclier.

Scyllarus, Thenus, Ibacus.

5e *Tribu* . . . . *Langoustiens.*

Corps étroit, allongé et semi-cylindrique.

Palinurus.

6e *Tribu* . . . . *Galathines.*

Appendice du bout de la queue réuni avec le dernier segment en une nageoire ; yeux très gros.

Porcellana, Galathea, Megalops.

7e *Tribu* . . . . *Thalassinides.*

Antennes extérieures n'offrant pas de lame mobile, sternum linéaire ; abdomen long.

Glaucothoë, Gebia, Thalassina.

8e *Tribu* . . . . *Homardiens.*

Pieds antérieurs très grands, se terminant par une pince didactyle.

Eryon, Nephrobs, Astacus.

9e *Tribu* . . . . *Salicoques.*

Corps comprimé latéralement ; pattes grêles et très longues.

Crangon, Atya, Gnatophyllum, Palæmon.

10e *Tribu* . . . . *Coléopodes.*

Test servant d'étui aux pattes ; antennes latérales accompagnées d'une écaille.

Cryptopus.

Ordre des Stomapodes.

FAMILLE DES CARIDIOÏDES

Thorax épais et comprimé latéralement ; carapace reployée en dessous ; article basilaire des pattes très court ; abdomen très développé.

Mysites, Leuciferites.

FAMILLE DES UNICUIRASSÉS

Pattes de la 1re paire très grandes, constituant des pattes ravisseuses, celles des 3 paires suivantes courtes, celles des 3 dernières grêles et natatoires.

Erictus, Squillericthus, Alima, Squilla.

FAMILLE DES BICUIRASSÉS

Thorax déprimé et lamelleux. Carapace foliacée. Article basilaire des pattes grêle. Abdomen peu développé.

Phyllosoma, Amphion.

Ordre des Lémodipodes.

FAMILLE DES OVALES

Corps ovale, avec les segments ventraux et la tige des antennes sans articulation distincte. Pieds courts.

Cyamus.

FAMILLE DES FILIFORMES

Corps long, grêle ou linéaire. Segments longitudinaux. Pieds longs et déliés.

Leptomera.

Ordre des Amphipodes.

FAMILLE DES CREVETTINES

Corps grêle et allongé. Tête petite.

Orchestia, Talitrus, Lysianassa.

FAMILLE DES PODOCÉRIDES

› Corps peu ou point comprimé sur les côtés. Extrémité postérieure du corps ne constituant pas un organe de saut.

Erichtonius, Atylus, Uncioda, Cerapus.

FAMILLE DES HYPÉRIENS

‹ Corps gros et bombé. Tête forte.

Hyperia, Phorcus, Dactylocera.

Ordre des Isopodes.

FAMILLE DES HÉTÉROPODES

‹ Premier anneau du thorax confondu avec la tête, les six autres étant distincts. Corps terminé par des stylets ou des filets velus ou soyeux.

Tanais, Rhæa, Apseudes.

FAMILLE DES DÉCEMPÈDES

‹ Corps ayant de chaque côté, à son extrémité, une nageoire lamellaire, au lieu d'être terminé par des stylets ou par des soies.

Anceus, Praniza.

FAMILLE DES ÉPICORIDES

‹ Pattes très petites et portant, chez la femelle, des lamelles incubatrices.

Bopyrus, Ione.

FAMILLE DES CYMOTHOADÉS

‹ Queue formée de 4 à 6 segments et munie en dessous de plusieurs paires d'appendices formées de neuf sacs ovalaires. Mandibules petites, peu dentées.

Serolis, Cymothoa, Conilera, Pterelas.

FAMILLE DES SPHÉROMIDES

Queue composée de 2 segments complets et mobiles. Mandibules fortes.

Sphæroma, Zuzara, Campecopœa.

FAMILLE DES IDOTÉIDES

Antennes latérales se terminant par une tige sétacée et pluriarticulaire. Crustacés marins.

Idotca, Arcturus, Stenosoma.

FAMILLE DES ASELLOTES

Queue formée d'un seul segment. Point de nageoires.

Asellus, Janira, Jœra.

FAMILLE DES CLOPORTIDÉS

Antennes latérales sétacées. Queue formée de 6 segments avec 2 ou 4 appendices en forme de stylets.

Tylos, Deto, Ligia, Oniscus.

FAMILLE DES DICLAPODES

Queue encore nue en dessous. Thorax confondu avec la tête.

Nebalia, Condylura, Cuma, Pontia.

Ordre des Lophyrops.

FAMILLE DES SÉTICÈRES

Thorax plus ou moins ovoïde, divisé en 4 segments, l'antérieur se confondant avec la tête.

Cyclops.

FAMILLE DES CLADOCÈRES

Une grosse tête saillante, terminée en pointe ou en manière de bec. Queue courte, se repliant en dessous, terminée par 2 appendices coniques ou sétacés.

Polyphemus, Daphnia, Lyncæus.

FAMILLE DES OSTRACODES

Cythère, Cypris, Cetochylus.

Ordre des Phyllopodes.

FAMILLE DES MYTILOÏDES

Corps allongé, linéaire. Tête non séparée du corps.
Limnadia.

FAMILLE DES ASPIDIPHORES

3 yeux dont un plus petit. 2 antennes courtes et simples.
Apus.

FAMILLE DES CÉRATOPHTHALMES

Pas de test, 20 à 22 pattes. Yeux pédonculés.
Branchipus, Artemia, Eulimène.

Ordre des Xyphosures.

FAMILLE UNIQUE

Absence de siphon. Test de 2 pièces, l'antérieur
solide, bombé, ayant en dessous 2 yeux lisses ;
offrant en dessous 2 antennes en forme de serres
didactyles.
Tachipleus, Limulus, Prosopistoma.

Ordre des Siphonostomes.

FAMILLE DES CALIGITES

Un siphon ou suçoir plus ou moins apparent. Pieds
propres à la natation.
Argulus, Caligus, Pandarus.

FAMILLE DES LERNÆIFORMES

Corps de la femelle vermiforme, sans segmentation
distincte.
Nicothoe, Nemesis, Lernæcera.

Ordre des Trilobites.

FAMILLE UNIQUE

Corps enroulable recouvert d'une carapace divisée par deux sillons longitudinaux parallèles en trois régions. Calymene, Asaphus, Ogygia.

Ordre des Cirrhipèdes.

FAMILLE DES CIRRHIPÈDES SESSILES

Corps sans pédoncules, enfermé dans une coquille fixée sur les corps marins. Bouche à la partie antérieure et postérieure du corps.
Tubicinelle, Coronule, Balane, Acaste, Pyrgome, Creusie.

FAMILLE DES CIRRHIPÈDES PÉDONCULÉS

Corps soutenu par un pédoncule tubuleux, coriace, mobile, dont la base est fixée sur les corps marins. Bouche presque inférieure.
Anatife, Pouce-pied, Cineras, Otion.

CLASSE DES MOLLUSQUES

Ordre des Céphalopodes.

FAMILLE DES NAUTILIENS

Tentacules nombreux, dépourvus de ventouses.
Nautilus.

FAMILLE DES OCTOPODES

Bras au nombre de huit, placés autour de la bouche.
Argonauta, Tremoctopus, Octopus, Eledone.

FAMILLE DES CALMARIENS

Bras au nombre de dix.

Sepia, Loligo, Onychoteuthis, Sepioteuthis, Ommastrephes, Loligopsis, Cranchia, Rossia, Sepiola, Spirula.

Ordre des Ptéropodes.

Lobes cutanés en forme d'ailerons, disposés symétriquement des deux côtés du corps, et servant d'organes natatoires.

FAMILLE DES HYALÉES

Corps enfermé dans une coquille.

Hyalea, Cleodora, Cymbulia, Creseis.

FAMILLE DES CLIOÏDÉES

Corps dépourvu de coquille.

Clio, Pneumodermon.

Ordre des Hétéropodes.

Appareil natatoire en forme de carène, situé sous l'abdomen et quelquefois muni d'une ventouse.

FAMILLE DES PTÉROTRACHÉIDES

Corps grand, cylindrique avec un petit sac viscéral, recouvert ou non par une coquille.

Carinaria, Pterotrachea.

FAMILLE DES ATLANTIDES

Corps renfermé dans une coquille spirale.

Atlanta.

Ordre des Gastéropodes.

Appareil reptatoire consistant en un disque musculaire situé sous le corps.

Sous-Ordre des **OPISTHOBRANCHES**

FAMILLE DES NUDIBRANCHES

Corps nu ; respiration cutanée par des branchies placées à la face dorsale du corps.

Scyllæa, Æolis, Doris.

FAMILLE DES INFÉROBRANCHES

Branchies placées de chaque côté de la face inférieure du manteau.

Phyllidia, Diphyllidia.

FAMILLE DES TECTIBRANCHES

Branchies placées d'un seul côté du manteau.

Bulla, Aplysia, Pleurobranchus.

Sous-Ordre des **PROSOBRANCHES**

FAMILLE DES CYCLOBRANCHES

Branchies formant un cercle autour du corps.

Patella, Chiton.

FAMILLE DES SCUTIBRANCHES

Deux branchies placées dans la cavité respiratoire.

Haliotis, Fissurella, Emarginula.

FAMILLE DES TUBULIBRANCHES

Corps entouré d'une coquille vermiforme.

Vermetus.

FAMILLE DES PECTINIBRANCHES

Cavité respiratoire contenant une grande branchie pectinée et une petite branchie rudimentaire.

Buccinum, Purpura, Murex.

FAMILLE DES TROCHOÏDES

Bord inférieur du pied muni d'appendices tentaculiformes.

Trochus, Turbo, Phasianella.

FAMILLE DES CONIDES

Langue pourvue de longs crochets creux.

Conus, Pleurotoma.

Sous-Ordre des **PULMONÉS**

FAMILLE DES LIMNÉENS

Animaux vivant dans les eaux douces.

Limnæa, Planorbis, Physa.

FAMILLE DES HÉLICIDES

Animaux terrestres.

Helix, Bulimus, Arion.

Ordre des Solénoconques.

Pas de tête distincte, corps enveloppé dans une coquille tubuleuse ouverte aux deux extrémités.

FAMILLE DES DENTALIDES

Pied vermiforme.

Dentalium, Siphonodentalium.

Ordre des Lamellibranches.

Animaux symétriques, bivalves, renfermant dans l'intérieur de leur manteau, qui est plus ou moins fendu, deux paires de tentacules lamelliformes et des branchies.

Sous-ordre des **MONOMYAIRES**.

FAMILLE DES OSTRACÉS

Manteau complètement ouvert; pied nul, rudimentaire, charnière sans dents.

Ostrea, Anomia.

FAMILLE DES PECTINÉS

Pied byssifère ; manteau pourvu d'ocelles ; coquille non nacrée.

Pecten, Spondylus, Lima.

FAMILLE DES MALLÉACÉS

Pied byssifère ; coquille nacrée intérieurement ; couche externe du test celluleuse-prismatique.

Malleus, Perna, Crenatula, Avicula, Meleagrina.

Sous-Ordre des DIMYAIRES.

FAMILLE DES ARCACÉS

Charnière formée de dents nombreuses, disposées en séries et engrenantes.

Arca, Pectunculus, Trigonia, Nucula.

FAMILLE DES NAIADES

Animaux lacustres ; test nacré à l'intérieur.

Anodonta, Unio.

FAMILLE DES MYTILACÉS

Pied byssifère ; lobes du manteau réunis entre les ouvertures des siphons ; muscle adducteur antérieur des valves très petit.

Mytilus, Modiola, Lithodomus, Tichogonia.

FAMILLE DES CAMACÉS

Crochets subspiraux ; impression palléale simple.

Chama.

FAMILLE DES CARDIACÉS

Dents cardinales irrégulières, accompagnées d'une ou deux dents latérales.

Cardium, Cardita, Isocardia.

FAMILLE DES VÉNÉRIDÉS

Charnière portant trois dents ; impression palléale sinueuse ; ligament externe.

Venus, Cytherea, Artemis.

FAMILLE DES MACTRIDÉS

Ligament interne placé dans une fossette triangulaire.

Mactra, Lutraria.

FAMILLE DES PYLORIDÉS

Manteau presque entièrement fermé ; ouverture pédieuse petite ; siphons réunis.

Mya, Solen, Solenomya, Panopæa.

FAMILLE DES TÉRÉDINÉS

Pas de charnière ni de ligament ; une longue apophyse à l'intérieur des valves.

Pholas, Teredo.

FAMILLE DES ASPERGILLÉS

Valves soudées à un long tube calcaire.

Aspergillum, Clavagella.

Ordre des Brachiopodes.

Animaux symétriques, bivalves, munis dans l'intérieur de leur manteau, qui est largement fendu, de deux tentacules en forme de bras, frangés et protractiles.

Orbicula, Terebratula, Lingula.

Ordre des Tuniciers.

Animaux complètement symétriques et renfermés dans leur manteau, qui ne présente plus que deux ouvertures étroites.

FAMILLE DES ASCIDIES

Animaux fixés, munis d'un large sac branchial.

Ascidies composées

Didemnum, Aplydium, Botryllus, Leptoclinum, Polyclinum, Pyrosoma.

Ascidies simples.

Clavellina, Phallusia, Boltenia, Cynthia.

FAMILLE DES SALPINÉES

Animaux agrégés, nageurs, se reproduisant par génération alternante.

Salpa.

Ordre des Bryozoaires.

Canal digestif fermé du côté de la cavité du corps et s'ouvrant au dehors par un anus.

FAMILLE DES CHILOSTOMES

Ouvertures des cellules cornées ou calcaires, munies d'un opercule.

Eschara, Cellepora, Flustra, Bicellaria, Retepora, Telegraphina, Tendra.

FAMILLE DES CYCLOSTOMES

Orifices des cellules larges et terminaux, sans opercule.

Tubulipora, Diastopora.

FAMILLE DES ALCYONNELLINES

Animaux vivant dans l'eau douce, munis d'un lophophore bilatéral.

Cristatella, Alcyonella, Plumatella, Lophopus.

CLASSE DES ANNÉLIDES

Ordre des Apodes.

Corps sans soies.

Sous-Ordre des NÉMERTINES.

Extrémité postérieure du corps dépourvue de ventouse ; extrémité céphalique souvent munie de fossettes respiratrices latérales.

Tetrastemma, Polystemma, Micrura, Notospermus, Meckelia, Polia, Nemertes, Borlasia.

Sous-Ordre des HIRUDINÉES.

Extrémité postérieure du corps pourvue de ventouse.

Branchiobdella, Piscicola, Clepsyne, Nephelys, Hæmopsis, Aulacostomum, Sanguisuga, Pontobdella.

Ordre des Chétopodes.

Corps pourvu de soies.

Sous-Ordre des LUMBRICINS.

Corps sans pieds.

Chætogaster, Enchytræus, Naïs, Lumbriculus, Euaxes, Sœnuris, Lumbricus, Sternaspis.

Sous-Ordre des CÉPHALOBRANCHES.

Corps pourvu de pieds ; des branchies sur l'extrémité de la tête.

Siphonostomum, Chloræma, Amphicora, Serpula, Sabella, Amphitrite, Terebella.

Sous-Ordre des DORSIBRANCHES.

Corps pourvu de pieds ; branchies situées sur ses anneaux.

Arenicola, Ammotrypane, Chætopterus, Aricia, Aricinella, Cirratulus, Peripatus, Glycera,

Goniada, Nephtys, Alciopa, Syllis, Phyllodoce, Hesione, Lycastis, Nereis, Œnone, Aglaura, Lumbrinereis, Eunice, Amphinome, Sigalion, Polynoe, Aphrodite.

Ordre des Géphyriens.

Corps cylindrique, sans segmentation extérieure ; une trompe rétractile.

FAMILLE DES SIPUNCULIDES

Corps dépourvu de soies.

Sipunculus, Phascolosoma.

FAMILLE DES ÉCHIURIDES

Corps armé de soies.

Echiurus, Thalassema.

CLASSE DES ROTIFÈRES

FAMILLE DES MONOTROQUES

Appareil rotateur simple.

Plygura, Ichtydium, Chœtonotus, Œcistes, Conochilus.

FAMILLE DES SCHIZOTROQUES

Appareil rotateur transformé en une sorte d'ombrelle céphalique ou prolongé en un appendice de forme variable.

Megalotrocha, Tubicolaria, Stephanoceros, Lacinularia, Melicerta, Floscularia.

FAMILLE DES POLYTROQUES

Appareil rotateur multiple.

Enteroplea, Pleurotrocha, Hydatina, Notommata, Synchæta, Polyarthra, Diglena, Triarha,

Eosphora, Cycloglœna, Theorus, Mastygocerca, Euchlanis, Salpina, Stephanops, Squamella.

FAMILLE DES ZYGOTROQUES

Appareil rotateur géminé.

Rotifer, Actinurus, Philodina, Noteus, Anuræa, Brachionus.

CLASSE DES TURBELLARIÉS

FAMILLE DES RHABDOCŒLIENS

Canal intestinal simple, cylindrique ; œsophage non protractile ; corps rond, plus ou moins aplati.

Vortex, Derostomum, Gyratrix, Strongylostomum, Mesostomum, Typhloplana, Macrostomum, Microstomum.

FAMILLE DES DENDROCŒLIENS

Canal intestinal ramifié ; œsophage protractile ; corps large et aplati.

Polycelis, Monocelis, Planaria, Leptoplana, Eurylepta, Planocera, Thyzanozoon.

CLASSE DES HELMINTHES

Ordre des Cystiques.

Corps gonflé en forme de vessie et rempli d'un liquide séreux. Point d'organes digestifs ni génitaux.

Echinococcus, Cœnurus, Cysticercus, Anthocephalus.

Ordre des Cestodes.

Corps parenchymateux, rubaniforme, pourvu quelquefois d'incisions transversales incomplètes, et très souvent divisé complètement, dans le même sens, en anneaux. Point d'organes digestifs. Organes génitaux mâles et femelles situés sur le même individu, et en général multipliés. Des organes copulateurs.

Gymnorhynchus, Tetrarhynchus, Bothryocephalus, Tænia, Triænophorus, Ligula, Caryophyllæus.

Ordre des Trématodes.

Corps parenchymateux, ordinairement aplati. Canal intestinal souvent ramifié, pourvu d'une bouche et presque toujours sans anus. Organes génitaux mâles et femelles réunis sur le même individu. Des organes copulateurs.

Gyrodactylus, Axine, Octobothryum, Diplozoon, Polystomum, Aspidocotylus, Aspidogaster, Tristomum, Monostomum, Helostomum, Gasterostomum, Pentastomum.

Ordre des Acanthocéphales.

Corps cavitaire, aplati, ridé transversalement et se gonflant par l'absorption de l'eau, de manière à devenir cylindrique. Point d'organes digestifs. Organes génitaux situés sur deux individus. Des organes copulateurs.

Echinorhynchus.

Ordre des Gordiacés.

Corps filiforme, cylindrique. Organes digestifs dépourvus d'anus. Organes génitaux situés sur deux individus. Organes copulateurs existant quelquefois.

Gordius, Mermis.

Ordre des Nématodes.

Corps cavitaire, cylindrique. Canal digestif se dirigeant en ligne droite dans la cavité du corps et pourvu d'une bouche et d'un anus. Organes génitaux mâles et femelles séparés sur deux individus. Des organes copulateurs.

Sphærularia, Trichosoma, Trichocephalus, Filaria, Anguillula, Physaloptera, Liorhynchus, Lecanocephalus, Cheiracanthus, Gnathosoma, Ancyracanthus, Spiroptera, Hedruris, Strongylus, Cucullanus, Oxyuris, Ascaris.

CLASSE DES ÉCHINODERMES

Ordre des Crinoïdées.

Articles mobiles, constituant un véritable squelette cutané. Corps rayonné ; canal digestif asymétrique.

FAMILLE DES ENCRINIDES

Calice pédonculé à l'état adulte.

Pentacrinus.

FAMILLE DES COMATULINES

Calice non pédonculé à l'état adulte.

Comatula.

Ordre des Astéroïdées.

Squelette interne composé d'articles mobiles. Enveloppe cutanée tantôt calcaire, tantôt coriace. Corps rayonné, canal digestif symétrique.

FAMILLE DES OPHIURIDES

Bras cylindriques, distincts du disque et ne renfermant aucun appendice du tube digestif.

Astrophyton, Ophionix, Ophiotryx, Ophiomastyx, Ophiocoma, Ophiolepis, Ophioderma.

FAMILLE DES ASTÉROÏDES

Bras formant les prolongements du disque et renfermant les appendices du tube digestif.

Luidia, Astropecten, Ctenodiscus, Archaster,

Stellaster, Astrogonium, Oreaster, Pteraster, Asteriscus, Culcita, Ophidiaster, Chetaster, Solaster, Echinaster, Asteracanthion.

Ordre des Échinoïdées.

La charpente calcaire constitue une boîte composée de plaques immobiles et présentant la forme d'une sphère ou d'un disque. Le canal digestif est asymétrique.

FAMILLE DES ÉCHINIDES

Oursins réguliers à bouche centrale.
Echinus, Cidaris.

FAMILLE DES CLYPÉASTRIDES

Oursins irréguliers ; bouche centrale ; anus excentrique.
Laganum, Scutella, Encope, Rotula, Lobophora, Echinocyamus, Mellita, Echinanthus.

FAMILLE DES SPATANGIDES

Oursins irréguliers ; bouche et anus excentriques.
Spatangus.

Ordre des Holothurioïdées.

La charpente calcaire est remplacée par une enveloppe cutanée qui contient un nombre plus ou moins grand de corpuscules calcaires réticulés. L'œsophage est entouré d'un anneau calcaire qui forme le rudiment d'un squelette interne. Le corps est cylindrique, le canal digestif en général asymétrique.

FAMILLE DES HOLOTHURINES

Corps pourvu de tubes ambulacraires.
Holothuria, Pentacta, Bohadschia, Cladolabes.

FAMILLE DES SYNAPTINES

Pas de tubes ambulacraires.
Synapta, Chirodota.

CLASSE DES ACALÈPHES

Ordre des Siphonophores.

Les aliments sont pompés par un grand nombre de tubes qui tiennent lieu d'estomac. La locomotion est ordinairement facilitée par des capsules natatoires cartilagineuses.

FAMILLE DES DYPHYIDES

Tige longue, cylindrique, dépourvue de vessie natatoire : capsules natatoires sur deux rangées ou au nombre de 2 seulement.

Dyphies, Abyla.

FAMILLE DES PHYSOPHORIDES

Tige courte, spiralée, pourvue d'une vessie aérienne ; vessies natatoires sur deux ou plusieurs rangées.

Physophora, Stephanomya.

FAMILLE DES PHYSALIDES

Tige transformée en une large chambre aérienne ; pas de vésicules natatoires.

Physalis.

FAMILLE DES VÉLELLIDES

Tige réduite à un disque aplati.

Rataria, Velella, Porpita.

Ordre des Discophores.

Ils possèdent une cavité stomacale simple. Leurs mouvements s'opèrent par des contractions du corps, qui a la forme d'un disque ou d'un champignon.

FAMILLE DES ÆQUORINES

Méduses larges, à pédoncule buccal court ; bord de la bouche multilobé ; filaments marginaux nombreux.

Æquorea, Pollixenia.

FAMILLE DES OCÉANIDES

Méduses semi-sphériques.

Oceania, Cytæis, Thaumantias.

FAMILLE DES GÉRYONIDES

Ombrelle pourvue d'un large pédoncule cylindrique ou conique entourant l'estomac.

Geryonia.

FAMILLE DES RHIZOSTOMIDES

Pas de filaments marginaux ; 8 bras buccaux munis de suçoirs.

Cephea, Cassiopea, Rhizostomum.

FAMILLE DES MÉDUSIDES

Bord de l'ombrelle portant des filaments ; 4 bras buccaux.

Pelagia, Cyanea, Chrysaora, Medusa, Aurelia, Ephyra, Sthenonia.

Ordre des Cténophores.

La bouche et la cavité digestive sont simples et centrales. La locomotion s'opère principalement à l'aide d'organes vibratiles disposés en séries longitudinales.

FAMILLE DES BÉROÏDES

Corps ovale, dépourvu d'appendices lobés.

Beroe, Lesueuria, Medea.

FAMILLE DES MNÉMIADES

Corps comprimé latéralement, pourvu d'appendices lobés.

Mnemia.

FAMILLE DES CALLYANIRIDES

Corps sphérique ou globuleux, muni de 2 filaments tactiles.

Cydippe, Cestum.

CLASSE DES POLYPES

Ordre des Zoanthaires.

Canal digestif dépourvu d'anus et aboutissant dans la cavité générale du corps. Tentacules au nombre de 6, 12, 24 ou un multiple de 6 ou de 4.

FAMILLE DES MADRÉPORINES

Polypes à cœnenchyme incrusté de carbonate de chaux.

Oculina, Millepora, Madrepora, Caryophyllia, Astræa, Meandrina, Agaricia, Favia.

FAMILLE DES ZOANTHINES

Téguments coriaces ; polypes agrégés.

Zoanthus.

FAMILLE DES ACTININES

Corps mou, sans squelette calcaire ; individus isolés.

Actinia, Edwardsia.

Ordre des Alcyonnaires.

Polypes pourvus de 8 tentacules bipinnés, et de 8 replis mésentéroïdes.

FAMILLE DES ALCYONIDES

Colonies de polypes formant des masses lobées ou ramifiées, sans axe central solide.

Alcyonium, Lobularia, Alcyonidium.

FAMILLE DES PENNATULINES

Colonie de polypes groupés autour d'un axe corné, flexible, simple.

Veretillum, Pennatula, Virgularia.

FAMILLE DES GORGONIDES

Colonies adhérentes, munies d'un axe ramifié, corné ou calcaire.

Gorgonia.

FAMILLE DES ISIDÉES

Axe calcaire articulé par des rondelles de tissu corné.

Corallium, Isis.

FAMILLE DES TUBIPORINES

Polypes contenus dans des tubes calcaires, parallèles, unis par des expansions horizontales.

Tubipora.

Ordre des Hydrozoaires.

Pas de tube œsophagien, ni de cloison, dans la cavité viscérale.

FAMILLE DES HYDRINES

Colonies de polypes nus.

Hydra, Eleutheria, Synhydra, Coryne, Syncoryne, Corymorpha.

FAMILLE DES SERTULARINES

Colonies ramifiées ; polypes revêtus d'un tube chitineux élargi en calice.

Sertularia.

CLASSE DES SPONGIAIRES

Ordre des Eponges fibreuses.

Tissu composé de fibres cornées ou de corpuscules siliceux.

FAMILLE DES SPONGIAIRES

Tissus cornés.

Spongia, Spongelia, Euspongia.

FAMILLE DES GÉODIDES

Corps revêtu d'une écorce spicule siliceuse.

Geodia, Caminus, Pyxitis.

FAMILLE DES LITHISTIDES

Corps composé de tissus siliceux.

Corallistes, Leiodermeticum.

Ordre des Eponges calcaires.

Squelette formé de spicules calcaires.

FAMILLE DES LEUCONIDES

Parois percées de canaux ramifiés.

Leuconia, Leucortis, Leucaltis, Leucandra.

FAMILLE DES SYCONIDES

Parois percées de canaux droits.

Sycon, Sicandra, Ute.

FAMILLE DES LEUCOSOLÉNIDES

Colonies percées de canaux simples.

Grantia, Asceta, Ascandra.

CLASSE DES PROTOZOAIRES

Animaux à structure simple, dépourvus d'organes et de tissus différenciés.

Ordre des Rhizopodes.

Sarcode émettant des prolongements de forme variée.

FAMILLE DES FORAMINIFÈRES

Animaux pourvus en général d'une coquille calcaire ou arénacée.

Miliola, Rotalia, Globigerina.

FAMILLE DES RADIOLAIRES

Une vésicule membraneuse au milieu du sarcode ; squelette siliceux rayonné.

Thalassicola, Acanthocystis.

Ordre des Infusoires.

Animaux de forme définie, pourvus d'une membrane extérieure portant des cils. Une bouche et un anus.

FAMILLE DES HOLOTRIQUES

Corps couvert de cils fins et courts disposés sur des lignes horizontales.

Paramœcium, Leucophrys, Trachelius.

FAMILLE DES HÉTÉROTRIQUES

Des cils très longs au voisinage de la bouche.

Bursaria, Stentor.

FAMILLE DES HYPOTRIQUES

Animaux à face dorsale convexe et à face ventrale aplatie, portant des cils très fins.

Phascolodon, Euplotes.

FAMILLE DES PÉRITRIQUES

Animaux de forme cylindrique ; une zone buccale en spirale de cils très longs.

Halteria, Trichodina, Vorticella.

II. RÈGNE VÉGÉTAL

Le règne végétal se divise, d'après la germination, en *Plantes acotylédones*, ou privées de cotylédons, *Plantes monocotylédones* ou n'ayant qu'un seul cotylédon, et *Plantes dicotylédones* ou ayant deux ou plusieurs cotylédons. Les tableaux ci-après présentent l'ensemble de ce système, que nous devons à Laurent de Jussieu.

Acotylédones.

1re Classe . . . . ACOTYLÉDONES.

Monocotylédones.

2e Classe . . . . Etamines hypogynes.
3e — . . . . — périgynes.
4e — . . . . — épigynes.

Dicotylédones.

5e Classe . . Etamines épigynes. }
6e — . — périgynes. } APÉTALES.
7e — . — hypogynes. }
8e — . — hypogynes. }
9e — . — périgynes.
10e — Anthères connées. } Etamines épigynes. } MONOPÉTALES.
11e — Anthères distinctes.
12e — . Etamines épigynes. }
13e — . — hypogynes. } POLYPÉTALES.
14e — . — périgynes. }
15e — . . . . DICLINES IRRÉGULIÈRES.

SUBDIVISIONS DES CLASSES

I. ACOTYLÉDONES

1re Classe. Acotylédones.

Fam. 1. Champignons.
— 2. Algues.
— 3. Hépatiques.

Fam. 4. Mousses.
— 5. Fougères.
— 6. Naïades.

II. MONOCOTYLÉDONES

2e Classe. Étamines hypogynes.

Fam. 7. Aroïdes.
— 8. Massètes.

Fam. 9. Souchets.
Fam. 10. Graminées.

3e Classe. Étamines périgynes.

Fam. 11. Palmiers.
— 12. Asperges.
— 13. Joncs.
— 14. Lis.

Fam. 15. Ananas.
— 16. Asphodèles.
— 17. Narcisses.
— 18. Iris.

4e Classe. Étamines épigynes.

Fam. 19. Bananiers.
— 20. Balisiers.

Fam. 21. Orchidés.
— 22. Morrènes.

III. DICOTYLÉDONES.

APÉTALES

5e Classe. Étamines épigynes.

Fam. 23. Aristoloches.

6e Classe. Étamines périgynes.

Fam. 24. Chalefs.
— 25. Thymélées.
— 26. Protées.

Fam. 27. Lauriers.
— 28. Polygonés.
— 29. Arroches.

7ᵉ CLASSE. Étamines hypogynes.

Fam. 30. Amarantes.
— 31. Plantins.

Fam. 32. Nyctages.
— 33. Dentelaires.

MONOPÉTALES

8ᵉ CLASSE. Étamines hypogynes.

Fam. 34. Lysimachies.
— 35. Pédiculaires.
— 36. Acanthes.
— 37. Jasminées.
— 38. Gattiliers.
— 39. Labiées.
— 40. Scrophulariées.
— 41. Solanées.

Fam. 42. Borraginées.
— 43. Liserons.
— 44. Polemoines.
— 45. Bignones.
— 46. Gentianes.
— 47. Apocynées.
— 48. Sapotiliers.

9ᵉ CLASSE. Étamines périgynes.

Fam. 49. Plaqueminiers.
— 50. Rosages.

Fam. 51. Bruyères.
— 52. Campanulacées.

10ᵉ CLASSE. Étamines épigynes.

Fam. 53. Chicoracées.
— 54. Cynarocéphales.

Fam. 55. Corymbifères.

11ᵉ CLASSE. Étamines épigynes.

Fam. 56. Dipsacées.
— 57. Rubiacées.

Fam. 58. Chèvrefeuilles.

POLYPÉTALES

12ᵉ CLASSE. Étamines épigynes.

Fam. 59. Aralies.

Fam. 60. Ombellifères.

13e Classe. Étamines hypogynes.

Fam.	61. Renonculacées.	*Fam.*	72. Vignes.
—	62. Papavéracées.	—	73. Géraniées.
—	63. Crucifères.	—	74. Malvacées.
—	64. Câpriers.	—	75. Magnoliers.
—	65. Savonniers.	—	76. Anones.
—	66. Erables.	—	77. Menispermes.
—	67. Malpigides.	—	78. Vinettiers.
—	68. Millepertuis.	—	79. Thiliacées.
—	69. Guttiers.	—	80. Ciste.
—	70. Orangers.	—	81. Rutacées.
—	71. Alzédarachs.	—	82. Caryophyllées.

14e Classe. Étamines périgynes.

Fam.	83. Joubarbes.	*Fam.*	90. Melastomes.
—	84. Saxifrages.	—	91. Salicaires.
—	85. Cactées.	–	92. Rosacées.
—	86. Portulacées.	—	93. Légumineuses.
—	87. Ficoides.	—	94. Térébinthacées
—	88. Onagres.	—	95. Nerpruns.
—	89. Myrtes.		

15e Classe. Diclines.

Fam.	96. Euphorbes.	*Fam.*	99. Amentacées.
—	97. Cucurbitacées.	—	100. Conifères.
—	98. Orties.		

III. RÈGNE MINÉRAL

Le règne minéral se divise en quatre grandes classes, qui sont : les *combustibles non métalliques*, les *combustibles métalliques*, les *minéraux non combustibles*, les *roches*.

COMBUSTIBLES NON MÉTALLIQUES

LES CHARBONNEUX

Ier Ordre. . . . . CHARBONS.

Diamant, Graphite, Charbons fossiles, Anthracite, Houille, Lignite, Tourbe, Humus.

IIe Ordre . . . . HYDROCARBURES.

Naphthaline, Hartite, Schéerérite, Kœnlite, Idrialine, Ozokérite, Elatérite, Naphte, Pétrole, Asphalte.

Résines fossiles (d'origine végétale).

Rétinite, Copalite, Succinite, Succin.

IIIe Ordre. . . . . SELS ORGANIQUES.

Mellite, Conistonite, Whewellite, Oxalite.

Amorphes (d'origine animale).

Guano.

IVe Ordre . . . . SOUFRES.

Soufre natif, Sélénium sulfurifère.

COMBUSTIBLES MÉTALLIQUES
MÉTAUX LIBRES OU MÉLANGÉS

Ier Ordre . . . . MÉTAUX NATIFS.

Osmium, Arsenic, Arsenic bismuthifère, Tellure, Antimoine, Antimoine arsénifère, Bismuth, Etain, Mercure, Mercure argental, Arquérite, Plomb, Argent, Cuivre, Fer, Palladium, Palladium aurifère, Rhodium, Or, Or argentifère, Platine, Platine ferrifère, Platine rhodifère, Platine ruthénifère, Iridium platinifère.

MÉTAUX COMBINÉS OU ALLIAGES DÉFINIS

IIe Ordre . . . . ARSÉNIURES, ANTIMONIURES ET TELLURURES.

Nickéline rouge, Breithauptite, Elasmose, Sylvanite, Dicrase, Leukopyrite, Rammelsbergite, Chloanthite, Smaltine, Skuttérudite, Altaïte, Hessite, Domeykite, Condurrite.

MÉTAUX MINÉRALISÉS

IIIe Ordre . . . . SULFURES ET SÉLÉNIURES SIMPLES.

Séléniure d'argent, Séléniure de cuivre, Eukaïrite, Argyrose, Galène, Séléniure de plomb, Blende, Alabandine, Linnéite, Sulfure de cobalt gris, Disomos, Nickel, Blauérite, Pyrite, Marcassite, Mispickel, Chalkosine, Stroméyérine, Bismuthine, Stibine, Orpiment, Realgar, Kermès, Cinabre, Millérite, Pyrrhotine, Greenockite, Covelline, Molybdénite, Woltzite.

IVe Ordre . . . . . . SULFURES MULTIPLES.

Stannine, Chalkopyrite, Phillipsite, Cubane, Tetraédrite, Steinmannite, Enargite, Bournonite, Freieslébénite, Nadelerz, Sulfure de cuivre, Zinkénite, Jamésonite, Plumesite, Dufrénoysite, Géokronite, Sternbergite, Psathurose, Polybasite, Xanthocone, Proustite, Pyrargyrite, Miargyrite, Plagionite, Berthiérite, Boulangérite, Brongniardite, Kobellite.

MINÉRAUX NON COMBUSTIBLES

Ier Ordre . . . . OXYDES MÉTALLIQUES.

Cuprite, Arsénolite, Senarmontite, Siderochrome, Franklinite, Fer aimant, Fer oligiste, Craïtonite, Oxyde chromique, Gœthite, Manganite, Groroilite, Pyrolusite, Zincite, Valentinite, Arsenphyllite, Brookite, Anatase, Rutile, Cassitérite, Braunite, Hausmannite, Crednérite.

IIe Ordre . . . . OXYDES TERREUX.

Periclase, Brucite, Eau (glace), Silice, Alumine, Hydrargilite, Diaspore, Sassoline.

BALOÏDES

IIIe Ordre. CHLORURES, FLUORURES, IODURES ET BROMURES.

Sel gemme, Sylvine, Salmiac, Fluorine, Ittrocerite, Kérargiritte, Embolite, Bromite, Iodite, Fluocérite, Calomel, Coccinite, Cryolithe, Cotunnite.

IVe Ordre . . . . OXYCHLORURES.

Matlockite, Mendipite, Atacamite.

OXY-SELS

Sels à acides de métalloïdes ou de métaux légers.

Ve Ordre . . . . ALUMINATES.

Spinelle, Ganite, Hercynite, Cymophane.

VIe Ordre. . . . . . SILICATES ALUMINEUX.

GROUPE DES SCLÉRITES OU PIERRES DURES

Cordiérite, Topaze, Axinite, Tourmaline, Phenakite, Emeraude, Euclase, Zircon, Grenat, Helvine.

GROUPE DES HYPOSCLÉRITES, OU PIERRES DEMI-DURES

Pierres communes à bases terreuses.

Idocrase, Wernérite, Andalousite, Staurotide, Disthème, Epidote, Sphène, Keilhanite, Mosandrite.

GROUPE DES FELDSPATHS

Spaths siliceux légers, à bases alcalines et anhydres.

Pétalite, Triphane, Baulite, Orthose, Albite, Oligoclase, Andésine, Labradorite, Anorthite, Néphéline, Sodalithe, Lapis-lazuli, Haüyne, Amphigène.

GROUPE DES ZÉOLITHES

Spaths siliceux légers, à bases alcalines et hydratées.

Analcime, Ittnérite, Glottalithe, Apophyllite, Edingtonite, Faujasite, Gismondine, Levyne, Chabasie, Gmélinite, Okénite, Zeagonite, Harmotome calcaire, H. barytique, Thomsonite, Prehnite, Stilbite, Epistilbite, Brewstérite, Heulandite, Mesotypes, Mesolithe, Scolesite, Laumonite, Pectolithe, Datolithe, Carpholithe, etc.

GROUPE DES PHYLLITES

Micas et Chlorites.

Micas alcalin, Micas moscovite, M. lepidolithes, M. Lepidomélau, M. magnésiens, M. biotite, M. Rubellane.

Hydratés: Chlorites.

Margarite, Ripidolithes, Clinochlores, Chlorites, Chlorite pennine, Chlorite blanche de Mauléon, Euphyllite, Xantophyllite, Pyrophyllite, Nacrite, Chloritoïcle, Delessite, Sismondine.

VIIe Ordre . . . Silicates non alumineux.

Eulytine, Dioptase, Chrysocolle, Eudialyte, Cronstedtite, Pyrosmalithe, Sideroschisolithe, Cérite, Gadolinite, Liévrite, Smithsonite, Willemite, Tephroïte, Chrysolithe, Humite, Villarsitte, Picrosmnie, Talc, Magnésite, Ædelforsite, Wollastonite, Pyrallolite, Pyroxène, P. augite, P. bronzite, P. rhodonite, P. Achmite, P. Jeffersonite, Amphibole, A. actonite, A. pargasite, Babingtonite, Leucophane, Dauburite, Antigorite, Chlorophœite, Hisingerite, Nephrite, etc.

VIIIe Ordre . . . . Borates.

Boracite, Rhodizite, Borax, Larderellite, Lagonite, Hydroboracite, Hydroboracalcite, etc.

IXe Ordre . . . . Carbonates.

Parisite, Calcaire bleu du Vésuve.

GROUPE DES SPATHS CARBONATÉS

Sidérose, Mésitine, Aukérite, Oligauspath, Diallogite, Braunspath, Kapnite, Calamine, Magnésite, Dolomie, Calcaire, C. variété barytifère, etc., Arragonite, Strontianite, Alstonite, Céruse, Junchérite, Lauthanite, Natron, Trona, Hydromagnésite, Malachite, Azurite, Barytocalcite, Céresine, etc.

Xe Ordre . . . . Hydrates.

XIᵉ Ordre. . . . . AZOTATES OU NITRATES.

Natronitre, Nitre ou Salpêtre.

XIIᵉ Ordre . . . PHOSPHATES, ARSÉNIATES, ANTIMONIATES.

Pharmacosidérite, Scoredite, Vivianite, Erythrine, Nikelocre, Bleinière, Dufrénite, Hétérosite, Hureaulite, Berzéliite, Triphyline, Monazite, Triplite, Zwieselite, Warnérite, Herdérite, Amblygonite, Klaprothite, Kalaïte, Childrenite, Wavellite, Symplésite, Haidingerite, Pharmacolithe, Struvite, Lunnite, Aphanèse, Tyrolite, Erinite, Libethénite, Olivenite, Liroconite, Euchroïte, Chalcophyllite, Pyromorphite, Mimetésite, Apatite, Xénotine, Cryptolithe, Romeine, Chalkolithe, Uranite, Condurrite, etc.

XIIIᵉ Ordre . . . SULFATES ET SÉLÉNIATES.

Aluns, Voltaïte, Alunogène, Coquimbite, Copiopite, Alunite, Aluminite, Brochantite, Linarite, Lanarkite, Calédonite, Leadhillite, Anglésite, Séléniate, Barytine, Célestine, Karsténite, Gypse, Astracanite, Thénardite, Glaubérite, Mirabilite, Epsomite, Gaslarite, Biebérite, Mélantérite, Botryogène, Johannite, Cyanose, Pittizite, etc.

XIVᵉ Ordre . . CHROMATES ET VANADATES.

Vanadinite, Volborthite, Descloizite, Melanochoïte, Vauquelinite, Cracroïse, Déchenite, Vanadate de plomb et de cuivre.

XVᵉ Ordre . . TUNGSTATES ET MOLYBDATES.

Sels à acides de métaux lourds.

Wolfram, Schéelite, Schélitine, Mélinose.

XVIᵉ Ordre . . Titanates et Tantalates.

Pérowskite, Pyrochlore, Pyrrhite, Fergusonite, Azorite, Euxénite, Rutherdorfite, Æschynite, Polymignite, Mengite, Polycrase, Wohlérite, Ittrotentale, Uranotantale, Tantalite de Finlande, Tantalite de Bavière.

ROCHES

On donne ce nom à toutes les masses pierreuses dont se compose le globe terrestre. On les divise ainsi :

1° *Roches primitives.*

1. Granite.	9. Roche de topaze.
2. Gneiss.	10. Gypse primitif.
3. Schiste argileux.	11. Schiste siliceux primitif.
4. Porphyre ancien.	
5. Trapp primitif.	12. Porphyre de formation plus récente.
6. Calcaire primitif.	
7. Serpentine de plus ancienne formation.	13. Siénite.
	14. Serpentine de nouvelle formation.
8. Quartz.	

2° *Roches de transition.*

1. Calcaire de transition.	4. Schiste siliceux de transition.
2. Grauwake.	
3. Trapp de transition.	

3° *Roches secondaires ou stratiformes.*

1. Grès rouge ancien.	3. Gypse stratiforme de première formation.
2. Calcaire stratiforme de première formation.	4. Grès bigarré.

5. Gypse stratiforme de seconde formation, ou calcaire coquillier.

6. Calcaire stratiforme de seconde formation.

7. Grès de troisième formation.

8. Calcaire de troisième formation.

9. Calamine.

10. Craie.

11. Formation de houille indépendante.

12. Trapp stratiforme ou secondaire.

Tel est à peu près l'ordre dans lequel les roches se trouvent placées dans la nature.

4° *Roches tertiaires ou d'alluvion.*

Ces roches sont des dépôts produits par les débris que les eaux ont entraînés.

5° *Roches volcaniques.*

1. Roches volcaniques vraies.

2. Roches pseudo-volcaniques.

DEUXIÈME SECTION

Moyens de se procurer les Objets d'Histoire naturelle.

INTRODUCTION

Nous avons interverti, dans cette section, l'ordre adopté par les classifications que nous venons d'indiquer, et nous avons traité les deux premières classes du règne animal d'après l'importance qu'elles occupent dans l'atelier du préparateur ; c'est ainsi que nous avons rejeté les Mammifères après les Oiseaux, dont le riche et élégant plumage est le principal ornement des Collections d'histoire naturelle. Ce sont eux qui occupent le plus le taxidermiste, tandis que les mammifères sont relégués au second plan dans la plupart des laboratoires. Pour les autres classes, nous reprenons l'ordre des classifications précédentes, presque universellement reconnues et adoptées.

Cette section est la plus intéressante pour le jeune naturaliste, qui occupe ses heures de loisir à reconnaître et à réunir les premiers objets d'une collection qui peut devenir importante, s'il persévère à développer ses connaissances par la lecture assidue des travaux des Maîtres. Nous allons donc indiquer successivement les moyens que nous reconnaissons les meilleurs pour rendre fructueuses les recherches des jeunes amateurs, en nous efforçant de leur rendre attrayante la recherche des espèces naturelles qu'ils rencontrent fréquemment sans les connaître.

6.

CHAPITRE Ier

Chasse aux Oiseaux.

On chasse les oiseaux de plusieurs manières, mais que l'on peut envisager, quant à la taxidermie, comme ayant à peu près les mêmes résultats. La méthode la plus sûre, la moins embarrassante, est de chasser au fusil ; viennent ensuite les filets et les pièges, puis la sarbacane, et enfin la pipée (1).

Quel que soit le genre de chasse que l'on va faire, il faut, avant de partir, se munir de pinces ou presselles, plus généralement connues par les préparateurs sous le nom de *brucelles* que nous leur conserverons (fig. 1) ; d'une bonne provision de papier, de

Fig. 1.

coton, d'étoupes hachées, et de plâtre pulvérisé. Si la chaleur était assez forte, et le lieu où l'on va chasser assez éloigné pour faire craindre que les oiseaux que l'on aurait tués fussent attaqués de la corruption avant le retour, on se procurerait une boîte d'herborisation en fer-blanc (fig. 2), on la garnirait intérieurement de feuilles et de tiges herbacées d'ortie, de menthe, et autres plantes aromatiques, qui croissent abondamment sur les bords de tous les ruisseaux, ou tout simplement d'herbes fraîches, et l'on y placerait les oiseaux après les avoir préparés comme

(1) Voyez, pour la chasse au fusil, le *Manuel du Chasseur*, et pour la chasse aux pièges, le *Manuel de l'Oiseleur*, publiés tous deux dans l'*Encyclopédie-Roret*.

nous le dirons plus bas. Cette méthode a été donnée comme inutile par des auteurs qui, sans doute, n'en avaient pas fait l'essai, ou qui, peut-être, n'ont jamais chassé dans des climats chauds, tels que l'Italie et le Midi de la France, où la corruption est tellement rapide, qu'il ne faut que quelques heures pour mettre une pièce hors d'état d'être écorchée. Quoi qu'il en soit, nous donnons avec assurance ce moyen comme

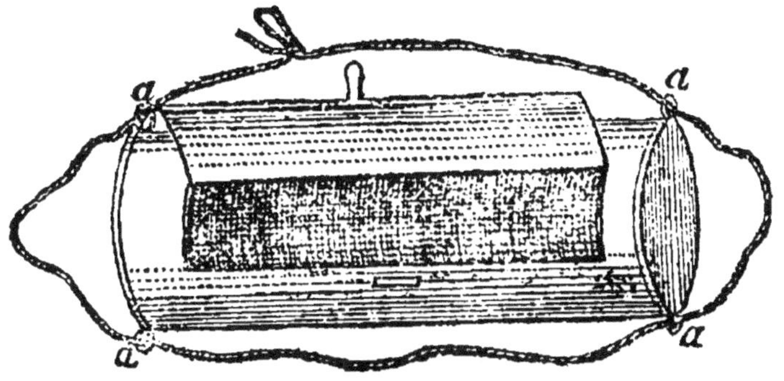

Fig. 2.

certain, parce que nous en avons fait l'expérience pendant plus de vingt ans, ce qui vaut mieux qu'un raisonnement hasardé.

On se procurera un moyen de conservation beaucoup plus efficace en emportant un flacon d'acide phénique ou au moins d'eau phéniquée. On y trouvera plusieurs avantages : d'abord on soustraira à coup sûr les pièces qu'on aura prises à toute espèce d'altération, et il suffira pour cela de mettre quelques gouttes du préservatif dans le bec des oiseaux, ainsi que dans la boîte destinée à les recevoir ; ensuite, on pourra éviter de la manière la plus sûre et la plus prompte les suites des piqûres ou des morsures des animaux venimeux ; enfin, on sera dispensé de s'approvisionner de plâtre, ainsi que des végétaux odorants dont nous venons de parler. Quoi qu'il en soit, nous allons supposer que notre chasseur d'oiseaux ne connaît pas l'acide phénique et qu'il pratique exclusivement les procédés anciens.

Lorsqu'un oiseau vient d'être tué d'un coup de fusil, il faut se hâter de le ramasser, afin d'éviter, autant que possible, l'épanchement du sang sur les plumes. On cherche aussitôt la blessure, on écarte les plumes qui la couvrent, et l'on y jette du plâtre pulvérisé. Ensuite on enfonce un tampon de coton dans le trou fait par le plomb, si cela est nécessaire ; puis on saupoudre de nouveau et abondamment avec du plâtre, et, lorsque le sang est bien étanché, on remet les plumes en place. Quelques chasseurs ont l'habitude de passer de suite un fil dans les narines de l'oiseau, afin de le manier plus aisément sans être obligés de le tenir par la tête ; mais cette méthode offre un grave inconvénient : celui de toujours altérer plus ou moins la forme des narines, et l'on sait que la figure de ces organes fournit souvent un caractère important. Il est donc beaucoup mieux de passer le fil dans la mandibule inférieure en le faisant passer de dessous cette mandibule à l'intérieur du bec.

On visite alors le bec de l'oiseau, on le nettoie de toutes les ordures ou corps étrangers qu'il pourrait contenir, on le tamponne avec de la filasse ou du coton, après l'avoir préalablement saupoudré de plâtre. Ceci est de rigueur pour les oiseaux de proie surtout, parce que souvent ils dégorgent, pendant leur dernier instant, et même après leur mort, une partie des aliments qu'ils avaient pris pendant la journée. On doit aussi leur enfoncer du coton dans les narines, à cause de l'humeur fétide qui en sort ordinairement. Cette sanie est d'une odeur excessivement désagréable dans les vautours, et si pénétrante, que, lorsque leur plumage en est humecté, rien ne peut en chasser l'odeur, même après la préparation. Lorsqu'on fera cette opération, il faudra bien se donner garde d'altérer les formes des narines et des coins de la bouche, car, ainsi que nous l'avons dit, dans beaucoup d'espèces, elles offrent des caractères spécifiques et génériques.

Si l'on avait à faire cette opération sur un oiseau pêcheur, tel, par exemple, qu'un pélican ou un héron, il faudrait non seulement lui visiter la gorge, mais encore lui vider parfaitement la poche et le jabot ou œsophage, parce que la moindre pression en ferait ressortir les aliments, qui tacheraient son plumage et celui des autres oiseaux renfermés avec lui, d'une manière aussi désagréable que difficile à nettoyer. Pour vider la poche d'un pélican, il ne s'agit que de lui ouvrir le bec, et de retirer avec la main les poissons et les coquillages qu'elle contient ; pour un autre oiseau sans poche, l'opération, quoique un peu plus longue, n'est pas beaucoup plus difficile. On le suspend par les pieds, la tête en bas, on l'agite à plusieurs reprises, et l'on presse légèrement le cou, de distance en distance, en commençant vers la poitrine et descendant doucement jusqu'au bec, mais sans faire glisser la main sur les plumes pour ne pas les rebrousser et les mettre dans une mauvaise position. On force ainsi les aliments à refluer vers la bouche, et à s'échapper par le bec. On saupoudre ensuite, et l'on tamponne comme nous l'avons dit.

Quelquefois il est nécessaire aussi d'introduire du coton dans l'anus, pour éviter l'épanchement des excréments.

C'est dans cet instant que le naturaliste intelligent fait des observations indispensables, et malheureusement toujours négligées jusqu'à ce jour. Il entr'ouvre la paupière de l'animal, et prend une note exacte de la couleur de ses yeux ; pour les oiseaux rares, et surtout en pays étrangers, il est beaucoup mieux d'avoir un petit morceau de carton blanc et mince, et de peindre à l'aquarelle, bien ou mal, mais d'une teinte juste, la couleur de l'iris (1). Il mesure la longueur totale de l'animal depuis le bout du bec jusqu'à l'extrémité de la queue. Si, avant de tuer l'oiseau, il a eu le temps d'observer son attitude, il doit aussi l'écrire, afin de la lui rendre lorsqu'il le montera. Ses principales remarques ont dû se diriger particulièrement sur ces points :

1° L'oiseau perche-t-il ou non ?

2° A-t-il les talons découverts ou recouverts par les plumes du ventre ? Jusqu'à quelle longueur les plumes les recouvrent-elles ?

3° Son corps, pendant le repos, est-il placé dans une position verticale, oblique ou horizontale ?

4° Les ailes sont-elles soutenues ou pendantes, croisées sur la queue ou non ? sont-elles confondues ou recouvertes dans les plumes du manteau et du sternum, jusqu'au tiers supérieur, à la moitié, ou aux deux tiers de leur longueur ? Leur extrémité atteint-elle jusqu'au bout de la queue, ou jusqu'à la moitié, au quart, etc. ?

(1) La couleur de l'œil, outre qu'elle est un caractère spécifique trop négligé par les descripteurs, influe beaucoup plus qu'on ne pense à donner à un oiseau sa véritable physionomie. Je puis en citer un exemple que les amateurs trouveront facilement à vérifier dans beaucoup de collections. Temminck, dans son *Manuel des Oiseaux d'Europe*, avance que l'effraie (*strix flammea*, Lin.) a les yeux jaunes ; d'où il résulte que beaucoup de préparateurs lui placent des yeux de cette couleur, tandis qu'ils devraient les mettre noirs, comme elle les a. Il en résulte une anomalie physionomique si singulière pour les personnes qui ont vu l'oiseau vivant, qu'à peine peut-on le reconnaître, malgré l'identité des plumages, surtout avant l'âge adulte.

5° Quelles sont les couleurs précises des pattes, du bec, des cires, des membranes, des caroncules ?

Toutes ces observations, quoique paraissant minutieuses au premier abord, sont extrêmement essentielles, et nous allons en citer un exemple sur mille. Supposons qu'on ait abattu d'un coup de fusil un jeune mâle ou une vieille femelle de cresserellette, on ne peut les distinguer d'une femelle de cresserelle, malgré la plus détaillée et la meilleure description, si le préparateur n'a pas conservé exactement sa longueur, qui est de 54 millimètres moindre que celle de l'autre ; s'il ne fait pas atteindre aux ailes l'extrémité de la queue, parce qu'elles n'atteignent, dans la cresserelle, que les trois quarts de sa longueur ; car tels sont les seuls caractères bien tranchants qui distinguent ces deux espèces.

Lorsque toutes les précautions sont prises, on saisit l'oiseau par le bec, on l'agite légèrement pour faire tomber la surabondance de plâtre, et pour que les plumes reprennent bien leur position naturelle, ce que l'on aide encore en soufflant dessus, mais toujours dans le sens de leur direction.

On prend un morceau de papier fort, de grandeur proportionnée à la grosseur de l'animal, et l'on en fait un cornet dans lequel on le fait glisser la tête la première, avec l'extrême attention de ne pas rebrousser les plumes, car il serait ensuite fort difficile de leur rendre une bonne position. Les pattes doivent être étendues le long de la queue, et les ailes bien à leur place. On ferme le cornet après y avoir mis la note détaillée de l'oiseau, et on le place dans la boîte ou dans une carnassière, avec l'attention, s'il y a plusieurs oiseaux, de mettre toujours les plus petits et les plus légers sur les plus gros, que l'on dispose d'abord au fond de la boîte.

Lorsqu'un oiseau a été pris au filet ou au piège, il faut le tuer avec précaution, pour éviter qu'il ne se déplume en se débattant. On le saisit avec deux doigts, sous les ailes, entre la poitrine et le ventre, et l'on presse jusqu'à ce qu'il soit étouffé. S'il est d'une grosseur qui ne permette pas d'en agir ainsi, on l'étouffe en lui serrant le cou, soit avec les doigts, soit avec une ficelle. On l'arrange ensuite comme nous venons de le dire. Si un oiseau a été tué à la sarbacane, on le traite comme celui pris au filet, et que l'on vient de priver de la vie. Cette dernière manière de chasser est assez avantageuse pour se procurer des petits oiseaux bien frais ; mais, pour y réussir, il faut avoir acquis une grande adresse, qui n'est jamais que le résultat d'un long exercice. Outre cela, son succès n'est assuré qu'au printemps, époque où les oiseaux, agités par les feux de l'amour, oublient leur caractère timide et le danger qui les menace, au point de se laisser approcher de très près.

Les chasseurs à la pipée prennent quelquefois des oiseaux fort intéressants, mais malheureusement la glu dont ils sont imprégnés les gâte souvent au point qu'il est impossible d'en tirer parti. Cependant, si un animal pris de cette manière avait conservé assez de plumes pour qu'il fût encore montable, et que sa rareté lui donnât de la valeur, on pourrait, avec beaucoup de patience et de soin, venir à bout de le préparer.

Voici les moyens que l'on emploiera pour enlever la glu. On se procurera du beurre frais ou de l'huile d'olive, et l'on en frottera les plumes tachées, jusqu'à ce que la glu et le beurre soient parfaitement mélangés, ce que l'on reconnaîtra quand cette matière aura cessé d'être gluante. Alors, avec le tranchant d'un scalpel ou d'un couteau, on râclera les plumes une à une, de manière à ne laisser sur leurs barbes que le moins de gras possible, puis on les lavera avec de l'eau contenant une forte dissolution de potasse. Quand on s'apercevra que la graisse est bien enlevée, on les lavera une seconde fois avec de l'eau pure, et on les séchera avec de la poussière de plâtre. S'il arrivait que l'on ne pût se procurer de la potasse, on y suppléerait en remplissant de cendres, jusqu'à moitié de sa hauteur, un gobelet de verre, ou autre vase de cette dimension; on achèverait de le remplir avec de l'eau très pure, et on la laisserait reposer sur la cendre pendant vingt-quatre heures. Au bout de ce temps, on la verserait dans un autre verre, lentement et avec adresse, pour ne pas la troubler en la mêlant aux cendres déposées au fond du vase, et l'on s'en servirait comme on aurait fait de la dissolution d'eau de potasse. On peut encore employer, mais avec moins d'avantage, une eau de savon très épaisse; et, dans ce cas, il faut laver plusieurs fois de suite avec une nouvelle dissolution de savon, avant de réussir à nettoyer complétement les plumes; on se sert encore d'alcali, qu'on lave ensuite avec de l'eau fraîche. Enfin, quelques préparateurs, après avoir frotté les plumes avec du beurre, versent dessus de l'éther sulfurique qui dissout le corps gras; puis ils se contentent de faire quelques frictions avec un peu d'étoupe, pour sécher les plumes. Cette méthode est sans contredit la plus expéditive, mais elle a l'inconvénient de roussir la robe de l'oiseau, et de le priver par là de sa principale beauté, qui est toujours la fraîcheur.

Dans les jardins et les parcs, où les oiseaux ne sont pas trop effarouchés, voici un moyen de les prendre qui a été employé par le peintre d'histoire naturelle, Théodore Susemihl.

On se procure une canne à pêche très légère, la plus longue qu'on puisse trouver ; on attache au bout une baguette mince et longue, qui reçoit un petit gluau à son extrémité que l'on a un peu entaillée et fendue pour cela. On s'approche doucement de l'arbre où un oiseau est perché, et, avec adresse, on pose le gluau sur le dos de l'animal ou sur une autre partie du corps. Ce qu'il y a de singulier, c'est que l'approche de la canne et du gluau ne l'inquiète nullement ; et les merles mêmes, qui passent pour très fins, se contentent de regarder approcher la baguette avec une curiosité très remarquable. Mais aussitôt que l'oiseau se sent touché par la glu, il veut s'envoler ; il tombe en entraînant le gluau avec lui, et il ne reste plus qu'à le ramasser. Quand on est exercé à cette chasse, on peut remplacer le gluau par un lacet de crin ; mais pour réussir à le passer au cou de l'oiseau, il faut beaucoup plus d'adresse qu'on ne se l'imagine. Nous indiquons cette chasse, plus amusante que productive dans notre pays, parce que nous pensons qu'on pourrait en faire une heureuse application dans les îles et autres contrées désertes, dans de lointains voyages. Si l'on s'en rapporte à de nombreux voyageurs, il paraît que les petits mammifères grimpeurs n'ont pas plus de défiance que les oiseaux. Du moins, il est certain que les Kamtschadales prennent avec un lacet attaché au bout d'une longue perche, une quantité d'hermines ou de martres zibelines, et que ces petits carnassiers se laissent passer le lacet au cou sans la moindre défiance.

Outre la chasse, il est encore, pour se procurer des animaux, un moyen qui n'est pas à négliger ; c'est d'aller régulièrement aux marchés où l'on vend le gibier. C'est surtout dans les villes avoisinant les Alpes élevées ou les bords de la mer, que l'on trouve parfois des objets plus ou moins précieux. Nous avons souvent trouvé au marché, à Paris, des oiseaux en très bon état, que nous aurions vainement cherchés dans les magasins des marchands d'histoire naturelle, et même dans le plus grand nombre des cabinets d'amateurs. Mais avant d'acheter une pièce, quelque précieuse qu'elle vous paraisse, il faut d'abord s'assurer qu'elle peut être montée. Le premier coup d'œil doit se porter sur les pattes, le bec et les grandes pennes des ailes et de la queue. Lorsqu'il ne manque aucune de ces parties, et qu'elles sont bien entières, il faut s'assurer si le crâne n'est pas fracassé : car beaucoup de chasseurs ont l'habitude d'écraser avec le pouce la tête des oiseaux qu'ils ont pris au filet, ou d'achever ceux qui sont blessés, en leur battant la tête contre la crosse de leur fusil, ou contre un autre corps dur. Dans ces deux cas, la boîte osseuse du crâne étant brisée, il sera très difficile de rendre à l'animal les formes vraies que la tête doit avoir, et lorsqu'il sera monté, il n'aura jamais une grande solidité. Cependant, si l'on n'avait pas le choix, ces raisons ne seraient pas suffisantes pour faire abandonner une pièce rare que l'on aurait de la difficulté à retrouver; il suffirait alors de remplacer la partie brisée par du liège auquel on donnerait la forme de la tête.

En résumé, un oiseau peut être monté :

1° Lorsque la corruption n'a point détaché les plumes du derme et de l'épiderme, et que ces parties, surtout au ventre, près de l'anus, au contour du bec, des yeux, des narines, et au-dessous de la gorge, n'ont souffert aucune altération ;

2° Quand la tête, le bec, les jambes, les grandes pennes des ailes, en un mot toutes les parties essentielles et caractéristiques, sont parfaitement complètes et dans un état d'intégrité parfaite.

Lorsque l'oiseau convient, il faut savoir si la décomposition ne s'en est pas encore emparée, ou du moins s'il n'est pas trop gâté pour que les plumes restent attachées à la peau lorsqu'on l'écorchera. Il ne suffit pas, pour s'en assurer, de s'en rapporter à l'odorat, car souvent la plaie, faite par le plomb mortel, exhale une odeur infecte, tandis que le reste du corps est encore sain. On examine avec attention les petites plumes qui garnissent les coins du bec et la joue : si elles tiennent solidement, l'oiseau peut se monter ; mais si elles se détachent et restent après le doigt que l'on passe dessus, si la peau paraît humide à sa surface dans l'endroit où ces plumes ont été enlevées, ou que l'épiderme s'en détache facilement, quel que soit le prix que l'on attacherait à la possession de l'individu, il faut l'abandonner, ou l'on aura le désagrément de le voir se déplumer entièrement ou tomber en lambeaux, lorsqu'on essaiera de l'écorcher pour le monter.

Le choix des oiseaux demande plus d'attention que l'on ne pourrait croire ; car c'est de lui que dépendent toujours ce brillant coloris, cette fraîcheur de plumage, qui font le charme d'une collection et en augmentent beaucoup le prix. Un animal élevé en cage, ou nourri quelque temps en servitude, a perdu toutes ses grâces, l'éclat de sa parure, et même quelquefois les caractères de son espèce. Ce n'est que sur les rochers escarpés que l'on trouvera les grands oiseaux de proie armés de leurs serres longues et tranchantes ; les combattants ne se pareront de leurs belles cuirasses de plumes longues et déliées que sur les plages sablonneuses de la mer, ou sur les grèves des rivières ; enfin les grimpereaux et les passereaux en général ne se coloreront des teintes éclatantes qu'ils doivent à la saison des amours, que lorsqu'ils habiteront le fond des forêts silencieuses et la lisière des bois. Un oiseau en cage, même quand il est assez accoutumé à sa prison pour s'y multiplier, ne reprend jamais ces brillantes couleurs qui, le plus ordinairement, distinguent le mâle de la femelle.

Le préparateur ne choisira donc jamais ses oiseaux dans les volières des oiseleurs, ni dans les basses-cours qui peuplent les fermes des cultivateurs. C'est dans les champs qu'il ira épier la nature; et si la chasse n'avait pas toujours un succès très heureux, il rapporterait au moins de ses courses laborieuses, mais amusantes, un bon nombre d'observations utiles, et plus importantes à la science que les individus mêmes qu'il aurait pu se procurer.

La nomenclature des oiseaux est aujourd'hui fort embrouillée, parce que les auteurs ont souvent pris de jeunes individus, des femelles et de vieux mâles pour des espèces différentes. Des hommes du plus grand mérite, et Buffon lui-même, n'ont pu se mettre à l'abri de ces erreurs. C'est ainsi que ce grand naturaliste a nommé FAUCON le *Falco peregrinus* de Gmelin, et a fait une première espèce du mâle adulte; une seconde du jeune mâle, qu'il a nommé FAUCON SORS; une troisième du mâle d'un an, qu'il appelle le FAUCON NOIR PASSAGER; et une quatrième d'un très vieux mâle, qu'il nomme LANIER. Un amateur intelligent emploiera tous les moyens qui sont en son pouvoir pour réunir dans son cabinet toutes les variétés d'âge, de sexes et de mue; s'il parvient à compléter ainsi un seul genre, il aura rendu à la science un véritable service, et son cabinet sera plus précieux aux yeux d'un véritable naturaliste, que s'il avait entassé plusieurs milliers d'individus rares, mais isolés entre eux.

Les oiseaux de proie en général, et particulièrement le genre faucon, doivent fixer son attention ; viennent ensuite les oiseaux de rivage, puis les passereaux, et particulièrement le genre fauvette, ainsi que ceux qui s'en rapprochent.

RECHERCHE DES ŒUFS ET DES NIDS D'OISEAUX.

On néglige à tort et trop généralement les collections d'œufs et plus encore celles de nids. Cependant elles sont extrêmement intéressantes, en ce qu'elles peuvent jeter un grand jour sur l'histoire et les mœurs des espèces. Nous conseillons donc à l'amateur de ne jamais négliger de se procurer les uns et les autres, toutes les fois qu'il pourra le faire. Il devra même s'efforcer de surprendre la mère sur les œufs, afin de s'assurer positivement à quelle espèce appartient le nid dont il se sera emparé.

Il ne faut enlever un nid sans ses supports, que lorsqu'on ne peut faire autrement. S'il est posé sur une branche, on coupera cette branche et on la placera avec lui dans la collection, après en avoir retranché le dessous et le dessus à quelques centimètres du nid. Ceux qu'on rencontre à terre, dans des trous d'arbres, dans les creux des rochers ou dans des endroits analogues, doivent être enlevés le plus complétement possible, c'est à dire sans en laisser la moindre partie ; on les pose à nu sur des tablettes de bois ou de liége garnies de mousse. Les hirondelles appliquent assez ordinairement les leurs contre un mur. On les en détachera avec beaucoup de précaution pour ne pas les détériorer, et on les recollera sur une composition imitant un rocher ou une muraille, dans la même position qu'ils avaient lorsqu'on les a trouvés.

Pour donner à une collection de nids tout l'intérêt qu'elle peut avoir, il faut y placer des œufs de l'espèce, en nombre ordinaire, ou encore les petits à peine emplumés et, à côté d'eux, le père et la mère. En ce cas, on tâche de placer les nids dans une position analogue à celle qu'ils avaient dans la campagne, ainsi que nous venons de le dire. Les plus intéressants à recueillir sont ceux du loriot, de la pie-grièche, du gros-bec ou bec-croisé, du moineau, du merle, de la grive, du roitelet, de la bergeronnette, du traquet ou cul blanc, du gobe-mouches, etc.

Les oiseaux étrangers en construisent quelquefois qui sont extrêmement intéressants pour la forme et pour les matières employées par ces espèces. Dans une collection de simple amateur, on rejette ordinairement les nids qui sont construits sans art et qui tiennent beaucoup de place ; tels sont ceux des pies, des corbeaux, des oiseaux de proie, des canards, de la plupart des échassiers, etc. Mais, dans une grande collection, rassemblée dans un but scientifique, il est nécessaire de leur donner une place.

Nous mentionnerons encore à la suite des œufs d'oiseaux, ceux de serpents, de lézards, de tortues et d'autres animaux ovipares, qui ont une place toute indiquée dans une collection importante.

CHAPITRE II

Chasse aux Mammifères.

Tout le monde sait comment on se procure les grands mammifères, tels que les loups, ours, renards, etc. Mais l'industrie des chasseurs ne s'est jamais exercée sur les petits animaux, tels que les loirs, campagnols, rats, et autres petits rongeurs et carnassiers : aussi leur histoire est-elle très embrouillée, peu connue, et capable, par conséquent, de faire la gloire d'un naturaliste qui se dévouerait à son étude exclusive. Il pourrait employer les pièges décrits dans les traités généraux de la chasse, et surtout dans le *Manuel du Destructeur des Animaux nuisibles*, faisant partie de l'*Encyclopédie-Roret ;* bientôt son expérience suppléant à ce qui manque dans les livres, il viendrait à bout de se procurer, avec plus ou moins de facilité, des animaux aussi rares dans les collections qu'ils sont communs dans nos forêts. C'est surtout le soir, au crépuscule, qu'on peut aller les attendre avec un fusil sur la lisière des bois, auprès des arbres fruitiers que le hasard ou la main du cultivateur y a fait croître. On verra les lérots, les loirs et les écureuils, profiter des derniers rayons de lumière pour sortir de leurs retraites, s'élancer de branche en branche, et faire leurs provisions de faines, de noisettes et autres fruits, tandis que la belette, l'herminette, la martre et le putois se glissent sans bruit à travers les halliers épineux, pour saisir l'alouette endormie dans les guérets. On peut encore placer dans les lieux écartés, que l'on soupçonne être habités par ces animaux, des trébuchets construits comme ceux dont on

se sert pour prendre les oiseaux, avec cette différence
qu'ils doivent être faits entièrement en fil de fer, ou
du moins garnis de tôle dans toutes les parties qui
sont en bois. Sans cette précaution indispensable,
aussitôt que l'animal se verrait pris, il attaquerait le
piége avec les dents, et ne tarderait pas à y faire un
trou par lequel il s'échapperait. On amorce ces trébuchets avec des noix, des noisettes et autres espèces
de fruits. Il est un moyen bien facile de prendre les
mulots, les musaraignes et autres petits animaux de
cette taille : il s'agit de placer, dans les endroits que
l'on croit fréquentés par eux, une cloche à melons, en
verre et de 33 centimètres ou plus de profondeur,
renversée et enterrée jusqu'au bord, en ayant soin de
jeter au fond 50 à 80 millimètres d'eau. En se prome-
nant pendant la nuit, ces petits animaux tombent dans
la cloche, et comme ils ne peuvent pas grimper contre
les parois du verre, ils ne tardent pas à se noyer. Dans
les cloches, on prend non seulement des petits mammifères, mais encore, si les nuits sont chaudes, plusieurs espèces de reptiles, tels que tritons, salamandres
et autres batraciens, et même des petites couleuvres.
Du reste, tous les jardiniers connaissent fort bien
cette méthode pour débarrasser leurs parcs et leurs
jardins de petits animaux qu'ils regardent comme
nuisibles.

Si l'on veut se procurer vivants ces petits mammifères, tels que les musaraignes, les mulots, les
campagnols, etc., on emploie un piège des plus simples et qui réussit très bien. Il consiste en un pot à
fleurs que l'on pose renversé sur une tuile ou une
planche de bois assez épaisse, un peu plus large que
le diamètre du pot ; puis, l'on casse une noix par un
bout, et, passant cette noix entre le pot et la tuile,
on appuie le bord du pot sur le bout non brisé, de

façon à ce que celui qui est ouvert soit à l'intérieur. Le petit mammifère entre sous le pot et mord la noix qu'il fait remuer ; alors le pot tombe et le voleur est pris. Toutes les petites espèces peuvent se prendre par ce moyen.

Lorsque l'animal est d'une grande taille, il n'y a point de préparation à lui faire subir avant de l'écorcher ; nous renvoyons le lecteur au chapitre qui en traite dans notre seconde partie. Mais quand il est petit, ou que son poil long et lustré semble craindre la tache, comme celui du petit-gris et de l'hermine, par exemple, on étanche le sang des blessures, on introduit dans les plaies des tampons de filasse ou de coton, ou, ce qui est infiniment préférable, quelques gouttes d'acide phénique, et on saupoudre avec une bonne quantité de poussière de plâtre, que l'on renouvelle jusqu'à ce que le pelage soit sec. On lui tamponne également les narines, la gueule, les oreilles et l'anus, pour éviter la sortie du sang qu'une blessure aurait pu faire épancher dans l'intérieur, et l'extravasion des matières contenues dans l'estomac et dans les intestins.

Si l'on avait à le conserver longtemps entier, on pourrait employer un moyen qui nous a toujours réussi. On lui ferait une ouverture au ventre, par laquelle on extrairait les intestins et tous les autres viscères, puis on remplirait cette cavité, mais après l'avoir bien essuyée et rendue aussi sèche que possible, avec de la poussière de charbon ; au mettrait au fond d'une boîte un lit épais de la même poussière, on coucherait l'animal dessus, et on y ajouterait de cette matière jusqu'à ce que la boîte fût bien pleine, et que le petit quadrupède, dont aucune partie ne doit toucher les parois de la boîte, y fût serré de manière à ne pas pouvoir être dérangé par les cahots d'une voiture ou autre secousse. Si l'on craignait que la couleur de sa fourrure fût ternie par le charbon, on envelopperait préalablement l'animal dans deux ou trois doubles de gros papier sans colle.

Une pièce de gibier ainsi arrangée peut se conserver très fraîche pendant un, deux, ou même trois mois, selon la saison, mais il ne faut pas lui laisser prendre l'air un seul instant pendant tout le temps qu'on voudra la conserver ainsi ; autrement, quelles que soient les précautions que l'on prendra pour la replacer dans la boite avec le charbon, elle se corrompra rapidement.

Le plus ordinairement, et ce qui vaut beaucoup mieux quand on ne destine pas l'animal à des études anatomiques, on se contente de l'écorcher et de le conserver en peau. Cependant il faut avoir grand soin de conserver les dents, les pattes, les os marsupiaux s'il y en a, et, à part, le noyau de la queue, afin que l'on puisse compter le nombre des vertèbres qui la composent. Les plus petits quadrupèdes peuvent se conserver pendant plusieurs années sans autre précaution que celle de les plonger dans une liqueur spiritueuse, et de les y tenir entièrement submergés, comme nous le dirons à l'article de la chasse aux reptiles.

Dans tous les cas où l'on veut conserver l'animal entier, l'acide phénique (1) est d'une ressource inappréciable. On trouvera dans la 2e section de notre seconde partie la manière d'employer cette substance. Nous dirons seulement ici que lorsqu'il s'agit simplement de conserver un animal en peau, il suffit d'enduire l'intérieur de sa dépouille avec l'acide, en ayant

(1) Voir pour la préparation de l'acide phénique, le *Manuel des Couleurs d'Aniline*, etc., de l'*Encyclopédie-Roret*.

grand soin de ne pas l'appliquer pur, car l'on brûle-
rait inévitablement la peau, qu'il serait alors impossible de monter.

CHAPITRE III

Chasse aux Reptiles.

Cette classe d'animaux hideux ou dangereux renferme, pour les naturalistes, trois divisions principales, savoir : 1º les tortues ; 2º les lézards ; 3º les
serpents.

Chacune de ces divisions offre à nos recherches des
êtres qui diffèrent autant par leurs mœurs et leurs
formes que par les lieux qu'ils habitent ; aussi les
manières de les chasser sont-elles absolument différentes.

Dans les pays où abondent les tortues, les habitants connaissent les localités qu'elles fréquentent le
plus habituellement, les moyens de les y découvrir,
et la manière de s'en emparer. C'est à eux qu'il faudra s'adresser pour connaître le genre de chasse ou
de pêche le plus avantageux dans la contrée où l'on
se trouvera. Les tortues de mer aiment ordinairement
les immenses plages que l'eau ne couvre que de quelques décimètres ; elles y viennent périodiquement
paître les algues et autres plantes marines qui tapissent les sables du fond. On va les y harponner
dans des canots. Quelquefois on les surprend au moment où elles sortent de l'eau pour pondre dans les
sables des bords exposés aux rayons du soleil ; on
peut alors les prendre aisément, et, s'il y en avait
plusieurs, on les retournerait sur le dos pour les
mettre dans l'impuissance de regagner l'eau profonde
pendant qu'on emporterait les premières. Les tortues

de terre se rencontrent toujours dans les lieux marécageux et à proximité de la mer ; enfin, on en trouve dans les eaux douces des étangs et des rivières.

Les lézards habitent aussi la terre et les eaux. Quelques-uns, tels que les crocodiles, sont dangereux par leur grosseur et la force terrible de leurs mâchoires armées de dents longues et acérées. On ne peut guère s'en emparer qu'après les avoir tués à coups de fusil ou de masse. Dans les pays très chauds, comme, par exemple, le Mexique, les crocodiles offrent une particularité très remarquable : au lieu de s'engourdir en hiver comme les reptiles de notre froide Europe, ils s'engourdissent en été, quand les grandes chaleurs viennent dessécher les lacs et les marais qu'ils habitent. Dans ce cas, ils s'enterrent dans la vase, qui ne tarde pas à se dessécher sur eux, et l'on peut leur passer sur le corps sans se douter que l'on marche sur un monstre dangereux. Pour se les procurer à cette époque, on se promène dans le lit desséché des lacs, et, avec une broche de fer longue de 1^{m}30 à 1^{m}60, on sonde le terrain où l'on soupçonne qu'ils peuvent être cachés. Lorsqu'on en a reconnu un, on s'assure de sa position avec la sonde, puis on ouvre une tranchée au-dessus des pattes inférieures que l'on découvre et que l'on attache fortement le long de la queue ; on découvre alors celle-ci, puis le corps en remontant vers la tête ; on lie les pattes de devant le long du corps, et, après avoir bâillonné l'animal, si on le juge nécessaire, on l'enlève et on le transporte vivant où l'on veut, sans peine et sans danger.

La classe de lézards la plus nombreuse en espèces est celle dont les individus habitent les troncs d'arbres, les vieilles murailles exposées au midi, et les terrains en pente exposés aux rayons du soleil, sur la lisière des bois, dans les champs et dans les taillis assez jeunes pour ne pas ombrager entièrement les petits buissons et les feuilles mortes où ils aiment à se retirer. Ces lézards sont d'une vivacité si grande qu'à peine l'œil peut-il les suivre dans leur course ; outre cela, ils sont courageux et colères, ils mordent avec un acharnement qui ne permet de leur faire lâcher prise qu'en les tuant, une fois qu'ils ont saisi avec leurs mâchoires, souvent dépourvues de dents. La blessure qu'ils font en mordant n'est nullement dangereuse ; elle n'a d'autre inconvénient que la meurtrissure occasionnée par une forte pression. Ces petits êtres, dont quelques-uns portent la livrée la plus brillante, sont extrêmement difficiles à prendre. On ne peut guère s'en saisir que par surprise ou par ruse ; mais la première manière a l'inconvénient de les mutiler presque toujours irréparablement, car leur queue est si délicate et si fragile, qu'il suffit du plus petit coup, du moindre choc, pour la rompre.

Il faut, pour se procurer ces animaux bien entiers, les approcher sans en être aperçu, les frapper avec une baguette pliante, et mesurer son coup de manière à le faire tomber sur le dos, entre les deux paires de pattes ; on leur brise ainsi la colonne vertébrale, et on s'en empare avec facilité.

Quelques espèces ont les sens de l'odorat et de la vue si fins, qu'il est presque impossible de les surprendre : tels sont, par exemple, les lézards verts et ocellés du midi de la France. Il faut alors leur tendre des pièges. On se procure un très petit hameçon, et on l'attache à un crin composé de trois ou quatre brins fortement tressés. On l'amorce avec une grosse mouche, et on le laisse pendre devant le trou que l'animal habite ; aussitôt qu'il l'aperçoit, il la saisit, l'avale et reste pris. Le difficile, et ce à quoi on doit faire attention quand on chasse aux lézards, c'est de ne pas leur rompre la queue, qui, ainsi qu'on l'a dit, est extrêmement fragile. Cependant, si cet accident arrivait à une espèce rare, il ne faudrait pas moins la conserver, ainsi que la queue fracturée. Avec quelque soin, on la replacerait en montant l'animal, de manière à ce qu'il y parût peu.

En Allemagne, pour prendre les lézards verts, ocellés, etc., on se sert d'un petit filet qu'on place devant le trou, et, au moyen d'un crin, on y attache un coléoptère dans le milieu. Le lézard aperçoit l'insecte, s'élance d'un bond pour saisir sa proie, et reste pris dans le filet qui se referme de lui-même à la manière des bourses dont on se sert pour prendre les lapins. Enfin, les pays chauds, tels que l'Afrique, l'Inde, et même le midi de l'Espagne, possèdent de grandes espèces de lézards dont les mâchoires, armées de dents nombreuses et fort pointues, peuvent faire des blessures fort douloureuses, si ce n'est dangereuses. On les tue à coups de fusil, et l'on charge son arme, non avec du plomb de chasse, mais avec six ou sept petites chevrotines, pour faire moins de trous à la peau.

La chasse des serpents doit se faire avec beaucoup de précaution, parce que la morsure de quelques-uns est très dangereuse, et que les erreurs sont aussi faciles que funestes. D'autres, d'une taille gigantesque, désolent les contrées brûlantes de l'Afrique et de l'Amérique méridionale ; ils attaquent et domptent d'assez grands animaux par leur force prodigieuse et leur courage. C'est particulièrement dans les contrées chaudes que l'on rencontre les espèces les plus précieuses par la beauté de leurs couleurs et par leur rareté. Les pays froids ou tempérés n'en possèdent

que très peu, et, parmi eux, une seule espèce dangereuse, la vipère. Sa mâchoire supérieure est armée
d'une, deux, trois ou quatre dents mobiles, ressemblant beaucoup aux griffes d'un chat, et percées dans
toute leur longueur, d'un trou ou canal par lequel le
venin coule dans la plaie qu'elle fait en mordant.
La blessure est ordinairement mortelle, surtout si la
personne piquée ne jouit pas d'un tempérament robuste et d'un sang très pur. On doit y apporter les
remèdes les plus prompts et les plus énergiques ; le
plus certain paraît être l'alcali volatil, à la dose de
quelques gouttes mises dans un verre d'eau, et pris
intérieurement. On en frictionne aussi la blessure,
puis on la panse en y appliquant un petit linge imbibé
de cette liqueur. Quelques personnes recommandent
de sucer aussitôt la blessure pour en extraire le
venin, qui n'a aucune action sur l'estomac, de scarifier la plaie, de faire la ligature du membre mordu
au-dessus de la blessure, etc., etc. Tous ces moyens
sont bons, mais comme supplémentaires à l'alcali. On
peut encore se servir du phénol pur pour laver et
scarifier la plaie ; mais il faut se garder de prendre
intérieurement ce caustique.

Il serait avantageux de pouvoir donner ici les
caractères qui distinguent les serpents venimeux de
ceux qui ne le sont pas ; mais malheureusement ils
ne sont pas assez saillants pour être saisis du premier
coup d'œil sur la nature vivante ; cependant on doit se
défier davantage de ceux dont les mouvements sont
lents, les yeux d'un rouge ardent, la tête aplatie et
triangulaire, s'élargissant sur un cou étranglé. Le
moyen le plus sûr est d'employer pour tous, les précautions que nous décrirons plus bas. Souvent ces
animaux dorment étendus au soleil, sur les rochers
échauffés par ses rayons, ou sur des feuilles sèches ;

si on les surprend dans ce moment, on peut être
assuré que leur premier mouvement sera de mordre
et de chercher ensuite à s'échapper par la fuite. Il
semble que la nature, en accordant aux serpents des
armes terribles, ait voulu leur ôter la faculté d'en
abuser ; car toutes les espèces venimeuses sont d'une
lenteur telle qu'elles ne peuvent guère mordre que par
surprise. Dès l'instant qu'on les a découverts, il est
très facile de les éviter ou de les attraper avec avantage, leur engourdissement ne leur permettant jamais
de s'élancer, et leur laissant à peine le pouvoir de fuir.
Un des plus terribles de tous, le serpent à sonnettes,
est même si paresseux, si engourdi, que si, par mégarde, on le heurte en marchant, il ne pense pas à
mordre au premier choc ; mais, malheur à l'imprudent
qui le heurterait une seconde fois. Le bruit qu'il fait
entendre, et qui ressemble beaucoup à celui d'une
montre qui se détend lorsqu'on a cassé la chaîne, est
toujours chez lui un signe de colère, et, quand on
l'entend, il faut mettre beaucoup de prudence pour
s'approcher et s'emparer de l'animal.

On doit se défier des serpents, non seulement pendant leur vie, mais encore après leur mort : on a vu
des accidents graves résulter de la piqûre que des
préparateurs imprudents s'étaient faite avec les dents
d'un crotale mort et desséché depuis plusieurs années.
On a des exemples de gens très malades pour s'être
laissés piquer par les dents de vipères dont la tête
était séparée du corps depuis plus de quarante-huit
heures. Enfin, il faut encore employer des précautions
lorsque l'on s'empare d'un de ces animaux que l'on
croit mort : quand ils se voient dans l'impuissance de
fuir, ils ont quelquefois la finesse de rester sans
mouvement, et d'imiter très bien un corps privé de vie :

malheur alors au maladroit qui s'en rapporterait à cette apparence trompeuse !

Les serpents se plaisent de préférence sur les côtes rocailleuses et boisées, exposées au soleil la plus grande partie du jour et à la proximité d'un marais ou d'une rivière, où ils vont, pendant la plus grande chaleur, chasser aux grenouilles, aux musaraignes, aux petits oiseaux, etc. Quelques-uns ne se contentent pas de visiter le bord des eaux, ils les habitent et choisissent une retraite dans les racines ou les vieilles souches de haies épaisses. D'autres se logent dans les rochers, dans les décombres des vieux bâtiments, et jusque dans les fumiers de basses-cours peu fréquentées. Chaque pays, chaque village a sa localité particulière où chaque espèce se rencontre plus fréquemment ; les habitants, grâce à l'effroi qu'inspirent ces animaux, connaissent parfaitement ces endroits, et les enseignent aux chasseurs.

Avant de se mettre à la recherche des serpents, on doit se munir d'une paire de pinces à long manche, d'un sac de cuir, dans lequel on aura répandu une petite quantité de tabac en poudre, et d'une trouble ainsi faite : le cercle auquel tient le filet est garni dans toute sa circonférence, de petites dents de fer, aiguës, longues de 14 millimètres et écartées entre elles de 5 ou 7 millimètres au plus ; il est attaché à un manche de 1 mètre ou 1^m30, mais un peu oblique, de manière à ce que son tour entier touche la terre sans qu'on ait besoin de trop abaisser le manche. Il est garni d'une poche en filet très serré, ou en étoffe assez claire pour que l'on puisse voir au travers lorsque l'animal est dedans. Aussitôt que l'on est à portée du reptile, soit serpent, soit lézard, on le couvre avec la trouble dont les dents s'enfoncent dans la terre, l'empêchent de s'échapper s'il est entièrement dessous, ou le retiennent s'il n'a qu'une partie du corps dans la poche. Dans les deux cas, il est très facile de le tuer sans déchirer la peau. On le jette dans le sac de cuir, où le tabac achève de le faire périr, si on ne l'avait pas entièrement privé de vie. On met dans le sac les grenouilles, les crapauds, les lézards, etc.

Lorsqu'on est revenu de la chasse, on fait subir aux reptiles une préparation préliminaire avant de les monter ; elle consiste à les laver d'abord dans plusieurs eaux, et à leur extraire les objets volumineux qu'ils peuvent avoir dans les intestins, ce qu'on reconnaît à un bourrelet plus ou moins gros, formé par les corps étrangers qu'ils ont avalés. On sait qu'un serpent dont le corps est gros comme le doigt, et la tête de la grosseur du pouce, peut cependant engloutir dans son estomac un crapaud de la grosseur du poing, grâce à la singulière conformation de ses mâchoires, dont les ligaments élastiques se distendent d'une manière prodigieuse et permettent à sa gueule une énorme dilatation. Quand on a reconnu un de ces bourrelets, on saisit l'animal par la queue, et on le tient pendu la tête en bas. Avec la main gauche on presse au-dessus de la grosseur, et on la fait doucement descendre vers la gueule, où le plus souvent elle s'arrête. Alors on place le serpent sur une table, et on lui distend avec force et à plusieurs reprises les attaches des mâchoires ; puis on lui enfonce dans la gorge une baguette munie d'un tire-botte avec lequel on accroche l'objet et on le tire au dehors.

La figure 3 représente la manière de dépouiller les serpents par la gueule : *a*, partie qu'on se propose d'extraire ; *b*, tête renversée sur le dessus du corps ; *c*, mâchoire inférieure renversée sur le dessous. Cette opération faite, on lave de nouveau l'animal, et on le sèche bien en le passant plusieurs fois dans un linge.

Il ne reste plus qu'à le plonger dans une liqueur préservatrice pour l'y laisser toujours, ou au moins jusqu'au moment où on l'empaillera. Dans tous les cas, il est bon de le laisser quelque temps dans cette

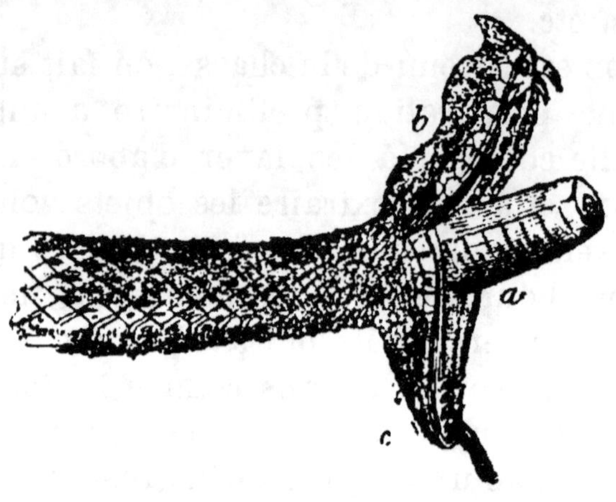

Fig. 3.

liqueur ; elle lui enlève toute odeur qui pourrait inspirer quelque dégoût au préparateur, et de plus elle donne à la peau une souplesse qui la rend beaucoup plus facile à recevoir les préparations qu'on veut lui faire subir. Quelques naturalistes se bornent à dépouiller les reptiles que l'on destine à être empaillés, et à ouvrir l'abdomen de ceux qui doivent être conservés dans une liqueur spiritueuse.

La liqueur la meilleure pour conserver non seulement les reptiles, mais encore tous les objets d'histoire naturelle, est sans contredit l'alcool ou esprit de vin, parce qu'il n'a pas l'inconvénient de geler et de briser les vases qui le contiennent. Il en a cependant plusieurs autres : le premier est d'être fort cher ; le second d'attaquer les couleurs quand il est trop spiritueux, ce que l'on reconnaît lorsqu'il marque plus de dix-huit ou vingt degrés de l'aréomètre de Baumé ;

enfin, le troisième, est de s'évaporer avec la plus grande facilité lorsque le vase n'est pas hermétiquement bouché. Nous indiquons dans notre seconde partie d'autres liqueurs avec lesquelles on pourra le remplacer avantageusement dans plusieurs circonstances. Tous les alcools sont également bons pour l'usage que nous indiquons dans ce chapitre, soit qu'ils proviennent du vin, de la pomme de terre, du grain, du sucre ou du bois.

Si un objet quelconque doit séjourner plusieurs jours dans la liqueur, il faut d'abord le laisser s'en saturer pendant vingt-quatre ou quarante-huit heures ; puis, au bout de ce temps, on l'en retire, on essuie bien toutes les mucosités qui peuvent y être attachées, et l'on renouvelle le spiritueux. Sans cette précaution indispensable, les fluides de l'animal, en se mêlant à l'esprit, l'affaiblissent beaucoup ; ils se combinent avec lui, et la corruption s'en empare. Nous rappelons à nos lecteurs que l'eau phéniquée remplace avantageusement l'alcool.

Nous ne finirons pas cet article sans avertir les jeunes naturalistes qui se vouent à collectionner des reptiles, que c'est particulièrement au mois de mai et de juin qu'ils doivent se mettre en recherche, parce qu'alors la plus grande partie de ces animaux ont changé de peau, et que leur nouvelle parure est beaucoup plus belle, plus brillante à cette époque qu'elle le sera plus tard.

CHASSE AUX BATRACIENS (1).

Les grenouilles se plaisent dans les marais, dans les étangs, et surtout dans les fossés fangeux. On les

(1) Voir, pour plus de détails, le *Manuel du Pêcheur*, de l'*Encyclopédie-Roret*.

trouve communément dans les prés frais et humides, dans les champs et sur les grands chemins après une pluie, ou quand l'atmosphère, chaude et lourde, semble annoncer un orage. On peut aussi les chercher avec avantage dans les taillis ombragés et rocailleux, sous les pierres ou dans les trous des vieux arbres ; quelques-unes se plaisent sur les arbres et les haies, où elles se tiennent appliquées sur des feuilles dont elles ont à peu près la couleur, ce qui est cause qu'elles échappent facilement à la vue.

Malgré les contes populaires qu'on a débités sur les animaux de cette famille, et particulièrement sur les crapauds, aucune espèce n'est venimeuse. Ce qu'il y a même de singulier, c'est que la seule qui présente une apparence de danger, est celle que l'on mange. La peau de la grenouille commune suinte continuellement une humeur visqueuse, assez âcre pour occasionner une cuisson et une douleur vive aux paupières, si l'on se frotte les yeux inconsidérément avec la main dont on vient d'en saisir une ; mais tout le danger se borne là. Néanmoins, quelques crapauds exhalent, quand on les prend, une odeur tellement fétide, qu'elle justifie la répugnance que l'on a pour eux.

La plupart des individus de cette famille sont lourds et peuvent difficilement échapper par la fuite, lorsqu'une fois on a découvert leur retraite. Ceux-ci peuvent se prendre à la main et sans autre précaution. Cependant les personnes qui ne pourraient pas vaincre la répugnance qui naît d'un préjugé général contre ces animaux innocents peuvent se servir d'un gant de peau, ou de pinces qu'elles feront faire à cet usage. Quelques espèces de grenouiles, et particulièrement celles qui se plaisent dans les lieux humides et sur le bord des eaux, fuient avec beaucoup d'agilité ; on s'en empare avec un filet que les pêcheurs

nomment *truble, trouble* ou *troubleau*. Avec cet ins_
trument, on les couvre lorsqu'elles courent sur le pré,
et on va les chercher jusqu'au fond des eaux en remuant la vase dans laquelle la frayeur les fait s'en-
sevelir. On peut encore se servir d'une ligne à long
manche ; on y attache un hameçon très fin que l'on
amorce avec une sauterelle, un autre insecte, ou tout
simplement avec un morceau de drap rouge. Cette
amorce se présente près de l'animal sur la surface
de l'eau, ou sur la terre, mais avec la précaution de
toujours la faire sautiller comme un insecte vivant.
Beaucoup d'espèces de grenouilles sont attirées de
très loin par la vue de cet appât ; il n'est pas rare
d'en voir une douzaine à la fois s'élancer après, et
lutter, pour ainsi dire, à celle qui l'avalera. Aussitôt
qu'une d'elles l'a saisi, on l'enlève et on la prend
commodément. Quelques espèces sont moins voraces
ou plus prudentes, les crapauds surtout, il faut leur
présenter l'amorce, mais avec précaution, pour ne pas
les effaroucher, et la leur porter jusque dans la bouche ; rarement alors ils résistent à la tentation de la
saisir.

Les tritons et quelques espèces de salamandres se
plaisent dans les eaux des marais et des étangs ;
on les pêche avec la trouble, ou avec des filets dont on
se sert pour prendre le poisson. D'autres espèces ne se
rencontrent jamais que dans les bois couverts et humides, dans les ruines des vieux souterrains et sous
les pierres des lieux frais et peu fréquentés : telles
sont les salamandres terrestres ; il est aisé de s'en
saisir, parce que ces animaux, d'une extrême lenteur,
n'ont aucun moyen de fuite ni de défense.

CHAPITRE IV

Pêche des Poissons.

Tout le monde connaît plusieurs manières de pêcher, et comme chaque pays possède des hommes
dont la seule occupation consiste à exercer la profession de pêcheur, nous n'entrerons dans aucun dé-
tail, nous contentant de renvoyer le lecteur au *Manuel du Pêcheur* ou Traité des Pêches d'eau douce
et de mer, publié dans l'*Encyclopédie-Roret*. Cet excellent ouvrage, consciencieusement écrit par des
praticiens d'une habileté reconnue, peut servir en
mainte occasion, tant pour la pêche des poissons que
pour celle des cétacés, des crustacés, des mollusques
et autres animaux qui habitent les mers et les fleuves. D'ailleurs le naturaliste ne peut se charger de
tous les attirails nécessaires pour prendre lui-même
le poisson ; il se contente de suivre les pêcheurs dans
leurs travaux, de visiter exactement leurs filets toutes
les fois qu'ils les retirent de l'eau, et de choisir à prix
d'argent ce qui peut lui convenir.

On se procure très facilement les poissons d'eau
douce, mais il n'en est pas de même de ceux dont
les innombrables tribus peuplent les profonds abîmes
des mers. La recherche est fort difficile, et presque
tout l'art que l'on peut y mettre consiste à savoir profiter des occasions offertes par le hasard. Il n'est pas
un pêcheur des côtes de l'Océan qui ne rencontre
quelquefois dans ses filets des espèces qui sont absolument inconnues, surtout après une violente tem-
pête ou une tourmente de longue durée. Si vous
avez su inspirer à cet homme de l'intérêt pour vos
recherches, loin de jeter ou de laisser perdre ces ani-

maux, dont il ignore la valeur, il vous les enverra, et bientôt vous posséderez des individus qui ne seront dans nulle autre collection que la vôtre. Si vous établissez une correspondance régulière avec ces gens-là, sur différents points de nos côtes, on peut être assuré que vous recevrez souvent des espèces inconnues jusqu'à ce jour, et cela des pays mêmes les plus fréquentés par nos voyageurs. Aucune branche d'histoire naturelle n'est aussi peu avancée que celle-ci, par la raison que l'on n'a jamais, ou très rarement, employé le moyen que nous indiquons, le seul cependant qui puisse offrir un résultat satisfaisant. Nous en avons eu la preuve convaincante : un de nos amis fit, il y a quelques années, un voyage à Marseille, et certes ce n'est pas sur les côtes les plus fréquentées de la France qu'il s'attendait à faire de grandes découvertes. Il eut le talent de mettre un pêcheur dans ses intérêts ; celui-ci lui a fait plusieurs envois depuis cette époque, et presque à chacun il s'est trouvé des objets qui n'avaient pas encore figuré dans le Muséum d'Histoire naturelle de Paris.

La seule préparation préliminaire à faire subir à un poisson, lorsqu'on vient de le prendre, c'est d'essuyer parfaitement les mucosités qui recouvrent toujours ses écailles, de le frotter légèrement avec un linge jusqu'à ce qu'il soit sec, et de le plonger ensuite dans la liqueur préservatrice, comme nous venons de le dire pour les reptiles.

RECHERCHE DES POISSONS, DES MOLLUSQUES, DES CRUSTACÉS, DES INSECTES, ET LEUR CONSERVATION.

M. le docteur Ricord a eu l'obligeance de nous donner un excellent mémoire sur la manière de se procurer des poissons en Amérique, et de les préparer pour les envoyer en Europe dans un bon état de conservation ; il a joint à cet écrit des notes très intéressantes sur la préparation des diverses autres classes d'animaux. Nous allons donner ici textuellement ce mémoire, et nous profiterons de cette occasion pour remercier ce savant naturaliste-voyageur de ce qu'il a bien voulu faire pour la science et pour l'amitié.

« Dans les pays où il n'y a pas de marché aux poissons, il faut indispensablement s'occuper de toutes les occasions pour accompagner les pêcheurs lorsqu'ils vont tendre et lever leurs filets. On a ainsi l'avantage de voir les côtes et les rivages que fréquentent de préférence les diverses espèces de poissons, et l'on prend note sur les lieux, de ce fait si important en Histoire naturelle.

» Dans les endroits mêmes où il y a des marchés publics, il est quelquefois nécessaire de suivre les pêcheurs dans leurs excursions, pour se procurer les espèces un peu rares du pays. Par exemple, à Haïti, le poisson est apporté dans des pirogues, et, avant qu'elles aient abordé le rivage, les domestiques des riches habitants sont déjà entrés dans la mer jusqu'à la ceinture pour s'emparer de la quantité et des espèces qui leur conviennent. Le peu de poissons qui arrive jusque sur la plage est disposé par lots et vendu à prix fixe. Il résulte de ce mode de vente qu'il est très difficile à un naturaliste de choisir les espèces qui lui conviennent, et que souvent, pour se procurer un seul poisson de peu de valeur, il est obligé d'acheter fort cher un lot entier dont il n'a que faire. Cela étant, il faut suivre le conseil que je donne. C'est en allant à la pêche que je me suis procuré le grand nombre de poissons que j'ai envoyés au Muséum d'Histoire naturelle de Paris, alors qu'ayant l'avantage d'être sous la protection spéciale de mon illustre maître et ami, feu Georges Cuvier, j'étais son correspondant-voyageur.

» Voici, dans mes excursions maritimes, ce que je portais avec moi :

» 1° Un baril assez grand pour contenir bon nombre de poissons, et qui fermait hermétiquement au moyen d'une porte carrée remplaçant le bondon. Il contenait une quantité suffisante d'esprit de vin à 36° pour être entièrement rempli quand les poissons y étaient plongés ;

» 2° Des bandes de parchemin, longues d'un doigt et assez larges pour pouvoir écrire dessus un numéro et un nom ;

» 3° Un cahier de papier pour prendre des notes ;

» 4° Une plume à écrire et de l'encre ;

» 5° Une aiguille à coudre et du fil écru.

» Je n'ai pas besoin d'ajouter que je n'oubliais pas de porter sur moi une certaine somme d'argent, parce qu'il faut payer les pêcheurs avant de quitter la pirogue.

» Aussitôt un poisson pris, on le plonge dans le baril d'alcool à 36 degrés, ce qui le fait mourir subitement par asphyxie ; et l'on a soin de ne pas l'essuyer, parce que, dans cette opération, il pourrait perdre des écailles ou avoir les nageoires déchirées. Si on veut lui conserver toutes ses belles couleurs, il est indispensable, je le répète, de le plonger dans le baril à l'instant même où il sort de la mer. Au moyen de l'aiguille et du fil, on lui perce la queue pour y attacher une bande de parchemin, et l'on fait un bon nœud au fil pour que, plus tard, l'étiquette ne puisse pas se détacher. Sur ce parchemin on écrit, avec de l'encre ordinaire, qui ne se dissout pas dans l'alcool, le nom du poisson, le parage où il est pêché, et enfin un numéro d'ordre qui correspond à celui du cahier des notes. Sur ce cahier, on note, à l'instant même, les diverses couleurs du poisson, celles de ses yeux, tout ce que l'on peut savoir de l'histoire de l'espèce, la grandeur que l'animal peut atteindre ; s'il est sédentaire ou s'il ne fréquente les côtes qu'à telles ou telles époques de l'année, enfin tout ce qu'on peut apprendre de certain sur son compte.

» Lorsque l'on ne peut avoir des poissons que quelque temps après qu'ils ont été pêchés, on peut se dispenser du dispendieux usage de l'alcool à 36 degrés, et l'on procède alors à leur conservation de la manière suivante :

Conservation des Poissons.

» Soit que l'on sorte un poisson du baril, soit qu'on se le soit procuré au marché, on le place dans du tafia ou de l'eau-de-vie à 18 degrés. Avant cela, on lui ouvre le ventre avec des ciseaux étroits, en commençant l'incision entre les nageoires sternales et la prolongeant jusqu'à l'anus en passant sur le côté droit de la nageoire anale. On doit éviter de léser les viscères, afin d'en permettre, pour plus tard, l'étude anatomique.

» On aura bien soin de tenir la bouche ouverte au moyen de morceaux de liège placés à l'angle des mâchoires. Cette précaution est indispensable pour faciliter la classification par l'étude des dents. Si la bouche était fermée après la préparation, il deviendrait presque impossible de l'ouvrir sans altérer la mâchoire. Ces deux opérations faites, on fixe à la queue l'étiquette en parchemin dont il a été parlé, et on laisse le poisson dans l'eau-de-vie. Afin qu'il y plonge bien, on le fixe au fond du vase au moyen d'un poids placé dessus, sans cependant lui faire prendre une mauvaise attitude.

» On laisse le poisson dans l'eau-de-vie, avec la précaution de changer et de renouveler celle-ci tous les soirs et tous les matins pendant les trois premiers jours : pendant les huit jours suivants on la change toutes les vingt-quatre heures. Alors seulement l'eau-de-vie ou le tafia, ne présentera plus de détritus, et la préservation du poisson, qui aura conservé ses couleurs naturelles, sera aussi parfaite qu'assurée.

» A cette époque, le poisson sera retiré de la liqueur pour être enveloppé avec des bandelettes de vieux linges, méthodiquement placées comme le serait une bande roulée autour d'un membre malade pour en maintenir le pansement ; puis il sera replacé dans l'eau-de-vie. Les bandelettes dont on l'entoure servent à empêcher le frottement de ces animaux les uns contre les autres et à protéger leurs écailles.

» Pour les grands poissons, ce mode de préparation serait trop coûteux ; voici comment je les ai conservés avec succès : Après avoir ouvert le ventre, comme il a été dit, j'ai, au moyen d'une pression modérée, évacué les intestins et vidé l'estomac, après l'avoir ouvert pour observer les objets qu'il contient. Cette observation me permettait souvent de connaître les parages que fréquentent les poissons, en en jugeant par les espèces de mollusques que l'estomac contenait. Cette première opération faite, on étend le poisson sur une planche préalablement couverte de sel marin (chlorure de sodium), on en introduit dans l'abdomen et l'estomac, puis on l'en couvre en totalité et on l'expose à l'ardeur du soleil. Chaque jour il faut changer le sel, comme je l'ai dit pour l'eau-de-vie, et mettre, le soir, le poisson à l'abri de l'humidité des nuits. Le troisième jour, on le plonge dans l'eau-de-vie à 18 degrés, et on l'y laisse deux jours, après quoi on l'enveloppe dans des vieux linges et on le remet dans de la nouvelle eau-de-vie avec partie égale de sel marin. L'eau du poisson et celle de l'eau-de-vie se combinent avec le sel pour former de la saumure ; l'alcool reste libre, et l'on a ainsi une saumure alcoolisée inaltérable par le temps.

Moyen de transporter les Poissons.

» Si l'on accompagnait soi-même sa collection, on pourrait mettre les poissons dans le premier vase venu ; on serait là, pendant le cours d'un long voyage, pour surveiller, pour voir si l'eau-de-vie ne s'évapore pas, si les poissons ne restent pas à sec. Mais il n'en est pas toujours ainsi. Il faut donc indiquer le moyen le plus sûr pour que tout arrive en bon état. On mettra les poissons de moyenne grosseur dans des boites de fer-blanc, en ayant soin de les disposer par lits et bien serrés, jusqu'à ce que la boîte soit bien remplie, de façon à ne laisser la place que pour un lit de filasse que l'on tassera le plus possible ; puis, on remplira d'alcool ou de tafia et l'on soudera le couvercle. Quant aux gros poissons, si l'on ne peut avoir de caisses en fer-blanc assez grandes, on se procurera de bonnes barriques et l'on procédera de la même manière, en ayant soin pourtant de faire un lit de poissons, un lit de filasse et ainsi de suite, le tout bien tassé, de façon à ce qu'il y ait le moins de liquide possible. Ce moyen s'applique à tout ce qui sera emballé dans du liquide, mammifères, oiseaux, reptiles, poissons, etc.

Conservation des Mollusques et des animaux mous.

» Ici, il ne faut employer que de l'alcool à 36 degrés, et le changer tous les jours, jusqu'à ce qu'il ne laisse plus déposer de détritus. L'animal est alors préparé et a acquis un degré de dureté remarquable. Comme il n'est pas possible de fixer une étiquette à ces objets, on est forcé de n'en mettre qu'un dans chaque bocal, et de coller ou attacher l'étiquette à l'extérieur du vase.

Conservation des Crustacés.

» Un moyen de préparation qui m'a souvent réussi est le suivant : il y a aux Antilles une espèce de fourmis rouges très carnivores, dont j'ai su mettre à profit le goût pour la chair des animaux. J'ai placé des crustacés à la portée de ces insectes dévastateurs; et, en peu de temps, ils en ont rongé et entièrement fait disparaître toutes les parties molles, de manière à laisser entièrement vides toutes les parties de leur test, sans les endommager ni altérer les ligaments qui les unissent. Il ne me restait plus ensuite qu'à passer avec un pinceau, sur toute leur enveloppe crustacée, un peu d'essence de térébenthine pour assurer complètement leur conservation.

Conservation des Insectes.

» En 1837, j'ai publié, dans un journal des Voyageurs, un nouveau procédé pour tuer les insectes par asphyxie, au moyen de l'éther sulfurique. La mort est instantanée, et les insectes, surtout les lépidoptères, n'ont pas le temps de se débattre ni de perdre leur duvet et d'altérer leurs belles couleurs. Il suffit de placer sous une cloche de verre une capsule remplie d'éther, puis on y introduit la planchette de liège sur laquelle on a fixé les insectes ; ils sont à l'instant même frappés de mort, mais il faut les laisser sous la cloche au moins deux jours, exposés à l'évaporation de l'éther, en ayant soin de remplir de temps en temps la capsule.

» Tous les objets que j'ai préparés sont au Muséum d'Histoire naturelle de Paris depuis dix-sept ans ; un grand nombre, et surtout les reptiles et les poissons, ont été reproduits par l'habile pinceau de mon estimable ami, l'infatigable Werner, auquel le Muséum doit tant d'utiles travaux. La bonne conservation de tous ces objets atteste l'efficacité des moyens que je conseille. Heureux si, dans cette notice, publiée dans l'intérêt de la science, j'ai pu être de quelque utilité à mes collègues les naturalistes-voyageurs. »

Alex. RICORD, *D.-M., membre correspondant de l'Académie impériale de Médecine, chevalier de plusieurs ordres, etc.*

CHAPITRE V

Chasse aux Insectes.

Nous traiterons cet article dans tous ses détails, car la chasse est le seul moyen qu'ait un amateur pour augmenter sa collection d'insectes ; la raison en est que peu de marchands s'occupent spécialement de cette classe d'animaux d'une conservation difficile et offrant peu d'avantage au commerce.

§ 1. DU MATÉRIEL ET DE SON EMPLOI
POUR CLASSER ET CONSERVER LES INSECTES

Avant de partir pour la chasse, on doit se munir de plusieurs choses qui, toutes, demandent une description particulière. Ces objets consistent en ce qui suit : une boîte munie d'épingles, des pinces ou brucelles, une chape ou filet à papillons, un troubleau, pour pêcher les insectes aquatiques, une pince à filet, pour saisir ceux dont la piqûre est douloureuse, une fiole à large goulot remplie d'esprit de vin ou d'eau-de-vie, une petite fiole remplie de bandes de papier étroites et frisées, et un petit flacon d'acide phénique ou d'eau phéniquée.

La boîte doit être en carton solide ou en planchettes de bois mince et léger ; sa longueur et sa largeur sont indifférentes, mais sa hauteur doit être de 68 millimètres en dedans. Le fond sera garni d'une bonne lame de liège épaisse de 5 à 7 millimètres, et le couvercle en aura une semblable à la partie inférieure, plus une petite pelote assez grande pour recevoir une cinquantaine d'épingles au moins.

Si l'on ne pouvait pas se procurer chez un marchand les lames de liège nécessaires, on pourrait les faire soi-même. Pour cela, on prendrait une feuille de cette substance, qu'on aurait soin de choisir compacte sans qu'elle soit trop dure, légère, et le moins poreuse possible. Pour la redresser parfaitement, on la ferait chauffer, et lorsque les doigts pourraient à peine supporter sa chaleur, on la redresserait d'abord à la main, puis on la placerait entre deux planches unies que l'on chargerait d'un poids assez fort pour l'empêcher de reprendre son mauvais pli ; au bout de trois ou quatre jours, on la sortirait de presse, et par le moyen d'une scie à dents très fines, on la refendrait en deux lames d'égale épaisseur ; avec une râpe à bois, on unirait les surfaces, que l'on achèverait de polir avec la pierre-ponce. Il sera facile ensuite de les tailler dans les proportions convenables pour qu'elles s'ajustent bien dans la boîte, on les y fixera avec de la colle-forte. On doit aussi coller un morceau de liège sur le dehors de la boîte, ordinairement sur un des côtés, pour y piquer l'insecte lorsqu'on vient de le prendre, et par ce moyen avoir les deux mains libres pour ouvrir le couvercle. La figure 4 représente une pince dont les entomologistes se servent pour piquer dans leur boîte les papillons et les autres insectes, ainsi que pour les en retirer, sans courir la chance de les détériorer ni de tordre les épingles.

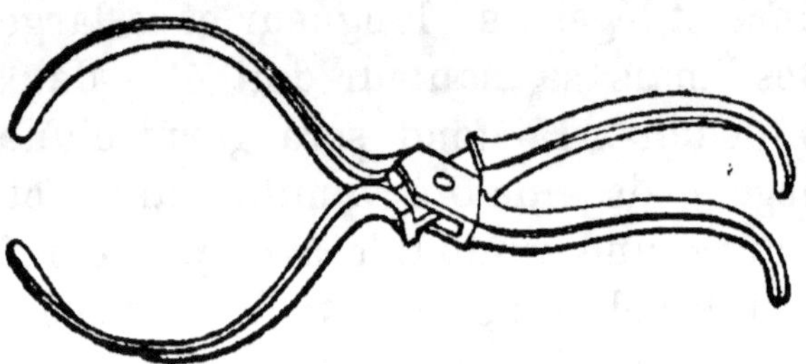

Fig. 4.

Outre cette boîte, si l'on voulait rapporter des chrysalides, des chenilles ou des larves vivantes, il faudrait en avoir deux autres plus petites. Une boîte ordinaire en sapin peut servir pour les chrysalides ; quant à celle destinée aux larves et aux chenilles, elle demande une façon particulière : on la fera en bois mince et léger, avec l'intérieur séparée par plusieurs petites cloisons ; chaque chenille, ou au moins chaque espèce, doit avoir sa case particulière, car quelques-unes sont dangereuses pour les autres, qu'elles attaquent et mettent en pièces. Sur le couvercle, au-dessus de chaque case, on percera un trou de la grandeur d'une pièce de quarante sous, et on le bouchera avec un morceau de canevas clair et fort, de manière à laisser à l'air une circulation suffisante. Un amateur intelligent et adroit pourrait remplacer le canevas, que les larves de cossus coupent quelquefois, par un petit treillage de fil de fer extrêmement fin, connu sous le nom de toile métallique.

La première boîte, qui sert à placer les insectes morts, doit contenir un morceau de camphre enveloppé dans un linge, et attaché solidement dans un de ses coins; son odeur suffira pour chasser les insectes rongeurs qui chercheraient à s'y introduire. Quelques personnes se contentent de l'imprégner d'une forte odeur d'essence de serpolet, en en épanchant dedans quelques gouttes au moment de partir. On nous a assuré que cette précaution, moins désagréable que la première, remplissait le même objet; mais n'en ayant jamais fait personnellement l'expérience, nous ne pouvons l'affirmer.

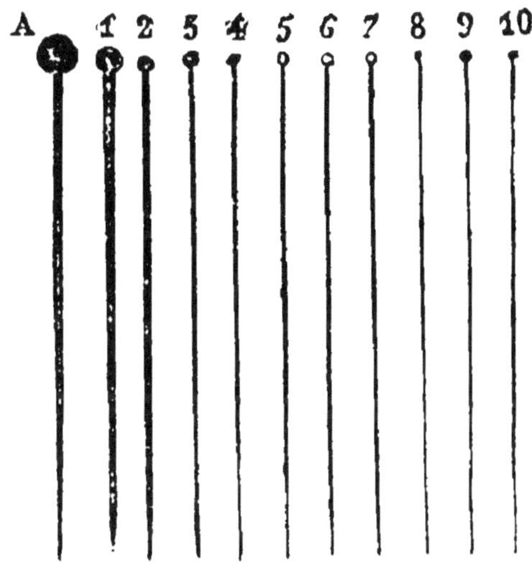

Fig. 5.

Les deux autres boîtes, loin de renfermer quelque chose qui ait de l'odeur, doivent, au contraire, être tenues éloignées de la première, car les chenilles sont très délicates, et la moindre exhalaison les tuerait infailliblement.

Le choix des épingles dont on se sert pour piquer les insectes n'est pas non plus indifférent; leur grosseur et leur longueur doivent être en raison de la

grosseur et de la force de l'animal qu'elles fixeront
sur le liége. Les amateurs devront donc en avoir une
provision suffisante pour tous les individus qu'ils
auront à piquer. La figure 5 représente un assortiment de dix grosseurs différentes, nᵒˢ 1 à 10; l'épingle
A, plus forte que les dix autres, a une tête en émail,
ce qui la rend plus facile à saisir avec les doigts, sans
le secours de la pince (fig. 4) dont nous venons de
parler. On doit observer qu'il vaut mieux se servir, à
la chasse, d'une épingle plutôt fine que grosse, parce
que, lorsqu'on l'ôte pour fixer définitivement l'insecte
dans la collection, il faut que la nouvelle épingle rem-
plisse bien le trou de la première, et soit solidement
attachée à l'animal.

Petite boîte à insectes. — Un entomologiste, toutes
les fois qu'il se promène à la campagne, quand même
son but n'est pas la chasse aux insectes, doit toujours avoir dans sa poche une petite boîte qui lui permette de recueillir ce qu'un heureux hasard peut lui
faire rencontrer. Rien n'est
plus commode pour cet usage
que celle que nous avons
représentée fig. 6. Nous l'a-
vons figurée à moitié ou-
verte pour laisser voir le

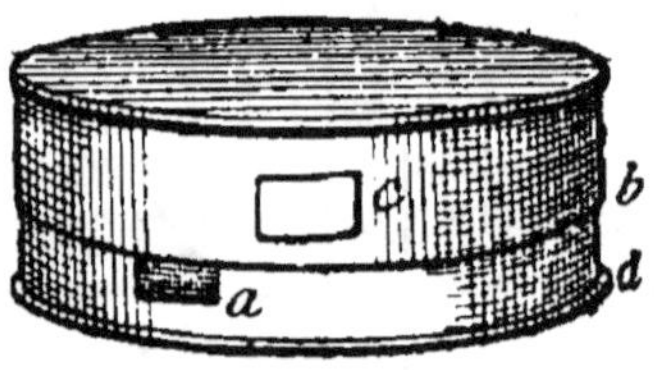

Fig. 6.

trou c. Quand elle est fermée, le bord *b* du couvercle
porte sur tout le tour du filet du fond *d*. On la remplit à moitié de son, dans lequel on a répandu quelques gouttes d'essence de térébenthine. Quand on veut
y mettre un insecte, on fait tourner le couvercle, sans
l'ouvrir, jusqu'à ce que le trou *c* se rencontre en face
du trou *a* qui, par ce moyen, est découvert. On fait
entrer l'insecte par le trou qui se trouve refermé
lorsqu'on a fait faire un demi-tour au couvercle. Il
meurt assez vite pour n'avoir pas le temps d'attaquer

ceux qui y sont déjà, quand même il serait d'une espèce très carnassière, comme les cicindèles. La boîte est en fer-blanc. On lui donne ordinairement 10 centimètres de diamètre sur 6 centimètres de hauteur. On conçoit que ces dimensions sont tout à fait arbitraires.

Les pinces ou brucelles (fig. 1) sont indispensables, soit pour saisir dans les filets les insectes à aiguillons, soit pour les arranger sur le liège et même les y piquer.

La chape ou filets à papillons (fig. 7) demande à être faite avec solidité. On prendra un fil de fer assez gros pour soutenir les efforts de la main du chasseur ; on l'arrondira en cercle de 25 à 27 centimètres de largeur et l'on soudera les deux bouts à la forge, en laissant un talon à vis qui s'adaptera dans une douille de fer ou de cuivre, et que l'on aura la faculté de visser ou de dévisser à volonté sur un bâton de la longueur d'une canne ordinaire. On attachera au cerceau un morceau de gaze dégommée dans l'eau bouillante, ou mieux de réseau à mailles très fines

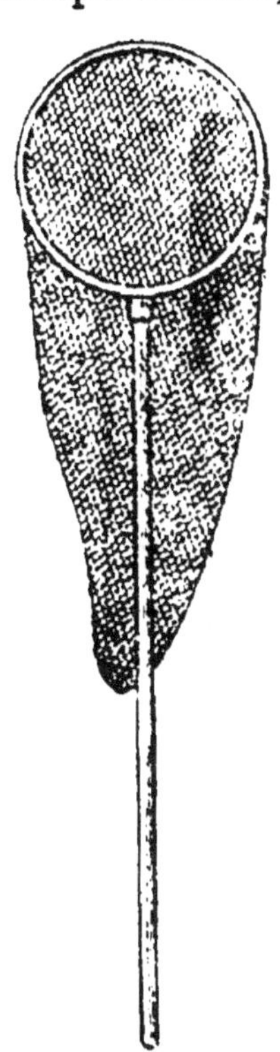

Fig. 7.

et très serrées ; on lui donnera la forme d'une poche de 30 à 50 centimètres de profondeur. On lui donne jusqu'à 32 centimètres de diamètre, et on le monte souvent en fil de fer et en gaze très fine. M. Fl. Prévost se sert, au lieu de fil de fer, d'un jonc à baguetter les habits. Il s'en sert comme de canne, tandis qu'il ne chasse pas, puis il le plie en cercle après avoir passé la gaze autour, au moyen d'une coulisse faite à l'étoffe, et il fixe les deux bouts dans une douille disposée pour les recevoir. On se sert de ce filet non seulement pour prendre les papillons, mais encore beaucoup d'autres insectes, soit qu'on les trouve posés sur les plantes, bourdonnant autour des fleurs, ou qu'on les poursuive dans leur vol. Pour saisir un papillon, il faut que le filet parte de droite à gauche et horizontalement ; aussitôt que l'insecte est dans la poche, on tourne lestement la main, de manière que, le cercle se trouvant vertical, la poche pende, et que son entrée se trouve fermée.

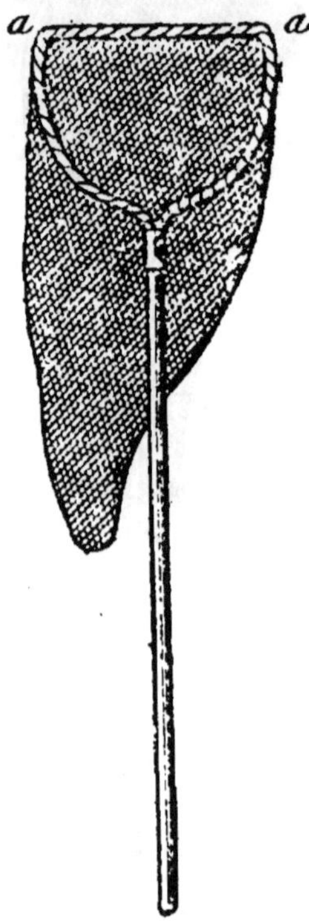

Fig. 8.

Le troubleau (fig. 8) est fait à peu près comme la chape, et, par le moyen de la vis, s'emmanche dans le même bâton. Mais le fil de fer, beaucoup plus fort, au lieu d'être arrondi en cercle, est plié en triangle, et la poche, au lieu d'être en gaze, est en canevas clair et fort. Plus ce filet est grand, plus il est avantageux : ainsi on le proportionnera selon l'intention de celui qui doit s'en servir. La largeur la plus convenable serait de 43 centimètres en *a a*; mais l'embarras de le porter fait qu'on la réduit à 30 et même à 27 centimètres. Comme on se sert quelquefois de ce filet pour chasser les insectes dans les prés *en fauchant,* alors on donne à l'ouverture une forme triangulaire. Il est monté en gros fil de fer, et en filet très serré ou en canevas clair. On pêche, avec cet instrument, dans les eaux peu profondes des mares, des fossés et des petites rivières. C'est surtout dans les eaux stagnantes et réchauffées par les rayons du soleil, que la pêche est abondante. On le traîne au fond de l'eau, dans la vase, ou à travers les plantes aquatiques, et on l'y promène de droite et de gauche, en observant que la poche soit toujours à gauche lorsqu'on conduit le filet à droite, et à droite quand on conduit le filet à gauche.

La chape, ou mieux le troubleau, s'emploie d'une manière très avantageuse lorsque l'on *fauche*. Pour cette chasse, qu'on fait ordinairement dans les prairies et autres lieux couverts d'herbe épaisse, on traîne le filet sous les plantes, terre à terre, en lui communiquant un mouvement propre à faire tomber et retenir dedans les insectes attachés aux feuilles et aux tiges. Mais pour s'en servir de cette manière, il faut qu'il soit monté sur du fil de fer beaucoup plus solide, et que la poche soit en toile.

La *pince à filet*, ou *à raquette* (fig. 9), est faite comme une paire de ciseaux, ou mieux comme un ancien fer à friser, dont les deux branches sont terminées chacune par une espèce de raquette en fil de fer garnie d'un filet. Lorsqu'un insecte dont on craint l'aiguillon est posé sur une fleur, on saisit la fleur et l'animal avec les deux raquettes, et on le pique très facilement et sans danger.

Fig. 9.

La pince à filet en poche (fig. 10) sert pour la même chasse que la précédente. Elle a cet avantage qu'on peut s'en servir pour prendre les insectes au vol, comme avec la chape, et qu'ils ne peuvent plus en sortir.

La fiole à large goulot, fermée avec un bouchon de liège, est aussi d'une grande utilité ; on y met de l'esprit de vin ou de l'eau-de-vie, et, pendant la chasse, on y jette les coléoptères et autres insectes dont les couleurs ternes ou solides ne risquent pas de se gâter. La fiole remplie de petites bandes de papier frisé sert à recevoir, à mesure qu'on les prend, toutes les petites espèces couvertes d'un duvet fugace ou de couleurs tendres. Les nombreux replis du papier, dans lesquels les insectes se cachent, les empêchent de se frotter les uns contre les autres et leur conservent ainsi toute la fraîcheur de leur coloris.

Au retour de son excursion, le premier soin du chasseur d'insectes est de tuer sur le champ tous ceux qui se trouvent encore vivants, s'il n'a déjà eu la précaution de le faire dès qu'il les a eu pris. Pour cela, il les approche d'un feu ardent, assez près pour les faire mourir sans détériorer leurs couleurs. Si ces insectes n'offrent aucune partie délicate qui puisse être gâtée par l'essence de térébenthine, comme les poils, les écailles, une poussière colorée, on leur passe avec un pinceau une légère couche de cette substance qui suffit pour les faire périr. On peut encore plonger l'insecte dans l'alcool ou dans l'eau chaude, mais il ne faut se servir d'eau chaude que

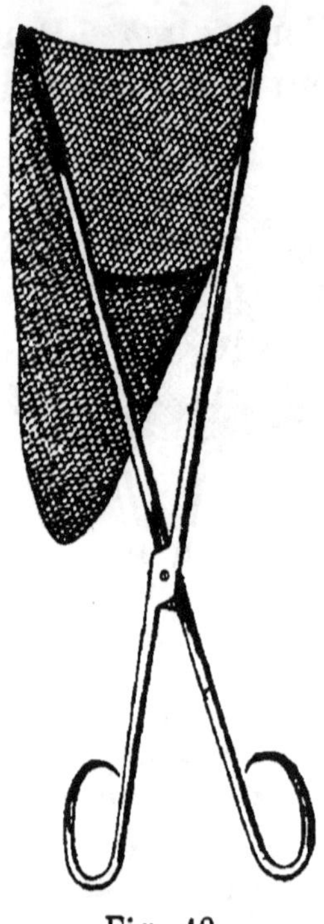

Fig. 10.

si elle n'a pas un degré de chaleur capable d'altérer
ses couleurs ou de ramollir ses ligaments. Il est préférable de piquer les insectes sur un liège placé au
fond d'une boîte, ainsi que nous l'avons déjà dit.
Quelquefois, on dispose ce liège au fond d'un vase en
verre assez bas, dans lequel on verse un peu d'éther
sulfurique, puis on bouche hermétiquement l'ouverture de ce vase. Après quelques minutes, les vapeurs
de l'éther ont suffi pour tuer l'insecte, sans le détériorer. On peut encore se servir avantageusement,
dans le même but, du nécrentome que nous allons décrire.

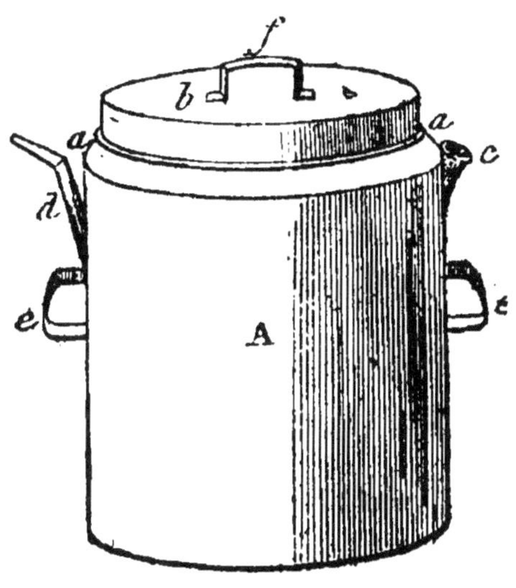

Fig. 11.

Le nécrentome de M. Boisduval (fig. 11) sert à désinfecter les collections d'insectes des mites qui les ra-
vagent. C'est un instrument en fer blanc, de grandeur
variable, mais que l'on doit faire assez grand pour
contenir plusieurs boîtes d'insectes à la fois, et ne pas
être obligé de piquer les insectes qui sont attaqués des
mites. — Cet instrument est fort simple, et peut être
comparé au bain-marie d'un alambic.

A est le corps de l'instrument; il se compose de deux vases de forme ovale en fer blanc exactement de même forme, de manière que l'on puisse entrer dans l'autre en laissant 3 centimètres de distance tout autour et 5 centimètres dans le fond. Ces deux vases seront soudés très soigneusement et à demeure; aux points *a*, *a*, est le couvercle de l'instrument; il doit être ovale pour fermer le plus exactement possible; *f* est une poignée qui sert à l'enlever pour l'ouvrir ou le fermer; *e*, *e*, sont les deux poignées qui servent à saisir le nécrentome; *c* est un trou en forme d'entonnoir, par lequel on introduit l'eau, et que l'on ferme avec un bouchon de liège lorsque l'appareil est en activité; *d* est un tuyau coudé, par lequel la vapeur s'échappe pendant l'opération. Lorsque l'on veut faire usage de cet instrument, on introduit de l'eau par l'ouverture *c*, de manière que l'intervalle entre les deux fonds soit à peu près rempli. On bouche le trou et on place l'appareil sur un fourneau pour que l'eau soit constamment en ébullition. On enlève le couvercle *b* pour placer les objets que l'on veut désinfecter : on referme l'appareil, et, au bout d'un quart d'heure, on les retire. Ce temps est suffisant pour détruire tous les insectes, ainsi que leurs œufs. La chaleur qu'éprouvent les objets soumis au nécrentome, est d'environ de 100 degrés centigrades, température de l'eau bouillante. Si l'on voulait, on pourrait encore donner un plus haut degré de température, en augmentant la densité de l'eau par l'addition du sel commun, mais cela nous paraît inutile. Il faut avoir soin de remettre de temps en temps un peu d'eau, pour que l'appareil ne soit jamais à sec; sans cette précaution, on s'exposerait à le dessouder. — Ce nécrentome n'est pas seulement indispensable pour conserver les collections d'insectes; il sert encore à désinfecter les herbiers, les collections de champignons, les oiseaux et les autres animaux attaqués par les vers, les pelleteries, etc.

L'étuve représentée par la figure 12, qui a beaucoup d'analogie avec le nécrentome du docteur Boisduval, que nous venons de décrire, est un instrument précieux pour la destruction des mites et des insectes qui détruisent les préparations d'histoire naturelle.

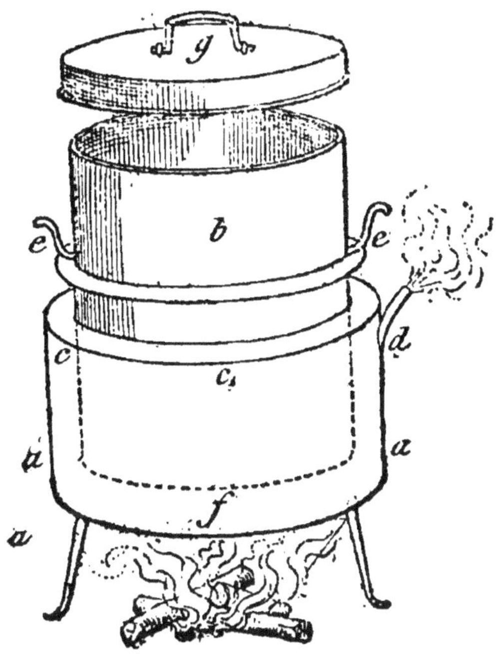

Fig. 12.

Elle se compose des pièces suivantes : *a, a*, chaudière en fer blanc, destinée à recevoir de l'eau que l'on met en ébullition, soit au moyen du feu que l'on allume dessous, soit en la plaçant dans un poêle dont le dessus est disposé pour la recevoir. Nous n'avons pas besoin de dire que, dans ce cas, elle ne doit pas avoir de pieds. Les bords de cette chaudière *c, c*, sont repliés en dedans, de manière que l'étuve plongée

dans la chaudière laisse au moins 27 millimètres
d'intervalle entre elle et les parois de la chaudière,
que nous avons figurés par des points, pour laisser
à l'eau bouillante une libre circulation tout autour; *d*
est un petit tuyau donnant passage à la vapeur pour
éviter les accidents, et *b*, l'étuve. Elle est représentée un peu soulevée, afin de faire parfaitement con-
cevoir comment le rebord *e, e*, placé vers le milieu
de sa hauteur, vient s'appliquer sur le rebord *c, c*, et
la soutient, de manière qu'il se trouve entre son fond
et celui de la chaudière, en *f*, au moins 8 ou 10 centimètres de vide pour contenir l'eau bouillante; *g* est
le couvercle de l'étuve, qui doit fermer hermétiquement, afin que la chaleur reste parfaitement concen-
trée.

On place dans l'étuve les oiseaux ou autres animaux
attaqués par les insectes; on met de l'eau dans la
chaudière, on place l'étuve dedans, et on fait chauffer.
Comme on le sait, l'eau bouillante est à 100 degrés
du thermomètre centigrade; ce degré de chaleur se
communique à l'étuve, et les insectes, ainsi que leurs
œufs et leurs larves, sont tués, sans que la chaleur
puisse monter assez haut pour altérer les couleurs
ou brûler les peaux soumises à cette opération. L'é-
tuve est donc un excellent moyen de désinfecter les
animaux en peau; mais en est-il de même pour ceux
qui sont montés? M. Florent Prévost pense, d'après
ses propres observations, que la chaleur ne pénètre
pas suffisamment dans le corps d'un animal monté,
et que souvent on le sort de l'étuve avec des germes
de destruction qui ne tardent pas à se développer.
Quoi qu'il en soit, on donne à l'étuve les dimensions
convenables aux objets qu'elle doit contenir. On ne
la fait pas cylindrique, mais ovale, parce que cette
forme permet d'y placer des objets plus nombreux.

Celle qui nous a servi de modèle avait 65 centimètres dans son plus grand diamètre, et 40 centimètres dans son plus petit. Souvent on dispose l'intérieur de diverses manières, comme nous le montrons dans les deux figures suivantes.

M. Florent Prévost a imaginé une étuve différente de la précédente (fig. 13). Il place en *a* une soucoupe ou un autre vase dans lequel il jette un peu de camphre ou de soufre. Ces matières, en se volatilisant par la chaleur, pénètrent les peaux jusque dans l'intérieur, et tuent les insectes qui pourraient résister à l'étuve. Le soufre, néanmoins, doit s'employer avec précaution, parce que l'acide qui s'en dégage attaque certaines couleurs. Au-dessus de la soucoupe, en *b*, est une petite grille en fil de fer, soutenue par trois pieds également en fil de fer, sur laquelle on dépose les peaux ou les objets.

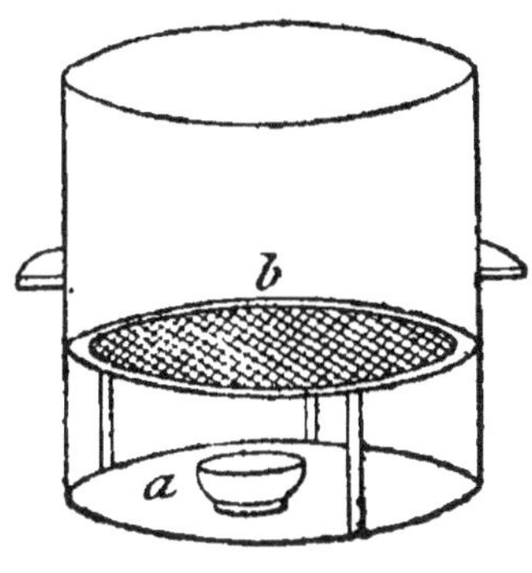

Fig. 13.

L'étuve que représente la figure 14 a une certaine analogie avec celle de M. Fl. Prévost ; mais elle ne s'emploie que pour détruire les insectes.

Trois planchettes de liège *a, a, a,* ovales et taillées de manière à s'ajuster dans l'étuve avec beaucoup de précision, se placent les unes sur les autres au moyen de petits pieds de fil de fer qui les soutiennent. On pique sur le liège les insectes attaqués, et on les expose ainsi à la chaleur. Nous

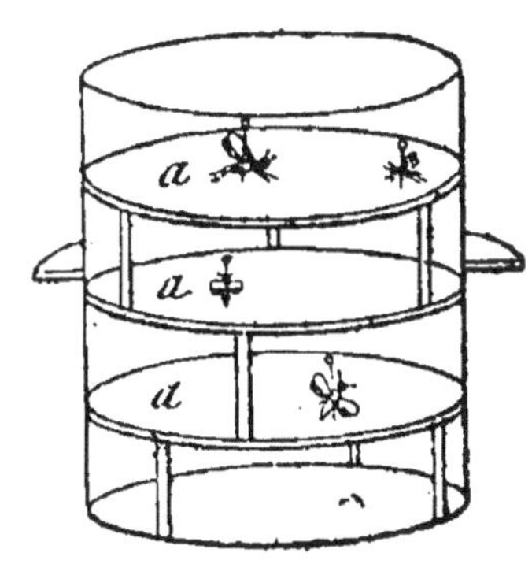

Fig. 14.

n'avons pas besoin de dire qu'une étuve à insectes doit être beaucoup plus petite que celle qui sert pour les oiseaux et autres animaux. Aussi, n'avons-nous figuré que trois planchettes de liège, quoiqu'elles ne soient que de 5 à 8 centimètres les unes au-dessus des autres, ce qui ne donne à l'étuve que 20 à 30 centimètres de hauteur. On lui donnera une largeur proportionnelle, et, si l'on veut, une forme cylindrique.

Cette étuve à insectes est bonne, non seulement pour désinfecter les insectes attaqués, mais encore pour faire mourir ceux que l'on apporte de la chasse, et pour dessécher rapidement ceux que l'on a préparés, et dont le corps mou est sujet à tourner au gras ou à se corrompre.

Tous les pays, quelle que soit leur température, sont peuplés d'une foule d'insectes plus ou moins gros, plus ou moins précieux. Cependant, l'Amérique méridionale, l'Afrique et l'Inde possèdent les plus grandes espèces et les plus riches en couleur. Les uns se plaisent sur la cime des montagnes hérissées de rochers, les autres habitent les vallées ou les plaines boisées ou cultivées. Beaucoup peuplent les eaux des rivières, etc.; mais chaque famille, au moins chaque genre, affectionne des localités qu'il ne quitte jamais, et où il faut savoir aller le trouver. Cette connaissance est indispensable au collectionneur, mais malheureusement il n'y a guère que l'expérience qui puisse la donner. Nous nous étendrons cependant sur les notions générales qui peuvent y suppléer jusqu'à un certain point.

Les insectes se divisent en ordres et en un assez grand nombre de familles, ayant tous des habitudes différentes, d'où il résulte qu'on ne les rencontre que dans certaines localités, et souvent dans des circonstances particulières. Nous allons, autant que le cadre de cet ouvrage nous le permet, entrer dans les détails que l'on doit connaître si l'on veut faire une chasse fructueuse, soit en France, soit dans les pays étrangers.

§ 2. RECHERCHE DES COLÉOPTÈRES.

Ces insectes se reconnaissent au premier coup d'œil, à leurs élytres embrassant la partie supérieure de leur abdomen, et recouvrant les ailes membraneuses et inférieures qui sont pliées dessous en travers. La facilité que l'on trouve à les conserver dans les collections, avec leurs formes et tout leur éclat, les a fait plus étudier que les autres ; aussi, quoique plus nombreux, sont-ils beaucoup mieux connus. Nous allons passer en revue les principales familles, et indiquer tout ce que leur chasse offre de particulier.

1. Les *Cicindélètes* sont des insectes extrêmement carnassiers, très lestes à la course et au vol, fort difficiles à prendre. On les trouve dans les terres sèches, stériles, sablonneuses, exposées à la plus forte ardeur du soleil. Quand on les place dans la boîte avant de les avoir piqués, il faut les y assujettir solidement, car s'ils parviennent à se détacher, ils couperont et mettront en morceaux tous les autres insectes, avec leurs fortes mandibules. Ceci nous est arrivé plusieurs fois.

Les plages sablonneuses de la mer sont habitées par de jolies espèces de cicindélètes, que l'on va chasser par la plus forte ardeur du soleil. Ces petits animaux, parés de robes brillantes, perdent assez ordinairement l'éclat de leurs vives couleurs, si on les jette par mégarde dans l'esprit de vin, ne fût-ce que pendant la chasse.

2. Les *Carabiques*. Voici la famille la plus nombreuse et la plus difficile à étudier parmi les coléoptères. Beaucoup de ces insectes sont privés d'ailes inférieures ; ils répandent pour la plupart une odeur pénétrante et fétide, et lancent par l'anus une liqueur âcre et caustique. Néanmoins, à la mauvaise odeur près, on peut les prendre avec la main sans inconvénient. On les trouve partout : dans les bois, dans les champs, les prés, les jardins, les chemins, sous les pierres, sous les vieilles écorces, dans la terre, et plus souvent dessus. Ils courent avec rapidité et chassent aux fourmis, aux lombrics, aux jeunes limaces et aux escargots, dont ils font leur nourriture principale. C'est dans les bois chauds et sablonneux qu'il faut chercher les plus grandes et les plus brillantes espèces, tels que les calosomes. Ces derniers se rencontrent particulièrement autour, ou même sur le tronc et les branches des grands arbres où abondent les chenilles processionnaires auxquelles ils font constamment la chasse. Le plus grand nombre des espèces peuvent très bien être jetées dans la bouteille à esprit de vin, sans se décolorer.

3. Les *Hydrocanthares* habitent pendant le jour les eaux dormantes des mares, des fossés et des étangs ; pendant la nuit, ils se promènent sur la terre ou volent dans les airs. Ils sont très voraces, et s'occupent sans cesse à poursuivre les insectes aquatiques pour les dévorer. On aperçoit aisément quand une pièce d'eau est habitée par ces insectes, parce que, de temps à autre, ils sont obligés de venir respirer en présentant l'anus à la surface de l'eau, et qu'ils soulèvent leurs élytres pour faire pénétrer l'air sous leurs stigmates.

Les *dytiques* sont souvent d'une assez grande taille. Les *gyrins* sont ordinairement petits, et courent avec agilité sur la surface des eaux dormantes, en décrivant toujours des lignes circulaires.

On pêche ces insectes avec le troubleau que nous avons décrit page 146 ; mais il est un moyen de s'en procurer un grand nombre et des plus rares. Il consiste à épier toutes les occasions où l'on vide l'eau des mares et des étangs, soit pour la pêche ou autre chose ; on n'a plus qu'à les ramasser dans la vase. Il faut aussi visiter les herbes et autres matières que les pêcheurs sortent de l'eau en retirant leurs filets. Nous ferons remarquer qu'il faut prendre les grands dytiques avec précaution, parce qu'ils sont armés de fortes mandibules, et qu'ils mordent jusqu'au sang les doigts des imprudents.

4. Les *Staphylins*, si reconnaissables par leurs élytres très courtes et comme tronquées, de beaucoup dépassées par le corps, se trouvent principalement dans les fumiers et les charognes, quelques petites espèces sur les fleurs. Ils courent avec assez de rapidité, et, lorsqu'on les touche, ils relèvent d'un air menaçant la partie postérieure de leur abdomen, mais sans qu'il n'y ait rien à craindre pour celui qui les saisit. Néanmoins, les grandes espèces mordent serré avec leurs mandibules fortes et pointues ; il sera bon d'y avoir égard.

Beaucoup de staphylins ont le corps couvert de poils, et l'on remarque que les couleurs de ceux-là s'altèrent un peu dans l'esprit de vin. Il est donc bon de les piquer, et ici nous ferons encore une observation : on sait qu'en règle générale un coléoptère doit se piquer sur l'élytre droite. Ceci peut se faire aux staphylins ; mais lorsqu'ils sont desséchés, leur corps long et grêle n'offre plus de résistance, et l'insecte est vacillant sur son épingle. Cette expérience nous a engagé à les piquer sur le thorax, et nous recommandons cette méthode. Du reste, nous la livrons aux lecteurs pour en user comme il leur conviendra. Les impressions que l'on remarque sur le thorax des coléoptères fournissent souvent de bons caractères spécifiques, et c'est pour ne pas altérer ces caractères qu'on a pris l'habitude de piquer ces insectes sur l'élytre. Il faudra donc, toutes les fois que l'on sera forcé de piquer sur le thorax, enfoncer l'épingle un peu sur le côté de cette partie du corps, afin que le caractère altéré d'un côté par la piqûre reste intact au côté opposé.

5. Les *Buprestides* sont, pour la plupart, remarquables par la richesse des couleurs métalliques dont ils sont parés ; aussi ne doit-on jamais les altérer en les plongeant dans une liqueur quelconque. Ils volent très bien, mais ils marchent très lentement et sont très faciles à saisir, si ce n'est quelques petites espèces, qui s'envolent à l'approche du chasseur. On les rencontre sur les fleurs, sur les arbres, sur le bois mort ; les grandes espèces, surtout dans les pays chauds, n'habitent guère que les forêts.

6. Les *Elatérides,* si singuliers par la faculté qu'ils ont de sauter pour se remettre sur leurs pattes quand on les a mis sur le dos, se trouvent sur les fleurs, sur le gazon, et même sur la terre. Mais il arrive souvent que lorsqu'on veut les prendre ils contractent leurs pieds, se laissent tomber et contrefont le mort. Il est alors fort difficile de les trouver ; il faudra donc, avant de chercher à les saisir, glisser une chape sous la partie de la plante où ils se trouveront ; en secouant légèrement le rameau, on les fera tomber dedans. Le beau jaune, dont quelques-uns sont parés, se ternit dans la liqueur.

7. Les *Cébrionites* ont des habitudes absolument inconnues ; aussi n'en parlons-nous que pour engager les voyageurs à s'en occuper. Les *lampyrides* se contractent et font le mort quand on veut les prendre ; ils habitent les feuilles et les fleurs comme les *mélyrides*. Il faut donc, pour les prendre, les faire tomber dans la chape en agitant les arbres ou arbrisseaux sur lesquels ils sont ; ou mieux, on les fait tomber sur un linge étendu dessous. Néanmoins, nous ferons observer que cette méthode n'a un succès parfait que le matin et le soir ; pendant la chaleur du jour, il arrive souvent que, dans leur chute, beaucoup d'insectes déploient leurs ailes et s'envolent.

8. Les *Ptiniores* et les *Lime-Bois* sont des petits insectes que l'on trouve dans nos maisons au printemps, et qui, ainsi que les précédents, se contractent et font le mort lorsqu'on veut les prendre. Mais c'est surtout dans les chantiers de bois neuf et de bois de charpente qu'il faut aller chercher les espèces les plus rares. Il faut fouiller avec attention, car souvent leur extrême petitesse les dérobe à une vue peu attentive.

9. On cherche les *Clairons* à terre, sous les pierres, sous les fleurs et sous les débris des végétaux.

10. Les *Escarbots,* pour la plupart, se trouvent dans les cadavres, les fumiers et les excréments, assez rarement sous les écorces d'arbres, et ceux-ci ont le corps comprimé.

11. Les *Boucliers* forment une famille fort intéressante pour les observateurs et les collectionneurs. On ne les rencontre guère que sur des cadavres ; cependant quelques espèces se tiennent sur les feuilles. Parmi eux, les *nécrophores*, ou *porte-morts*, ont des

mœurs fort singulières : lorsqu'ils trouvent le cadavre d'un petit animal, par exemple d'une taupe ou d'un rat, ils se réunissent ordinairement au nombre de cinq, rarement plus ou moins, pour l'enfouir avant d'y déposer leurs œufs ; ils se glissent dessous, et pendant que les uns soulèvent une partie du corps mort, les autres creusent la terre sous cette partie ; ils recommencent le même travail d'un autre côté, et ainsi de suite jusqu'à ce que la taupe soit enterrée de 30 à 40 centimètres de profondeur, ce qui ne dure pas plus de vingt-quatre heures.

Une des plus belles espèces de cette famille, le *nécrophore germanique,* se trouve assez communément sous les chats ou les volailles crevés. A proximité des étangs et des rivières, on trouve les boucliers les plus rares, dans les poissons en putréfaction. Quelques boucliers vivent de proie vivante et grimpent sur les arbres et les plantes pour y chasser les chenilles et les escargots. Plusieurs *nitidules* et *scaphidies* se trouvent dans les excréments.

Pour s'emparer de tous ces insectes, on se sert de petites pinces ou brucelles ; on les jette dans la liqueur avant de les piquer, ne fût-ce que pour les nettoyer, et on les en retire lorsqu'on est revenu de la chasse.

12. Les *Dermestes,* soit à l'état de larve, soit à l'état parfait, se nourrissent de toutes les substances animales ; ils les attaquent en grand nombre, les coupent, les réduisent en parcelles et les détruisent entièrement. Aussi sont-ils les plus grands destructeurs des cabinets d'histoire naturelle. Il faut les chercher dans les vieux meubles, les pelleteries, etc. ; quelques-uns se trouvent aussi sur les fleurs.

13. Les *Byrrhes.* Ces insectes, la plupart très petits, se rencontrent sur les fleurs, les arbres, dans le

gazon, sous les pierres, etc. Ils se contractent par la crainte du danger, et doivent par conséquent se chasser comme nous l'avons dit pour les *élatérides*.

14. Les *Dryops* fréquentent le bord des eaux, quelques-uns même les habitent, mais ils marchent sur le sable et la vase du fond et ne savent pas nager.

15. Les *Hydrophiles* nagent très bien pour la plupart, et habitent les mares et les étangs ; ils viennent respirer à la surface de l'eau à la manière des dytiques. Ils volent avec facilité, et quelques espèces, telles que des *élophores* et des *hydrœnes*, ne se trouvent pas dans l'eau. On prend les *hydrophiles* comme les *hydrocanthares*.

16. Les *Scarabéides* sont des insectes remarquables par leur grande taille, et souvent par des protubérances ou des appendices de forme singulière qu'ils portent sur la tête et sur le thorax. Les uns se nourrissent de tan, de fumier et d'autres matières corrompues ou en décomposition ; ils sont noirs ou de couleurs ternes et foncées, et se conservent très bien dans la liqueur. Les autres se nourrissent de feuilles et du suc mielleux des fleurs ; leur corps brille du plus vif éclat, ou du moins est paré de couleurs agréablement variées.

Dans les excréments, on trouve les *bousiers*, les *aphodies*, les *léthrus*, les *géotrupes*. Dans le tan, les *oryctes*, et principalement le *nasicorne*, connu vulgairement sous le nom de *rhinocéros*. Dans le bois pourri ou dans les racines, quelquefois sur les végétaux, les *trox*, les *œgiales*, les *scarabées* proprement dits et les *hexodons.* Sur les feuilles des arbres et des plantes, les *hannetons,* les *glaphyres,* les *amphycones,* les *anisonix,* les *goliaths.* Sur les fleurs d'ombellifères, de rosiers et autres, les *cétoines*, les *trichies* et les *crématoscheiles*.

Tous ces insectes se prennent sans inconvénient avec la main, et se piquent sur le liège de la boîte. On peut cependant déposer dans la liqueur ceux qui sont d'une couleur terne, et dépourvus de poils ou de duvet fugace.

Le *léthrus céphalote* vit dans les vignes, où souvent il cause de grand dégâts; on le trouve fréquemment dans des trous qu'il se creuse au pied des ceps, dans la terre. Quelquefois, pour avoir des *bousiers*, les *géotrupes* et les *scarabées* de grosse espèce, on est obligé d'enlever l'excrément qui les a nourris. Alors on découvre dans la terre des trous ronds dans lesquels ils se sont cachés; on y enfonce un morceau de fil de fer, pour ne pas perdre la trace des trous pendant que l'on creuse la terre avec une houlette ou une spatule de fer, et l'on parvient aisément à les trouver. Nous nous sommes souvent procuré, par ce moyen, des *bousiers lunaires*, des *géotrupes phalangistes*, et d'autres espèces peu communes, dans des lieux où l'on avait fouillé avant nous sans rien trouver; aussi le recommandons-nous en toute assurance à nos jeunes lecteurs.

Le soir, on trouve quelquefois des *trox* sous les haies et contre les murs des jardins. Pendant les belles journées de printemps, on les voit quelquefois voltiger dans les prés, autour des fleurs de saules; on en trouve aussi assez souvent marchant dans la poussière des chemins, surtout le *trox des sables*.

Les *cétoines*, si communes sur nos rosiers, se rencontrent encore sur les troncs de chênes, d'ormes, de peupliers, dans les crevasses des vieilles écorces, etc.; elles se contractent et se laissent tomber quand on veut les prendre, ainsi que beaucoup d'autres insectes de cette famille.

17. Les *Lucanides*. Quelques insectes de cette famille se font remarquer par le prolongement extraordinaire de leurs mandibules ; tel est par exemple le *cerf-volant*. Ils se tiennent sur les arbres, principalement sur le chêne, dont leurs larves mangent le tronc. On les trouve assez souvent dans les creux d'arbres, sur les arbres abattus ou dans la terre, au pied de leur tige. Dans les belles soirées d'été, ils voltigent çà et là, et comme leur vol est assez lent, il n'est pas difficile de les abattre.

Ils se conservent très bien dans l'alcool, où il est toujours prudent de les faire mourir avant de les piquer dans la boîte, car ils sont d'une force prodigieuse relativement à leur grosseur, et ils parviendraient presque toujours à se détacher de dessus le liège. Alors ils brisent tous les insectes qui se trouvent dans la même boîte.

18. Les *Mélasomes* sont ordinairement noirs, et peuvent, sans inconvénient, se mettre dans le flacon à esprit de vin. Ces insectes vivent à terre, dans les lieux sombres et humides ; on les prend aisément, parce que leur marche est très lente, et qu'ayant les élytres soudées, ils ne peuvent pas voler. Ils se nourrissent de matières végétales et animales décomposées. Les *pimélies*, beaux insectes de cette division, ne se rencontrent que dans le midi et en Afrique. Quelques *blaps* habitent nos caves ; ils répandent une odeur fétide lorsqu'on les écrase. Les *opatres* se trouvent sur la terre, dans les lieux sablonneux. A l'approche du chasseur, ils cherchent à s'enfoncer dans la terre ; on en trouve rarement un seul au même endroit. Les *ténébrions* se plaisent dans les

celliers, et principalement chez les boulangers, où leurs larves attaquent la farine.

19. Les *Taxicornes* vivent pour la pupart sur la terre, dans les vieilles écorces et dans les champignons.

20. Les *Sténélytres* se rencontrent le plus ordinairement dans les bois ou sous les vieilles écorces. Les *rhinomacères* sont faciles à prendre, quoique très vifs dans leur course.

21. Les *Trachélides* vivent sur les plantes, dont ils mangent les feuilles et sucent les fleurs. Lorsqu'on veut les saisir, quelques-uns, très agiles, cherchent à s'échapper par la fuite, les autres se contractent et font le mort. On trouve, sur les fleurs d'une achillée, une espèce de *rhipiphore* assez rare, ainsi que quelques *cérocomes*. Les *mylabres* sont assez communs dans les jardins, sur les fleurs de carottes et autres ombellifères : celui de la chicorée, employé en Angleterre pour remplacer les *cantharides*, se trouve presque partout. Les *mordelles* vivent constamment sur les fleurs ; elles sont assez vives et s'envolent quelquefois quand on veut les saisir.

Tous ces insectes se piquent ordinairement aussitôt qu'ils sont pris ; mais il n'en est pas de même des *méloès*. Leur abdomen vésiculeux se déformerait entièrement en se desséchant, si on ne lui faisait subir une préparation. Avant de placer ces insectes dans la collection, il faut donc les jeter dans la bouteille à esprit de vin.

Les *cantharides* qui appartiennent aussi à cette famille, ainsi que les *malachies*, vivent également sur les fleurs, à l'exception de la *cantharide des boutiques*, qu'il faut chercher sur les feuilles de frênes et de lilas ; elle voyage en essaim.

22. Les *Rhincophores* sont les plus dangereux des coléoptères, parce qu'ils attaquent les récoltes, les céréales, les fruits, etc., etc., et que, dans de certaines années, ils sont assez nombreux pour détruire une grande partie des récoltes. Tous se reconnaissent, au premier coup d'œil, par le prolongement extraordinaire de la partie antérieure de la tête, qui leur forme comme une espèce de bec.

Au printemps, une grande quantité de *charançons*, et principalement les *bruches*, se trouvent à la sommité des arbres; plus tard, ils descendent sur les fruits. Quelques espèces s'envolent à l'aspect du chasseur, s'il fait chaud et si le jour est vers son milieu ; d'autres se contractent, se laissent tomber, et se perdent aisément dans les herbes, si l'on n'a pas eu le soin d'étendre un linge dessous.

Nous avons obtenu un assez bon nombre de *rhincophores* très frais en élevant leurs larves par un moyen fort aisé. Nous avions fait, en toile métallique, plusieurs petites cloches larges et hautes de 8 centimètres ; nous cherchâmes tous les fruits piqués ou véreux, toutes les graines attaquées, et nous les déposâmes sur une table, chaque espèce de fruits sous une cloche séparée. Notre intention était de connaître les insectes qui attaquaient telles ou telles espèces de fruits. Tous les huit jours, nous visitions les cloches; dans le sable fin placé sous les fruits, nous trouvâmes les larves des insectes chrysalidées : peu de temps après, les insectes transformés se montraient dans tout l'éclat de leur parure.

On trouve plusieurs espèces de cette tribu sur la terre, sous les pierres, les vieilles écorces, sur les fleurs, les plantes, les buissons, etc.; les plus nuisibles habitent par milliers les greniers à grains.

23. Les *Xylophages* et les *Platysomes* vivent dans les bois et font assez souvent un très grand tort aux plantations d'oliviers et aux forêts de pins et de sapins. C'est là qu'on doit aller les chercher, ainsi que dans les chantiers de bois neuf. On les trouve ordinairement blottis sous les vieilles écorces.

24. Les *Longicornes* composent la famille qui fournit aux collectionneurs les plus beaux coléoptères. La plupart de leurs larves vivent dans les bois, dans le tronc des arbres qu'elles percent dans tous les sens. Ces insectes doivent se chercher dans les chantiers et dans les forêts, où on les trouve contre le tronc des arbres qu'habite leur espèce. Le soir, ils se promènent et volent çà et là, quelques instants avant le coucher du soleil.

Les *Spondyles* se rencontrent souvent sur le tronc mort des arbres abattus. Les *priones* doivent se chercher dans les trous pleins de vermoulures creusés dans les troncs d'arbres ; une des plus belles espèces, le *prione tanneur*, habite les tilleuls. Les *lamies* se promènent parfois à terre, sur la lisière des forêts ; c'est ainsi que nous avons souvent trouvé la *lamie triste*, et d'autres espèces. Les *leptures* et les *callidies* se rencontrent ordinairement sur les fleurs, surtout les petites espèces. De midi à quatre heures, il faut chercher les *capricornes* contre le tronc des arbres ; le *charcharias* contre le peuplier ; le *savetier* contre le chêne ; le *musqué* contre le saule, etc.

Dans les chantiers, on trouve souvent des espèces n'existant pas ordinairement dans la contrée. C'est ainsi que nous avons trouvé un *molorque majeur* dans un chantier de Paris, où cet insecte n'avait pas encore été rencontré.

Les *Longicornes* de couleur noire ou terne se conservent parfaitement à l'esprit de vin ; mais ceux qui sont tachés de jaune ou de blanc s'y ternissent. Il faut donc les piquer de suite.

25. Les *Eupodes* sont des petits insectes souvent parés des couleurs les plus brillantes ; on les rencontre sur les tiges et les feuilles des plantes, dont leurs larves se nourrissent. Les *Criocères* du lys et de l'asperge ne sont que trop communes dans nos jardins.

26. Les *Cycliques*, famille nombreuse, offrent également les couleurs les plus vives, ayant l'éclat des métaux. Ils sont généralement petits et se trouvent également sur les feuilles de différents végétaux. Lorsqu'on cherche à les prendre, ils contractent leurs pattes et se laissent tomber, ce qui arrive aussi à plusieurs espèces de la famille précédente.

27. Les *Chrysomèles* et les *Gribouris* se contractent à la moindre apparence de danger ; aussi faut-il les approcher avec beaucoup de précaution, et les faire tomber dans une chape emmanchée d'un long bâton.

Les *Cassides* habitent sur les chardons et sur quelques autres plantes ; on les prend avec la plus grande facilité. Il n'en est pas de même des *Altises*, qui dévorent les feuilles des plantes appartenant à la famille des crucifères ; elles sautent avec beaucoup de vivacité et s'échappent aisément des pièges qu'on leur tend.

28. Les *Clavipalpes* sont des insectes généralement petits et peu remarquables. Ils sont très faciles à prendre, et doivent se chercher sous les vieilles écorces et dans les bolets.

29. Les *Aphidiphages* ou *Coccinelles* sont de petits coléoptères ordinairement variés ou ponctués de couleurs fort vives. Ce sont les premiers insectes qui

paraissent au printemps ; ils établissent leurs demeures sur les fleurs de différents arbres, et principalement sur celles du saule, et sur les plantes qui nourrissent des pucerons. On les rencontre aussi quelquefois dans nos maisons, où on les a désignés sous le nom de *Bêtes à bon Dieu.* Lorsqu'on les saisit, elles font sortir de leurs cuisses une liqueur jaunâtre, d'une odeur très désagréable, mais sans autre inconvénient.

30. Les *Fungicoles* sont petits, peu brillants, et se rencontrent ordinairement dans les champignons, quelquefois sous les écorces d'arbres.

31. Enfin les *Chennies*, les *Pselaphes* et les *Clavigères*, formant le sous-ordre des coléoptères dimères, se rencontrent toujours à terre, sous les pierres et dans les détritus de végétaux ; ils sont tous très petits ; on peut les placer sur du papier-glace, comme nous le dirons plus loin à la page 196.

32. Les *Monomères*, ou insectes paraissant n'avoir qu'un article aux tarses, forment une famille dont l'espèce la plus observée est le *Dermeste armadille* de De Geer. On trouve cet insecte dans les détritus de matière animale.

§ 3. RECHERCHE DES ORTHOPTÈRES.

En sortant de l'œuf, les larves de ces insectes ressemblent à l'insecte parfait, avec cette seule différence que leurs ailes et leurs élytres ne consistent qu'en un rudiment, qui croît et se développe à chaque changement de peau, jusqu'à ce que l'insecte soit parvenu à l'état parfait. Ceci embarrasse souvent les jeunes amateurs ; mais, avec un peu d'attention d'abord et d'habitude ensuite, ils éviteront facilement les erreurs. Tous les insectes de cette classe vivent à terre, et la plus grande partie se nourrissent de végétaux. Les uns courent et les autres sautent.

Les *Forficules* se nourrissent de fruits, de fleurs et de plusieurs autres substances végétales. On les trouve sous les pierres, dans les détritus de végétaux, et sous les vieilles écorces des arbres fruitiers, où elles vivent en nombreuses familles. Les plus grandes pincent assez fortement avec les deux grandes pièces écailleuses et mobiles qu'elles ont à l'anus. On les pique rarement sur l'élytre droite, mais sur le thorax, comme les autres insectes de cette classe et des suivantes.

Les *Blattes* attaquent toutes les substances végétales, et particulièrement les matières alimentaires ; on les trouve dans les lieux humides et sombres, les celliers, les cuisines, quelquefois mais rarement, dans les bois ; elles ne sortent guère de leurs retraites que la nuit.

Les *Mantes*, les *Phasmes*, les *Phyllies*, etc., sont des insectes fort singuliers par leurs formes bizarres, qui souvent les font prendre pour un petit groupe de feuilles, un petit rameau vert, etc. Presque toutes sont vertes et foliacées, si nous pouvons nous servir de ce mot, ce qui les rend fort difficiles à remarquer au milieu des végétaux qu'elles habitent. On ne les trouve guère que dans les contrées chaudes ou très tempérées, au-dessous du 44e degré de latitude. Elles se plaisent dans les jeunes taillis, sur le penchant des coteaux rocailleux, à l'exposition du midi ; elles perdent quelquefois leurs formes en se desséchant, mais elles se conservent très bien dans l'alcool réduit à un faible degré.

Parmi les orthoptères sauteurs, on remarque les *Courtilières*, les *Grillons* et les *Sauterelles*.

Les *Courtilières* habitent des trous qu'elles se creusent dans la terre. Lorsque ces trous sont trop profonds pour qu'on les en tire avec une bêche, on y verse de l'eau sur laquelle on a répandu un peu d'huile. Dès que les courtilières se sentent inondées, elles sortent de leur retraite, s'imprègnent de l'huile qui surnage et meurent de suite. Comme elles ont, ainsi que les genres suivants, l'abdomen très gros et très mou, on les jette dans la liqueur.

Les *Grillons* se plaisent dans les bruyères ou les sols arides, sur le penchant des coteaux peu élevés et tournés au midi. Leur chant continuel fait aisément découvrir leur retraite, consistant en un petit trou rond, profond de 13 à 16 centimètres, creusé dans la terre. Quand on l'a découvert, on y introduit la tige mince d'une graminée ; le grillon en sort aussitôt et on le saisit au passage. Une espèce habite dans les cheminées de nos maisons, et autour des fours des boulangers.

Les *Sauterelles* et les *Criquets* habitent les prairies, les jardins, les bois et les champs ; ils se nourrissent de feuilles et font quelquefois de grands dégâts. On les prend avec la chape dont on se sert pour les papillons. On pique les criquets et autres espèces à corps dur, et l'on jette dans la liqueur celles qui sont vertes et molles.

§ 4. RECHERCHE DES NÉVROPTÈRES

Quelques-uns de ces insectes ne subissent qu'une demi-métamorphose avant de parvenir à l'état parfait. Les grandes espèces sont souvent parées de brillantes couleurs.

1. Les *Subulicornes* sont aquatiques pendant leur jeunesse ; leurs larves vivent dans l'eau des fossés,

des mares, des étangs et des marais. A l'état parfait, ils sont habitants des airs ; mais c'est toujours au bord des eaux qu'ils se plaisent à voler, et qu'il faut aller les poursuivre avec le filet à papillon. On les pique aussitôt qu'ils sont pris ; mais il faut le faire avec précaution, car l'abdomen vésiculeux de quelques libellules se déforme aisément à la moindre pression. Les *Ephémères* se tiennent aussi près des eaux ; on les trouve souvent sur les buissons, les murs et les troncs d'arbres.

2. Les *Planipennes*. Cette tribu renferme des insectes dont les mœurs sont extrêmement curieuses. On trouve les *fourmis-lions* dans les terrains sablonneux ou la poussière, au pied des vieux murs ou des rochers tournés au midi. Ils sont placés au fond d'un entonnoir artistement creusés par eux dans le sable, et, dans cette embuscade, ils attendent leur proie. Tous ces insectes, à l'état parfait, volent avec assez de rapidité et se chassent comme les papillons. Les *hémérobes* habitent sur les arbres, dans les jardins, les bois, principalement ceux de pins et de sapins. Souvent ils viennent dans nos appartements, surtout au printemps et en automne.

Les *ascalaphes* volent ordinairement dans les prairies marécageuses et sur le bord des rivières. Les *panorpes* se tiennent dans les buissons et dans les haies des jardins. Les *raphidies* vivent sur les fleurs, et de préférence sur celles des chardons. Les *termites* ou *fourmis blanches* ne se trouvent que dans les pays chauds ; quelques espèces, vivant en nombreuse société, se construisent des habitations extrêmement singulières, qu'il faut enlever pour les conserver quand elles ne sont pas trop volumineuses. On tâchera de se procurer des individus de neutres travailleurs, de neutres soldats, de mâles et de femelles ;

comme il n'y a souvent qu'une de ces dernières par chaque habitation, il faudra mettre de la persévérance dans les recherches.

Tous ces insectes se prennent à la chape, comme les papillons, et se piquent de même.

3. Les *Plicipennes*, ou *phryganes*, ressemblent, au premier coup d'œil, à de petites phalènes ; leurs larves vivent dans l'eau, enveloppées dans un fourreau qu'elles traînent avec elles. A l'état parfait, il faut les chercher dans les jardins, les prés humides, les bois placés sur les bords des rivières et des étangs, sur les buissons, les murs et les troncs d'arbres.

§ 5. RECHERCHE DES HÉMIPTÈRES

Les larves de ces insectes naissent comme celles des précédents, si ce n'est que leurs ailes ne sont pas développées, ce qui les rend plus faciles à reconnaître.

1. Les *Géocorises*, généralement connues sous le nom de *punaises*, sont toutes terrestres ; quelques-unes sucent le sang des animaux, mais généralement elles vivent sur des végétaux dont elles sucent la sève avec leur trompe, et chaque espèce sur la plante qu'elle affectionne. Il en est qui sont inodores, d'autres qui répandent une odeur agréable, mais le plus grand nombre sentent très mauvais. Il faut les piquer à mesure qu'on les prend, car la liqueur altère quelquefois leur éclat.

2. Les *Hydrocorises* sont des punaises toutes aquatiques et carnassières. Il faut les prendre avec précaution, car elles piquent fortement ; et, dans quelques-unes, la piqûre est douloureuse comme une blessure d'ortie. On les pêche avec un troubleau, dans les

fossés, les mares et les pièces d'eau où elles se tiennent, et de la même manière que nous l'avons dit pour les autres insectes aquatiques.

Les *Naucores* et les *Nèpes* se tiennent ordinairement dans la vase et nagent assez lentement. On les pêche avec facilité ; mais il n'en est pas de même de quelques autres genres, les *Corises*, les *Notonectes*, etc., qui nagent avec beaucoup de rapidité.

3. Les *Cicadaires* habitent les buissons, les arbres et les herbes. Les cigales se dénoncent elles-mêmes, dans les haies, en été, par un son bruyant et monotone qu'elles produisent au moyen d'un organe fort singulier, situé intérieurement à la base de l'abdomen, de chaque côté.

Le *Fulgore porte-lanterne* répand, dit-on, dans l'obscurité, une lueur plus forte qu'aucun autre insecte phosphorescent, ce qui trahit sa retraite dans les contrées chaudes qu'il habite ; mais ce fait, avancé par tous les entomologistes sur la foi de mademoiselle de Mérian qui en a parlé la première, nous paraît fort douteux.

L'espèce d'Europe se trouve sous le large feuillage des plantes.

Les *Membraces*, les *Cercopes*, les *Tettigones* et quelques autres, habitent l'herbe des prairies, les haies, les buissons et les arbres.

4. Les *Aphidiens*, les *Pucerons*, les *Psylles*, les *Livies*, etc., se rencontrent sur les plantes.

5. Les *Gallinsectes* se tiennent ordinairement appliqués contre les végétaux dont ils sucent la sève au moyen de leur trompe. Les *Cochenilles* vivent sur les plantes de la famille des cactiers.

§ 6. RECHERCHE DES HYMÉNOPTÈRES

Les insectes de cette famille sont tous assez remarquables par l'étranglement de leur abdomen près du thorax, plus encore par le dard aigu dont la plupart sont armés, et avec lequel ils font des piqûres très douloureuses. On les chasse avec une chape à papillons ou des pinces à filet ; et, pour les saisir, on se sert de petites pinces ou de brucelles, avec lesquelles on les serre sous la poitrine, afin de les tenir fermes pour les piquer, sans risquer de les gâter.

Quelques espèces vivent en société, d'autres se construisent un nid avec beaucoup d'art. Ordinairement, ils se nourrissent du pollen des fleurs, mais cependant plusieurs espèces sont carnassières.

Les *tendrèdes*, les *cimbex*, les *mégalodontes*, etc., se tiennent sur les arbres, les buissons et les fleurs. Quelques espèces se trouvent sur les gazons et les herbes des prés, d'où elles s'envolent dès qu'on en approche.

Les *sirex* et les *urocères* habitent sur les arbres et les fleurs, souvent dans les forêts. Ils déposent leurs œufs sur les arbres, dont leurs larves dévorent les fleurs. Leur vol est très rapide, aussi les prend-on fort difficilement.

Les *ichneumons* vivent sur les fleurs, les arbres, les buissons, les plantes basses, en un mot, partout où ils espèrent trouver des chenilles pour déposer leurs œufs dans leur corps. Quand on élève des chenilles de *sphinx* pour obtenir des papillons très frais, il n'est pas rare de voir sortir de la chrysalide, au lieu du beau sphinx que l'on attendait, cinq ou six ichneumons dont les larves se sont nourries de la substance de la chenille.

Les *cynips* habitent les arbres, particulièrement les chênes, les saules et les églantiers ; ils piquent et entaillent ces végétaux afin d'y placer leurs œufs, ce qui occasionne des excroissances qui prennent différents noms, comme par exemple : le bédéguar du rosier, les pommes de chêne, les noix de galle, etc. Les larves de quelques genres voisins détruisent les œufs des chenilles et les pucerons.

Les *chalcides*, les *leucopsis*, etc., habitent les buissons, les plantes, les arbres. On en voit quelques espèces parcourir les chemins à la manière des chiens de chasse, pour quêter les chenilles et les araignées, qu'elles tuent et emportent dans des trous qu'elles creusent dans la terre. Les larves de quelques autres espèces vivent dans les chenilles.

Les *chrysis* sont généralement parés de brillantes couleurs. On les cherche sur les fleurs, les palissades des jardins, les murs, et partout où ils peuvent être attirés par des chenilles.

Parmi les espèces qui vivent en société, il faut chercher dans les bois les *fourmis*, les *polyergues*, les *ponères*, les *myrmices*, etc., appartenant presque tous aux pays chauds. Le naturaliste qui voudra se faire une collection intéressante, devra se procurer, de chaque espèce, un mâle, une femelle et un neutre.

Les *sphex*, les *bembex*, les *crabrons*, les *mellines*, les *pompilles*, portent un aiguillon très douloureux ; ils vivent sur les fleurs, et se rencontrent fréquemment dans les prairies sèches, sur la lisière des bois, dans les taillis d'un an, et même dans les jardins. Les femelles creusent une petite habitation dans la terre ou dans le bois pour y déposer leurs œufs ; elles font constamment la chasse aux chenilles et aux araignées.

Les *guêpes*, les *eumènes* et les genres voisins, ont également un aiguillon redoutable. Beaucoup de ces insectes vivent en société, dans la terre, les trous d'arbres, les vieilles murailles, ou sur les arbrisseaux, aux branches desquels ils suspendent leur nid, fait d'une sorte de papier gris ; ils sont très voraces et fréquentent les vergers, les jardins, les vignes et surtout les treilles, pour en dévorer les fruits. Ils attaquent aussi les mouches et autres insectes. Il sera bon, toutes les fois qu'on le pourra, d'avoir un échantillon de leurs habitations.

Les *Mellifères* renferment un grand nombre de genres, parmi lesquels les *andrènes*, les *halictes*, les *panurges*, les *nomades*, les *mégachiles*, les *bourdons* et les *abeilles ;* ils ont des mœurs assez variées, car les uns vivent solitaires, et les autres en société. Mais comme tous vivent également de la liqueur sucrée qu'ils recueillent dans le calice des fleurs, tous fréquentent les mêmes localités.

On les trouve donc sur les fleurs dans les prairies, les champs, la lisière des bois, les récoltes de sarrasin pendant la floraison, etc. Les espèces les plus rares se rencontrent dans les bruyères, les pâturages et les taillis nouvellement coupés, sur la pente des montagnes regardant le midi. On les prend avec le filet à papillon ou les pinces à filet (fig. 9 et 10) ; on les saisit sous la poitrine avec des brucelles, et on les pique sur le thorax.

§ 7. RECHERCHE DES LÉPIDOPTÈRES

Les papillons sont, sans contredit, les plus beaux insectes ; aussi sont-ils recherchés par tous les jeunes entomologistes. On les divise en trois grandes sections : les *Diurnes*, les *Crépusculaires*, les *Nocturnes*.

Les *Diurnes* volent le jour. Leurs ailes sont aussi vivement colorées dessous que dessus. Leurs chenilles

ont seize pattes, et leurs chrysalides sont rarement
enveloppées dans une coque. Le plus ordinairement
celles-ci sont nues, anguleuses et suspendues par l'extrémité postérieure.

Les *Crépusculaires* ne volent, pour la plupart, que
le soir et le matin pendant le crépuscule ; leur vol est
très rapide et fait entendre une sorte de bourdonnement. Leurs chenilles ont toujours seize pattes, et
leurs chrysalides, enveloppées dans une coque de soie,
ou cachées dans la terre, ne sont jamais anguleuses.
Parmi les crépusculaires, on remarque surtout les
sphinx, dont les chenilles portent, pour la plupart,
une sorte de corne arquée près de la queue.

Les *Nocturnes* ne volent que la nuit, ou au moins
après que le soleil est couché. Plusieurs manquent
de trompe, et quelques femelles n'ont pas d'ailes.
Leurs chenilles ont de dix à seize pattes. Ordinairement elles se filent une coque de soie, et leurs chrysalides ne sont pas anguleuses.

1° *Chasse aux papillons.*

L'amateur doit commencer ses excursions dès le
commencement du printemps, et les continuer jusqu'aux premières gelées d'automne ; car, chaque mois,
chaque quinzaine de l'année, voit éclore les espèces
qui lui sont propres, et qui ne paraissent ni plus tôt,
ni plus tard.

Les papillons de jour se rencontrent sur les fleurs
qui embellissent la lisière des bois, sur le tapis
émaillé des prairies, dans les champs, surtout pendant la floraison de récoltes légumineuses, telles que
les luzernes et les trèfles, dans les jardins, et enfin sur
les troncs d'arbres dont les feuilles ont nourri leurs
chenilles. C'est auprès des peupliers qu'il faut aller

chercher les *mars* changeants et jamais ailleurs ; il en est de même de la plupart des espèces que l'on ne trouve jamais qu'auprès de la plante où fut placé le berceau de leur enfance. Les seuls moyens de s'en emparer lorsqu'on les a découverts, c'est d'attendre qu'ils soient posés, de s'en approcher avec précaution pour ne pas les effaroucher, et de les saisir avec le filet. Quelques personnes les poursuivent pendant leur vol capricieux, et les saisissent dans l'air avec beaucoup d'agilité et d'adresse.

Les papillons crépusculaires et les nocturnes, ne sortant de leur retraite que la nuit, seraient très difficiles à chasser si l'on suivait la même méthode que pour les papillons de jour. On doit les chercher dans les lieux ombragés ou même obscurs, et on les y trouve appliqués contre les vieilles écorces, les murailles, les rochers : ils sont dans un état d'immobilité parfaite, ce qui donne la plus grande facilité pour s'en saisir, et même pour les piquer sans chercher à s'en emparer avant. Mais cette petite manœuvre demande de la dextérité et de l'habitude, car sans cela l'insecte fait un mouvement, l'épingle glisse sur son thorax, et il s'envole. Si l'on craignait de le manquer, il vaudrait beaucoup mieux le couvrir d'abord avec le filet, et le piquer ensuite.

Les *sphinx* et quelques autres crépusculaires sortent de leur retraite à la nuit tombante, et viennent voltiger autour des fleurs d'onagre, des belles-de-nuit et autres plantes d'agrément cultivées dans les jardins. Il faut aller les y attendre, s'embusquer sans faire le moindre mouvement, et les saisir rapidement au vol avec le filet.

La plus grande partie des *phalènes* se tiennent pendant le jour appliquées sous les feuilles, dans les buissons et les haies les plus épaisses, où l'œil ne saurait aller les découvrir; il faut les en faire sortir en battant le feuillage avec un bâton, tandis que de l'autre main on saisit avec le filet tout ce qui s'en échappe. Enfin, lorsque l'air est calme et la nuit très noire, on place un flambeau dans les lieux bas et découverts, on en recouvre la flamme avec un abat-jour en papier clair, un globe ou un verre de lampe, et l'on voit aussitôt une grande quantité de papillons venir voltiger autour de la flamme jusqu'à ce qu'ils soient pris.

On peut se procurer de très beaux papillons de nuit par deux moyens fort simples. Dans le berceau de verdure d'un jardin, on dépose une veilleuse allumée dans un verre, et on la recouvre d'un entonnoir en verre pour empêcher le vent de l'éteindre. On la laisse ainsi brûler toute la nuit. Le lendemain le feuillage des arbres, leur tronc, et jusqu'à la charpente du berceau sont pour ainsi dire couverts de jolies *phalènes* qui y ont été attirées pendant la nuit.

On place également une veilleuse dans un appartement donnant dans la campagne, puis on laisse les croisées non pas ouvertes, mais entr'ouvertes, afin qu'il ne reste que quelques centimètres d'intervalle entre les deux battants, qui forment ainsi comme une ouverture de nasse. Le lendemain, on trouve beaucoup de *phalènes* contre la tapisserie et les corniches du plafond, et même des *sphinx*, mais plus rarement. En employant ces deux procédés, on est bien sûr de se procurer assez promptement toutes les espèces de phalènes vivant dans le canton.

Lorsque l'on tient un papillon dans la poche de la chape, il faut le tuer de suite pour empêcher qu'il se brise les ailes en se débattant, ou qu'il se décolore, car on sait qu'il ne doit son éclat qu'à une poussière très fine que le moindre attouchement imprudent enlève sans retour. Pour cela, on prend la poche par le

milieu avec la main gauche (fig. 15 et 16), tandis
qu'avec la main droite on force tout doucement l'animal
à gagner le fond ; alors, avec le pouce et l'index on
saisit sa poitrine dessous les ailes, en les rapprochant
l'une de l'autre sur le dos, et on presse, avec la précaution de ne pas l'endommager, jusqu'à ce qu'il soit
mort. Lorsqu'il ne fait plus aucun mouvement, on le
fait tomber dans la main gauche en renversant le filet
de la main droite, et, avec une épingle proportionnée

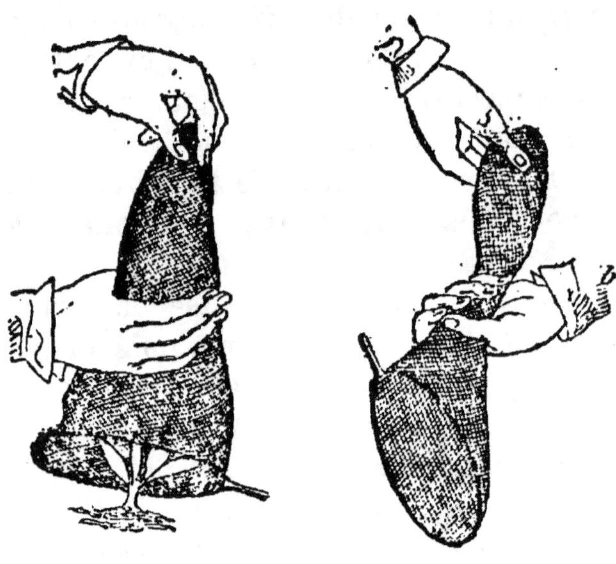

Fig. 15.   Fig. 16.

à son volume, on l'enfile au travers du thorax, entre
la tête et le corps, et on le pique sur le liège de la
boîte.

Quelques espèces ont la vie extrêmement dure, et
cette précaution n'est pas suffisante pour les en priver
sur-le-champ. On emploie un autre moyen qui consiste à leur passer une épingle au travers de la poitrine, au-dessous de l'insertion des ailes, afin de maintenir celles-ci en position, de les empêcher de se gâter

en battant continuellement sur le liège de la boîte. Enfin, ou emploiera tous les moyens que l'on pourra imaginer pour leur conserver de la fraîcheur et de l'éclat, sans lesquels ils perdent toute leur valeur. Ceux qui ont le corps mince et délié se dessèchent très promptement, et pour peu qu'on les conserve trop longtemps dans la boîte de chasse, leurs ailes refusent de prendre une bonne attitude quand on veut la leur donner. Il faut donc chercher à leur faire prendre cette attitude, autant que possible, dans la boîte même.

« Quand nous foulons sous nos pieds, dit Shake-speare, un insecte sans défense, il éprouve des angoisses aussi vives, des souffrances aussi cruelles, que le géant atteint d'une blessure mortelle. » En outre, en se débattant contre la mort, il est rare qu'il ne gâte pas ses couleurs.

Pour tuer rapidement les insectes et sans les endommager, voici le procédé recommandé par John Coakley Lettsom : « Il faudra, dit-il, les attacher sur un bouchon de liège du côté qui doit faire face au fond d'un bocal de verre dont il bouchera bien exactement l'orifice ; mettre dans le bocal un peu de soufre, et l'échauffer par degrés jusqu'à ce que la vapeur du soufre s'exhale. Dans ce moment, l'insecte perdra la vie sans que la beauté de ses couleurs soit endommagée.

Mais tous ces moyens ne suffisent pas encore pour se procurer les espèces les plus précieuses ; il faut nécessairement élever des chenilles, et comme cette matière n'a encore été traitée dans aucun ouvrage français, nous allons lui donner le développement convenable et en faire un article particulier. Un auteur allemand, M. Théodore Thon, bibliothécaire de la Société minéralogique de Iéna, dans la traduction de cette section de notre ouvrage, qu'il a publiée en Allemagne, a considérablement augmenté notre article de *l'élevage des chenilles* ; mais malheureusement cet homme de lettres s'est abandonné, comme il est facile de s'en apercevoir, aux élans d'une imagination ingénieuse, et sa théorie sur la plupart des points, se trouve continuellement en contradiction avec l'expérience. Il en résulte que nous ne profiterons pas de son travail, au moins dans ce chapitre.

2° *Elevage des chenilles*.

On se procure des chenilles en allant les chercher sur les végétaux dont elles se nourrissent ; car on sait que ces petits animaux ne se rencontrent guère que sur la plante que chaque espèce affectionne, et jamais sur une autre. Nous allons, pour exemple, indiquer au lecteur quelques végétaux sur lesquels il doit fixer ses recherches s'il veut trouver les espèces les plus rares ; mais, avant tout, il faut l'instruire des signes auxquels il reconnaîtra qu'une plante recèle dans son feuillage une ou plusieurs chenilles.

L'attention se dirigera d'abord sur les arbres, arbustes et arbrisseaux isolés, c'est à dire éloignés d'autres individus de même espèce ; la raison en est que beaucoup de papillons quittent peu les lieux qui les ont vus naître, et que, ne trouvant dans les environs qu'un arbre de l'espèce dont ils se nourrissent, ils sont obligés de s'y réunir en grand nombre : on ne les cherchera jamais sur les végétaux ombragés, ou à des expositions froides et tournées du côté du nord.

Avant de chercher dans le feuillage, on regardera sur la terre au pied du végétal, et si l'on n'y voit aucun excrément de chenille ressemblant à de petites graines noires, on peut porter ailleurs ses recherches.

Dans le cas où l'on y en trouverait, on visiterait les branches, et l'on chercherait l'insecte sur celles dont on apercevrait les feuilles rongées et comme déchirées. Le soir, un quart d'heure après le soleil couché, ou le matin avant son lever, on serait sûr de le trouver, mais pendant la journée il en serait autrement, par la raison que plusieurs espèces fuient les rayons du soleil, et descendent de l'arbre le matin pour n'y remonter que le soir ; elles s'enfoncent dans la terre ou se cachent sous quelque pierre à proximité. C'est donc là qu'il faudra les aller saisir. Pour ne pas s'exposer à des erreurs, c'est à dire à élever des larves pour des chenilles, voici les caractères auxquels on distinguera ces dernières : leur corps est nu ou couvert de poils, d'épines simples ou branchues, etc.; il en est de forme allongée, presque cylindrique, et composée de douze anneaux, avec neuf stigmates de chaque côté : toutes ont seize pattes au moins, dont six écailleuses attachées aux trois premiers anneaux, et dix membraneuses.

L'amateur doit diriger ses recherches ainsi qu'il suit, pour se procurer les espèces remarquables :

Le *papillon flambé*, sur le prunier et le pêcher ; — le *machan*, sur la carotte, le fenouil et l'aneth. Les chenilles de ces deux espèces se reconnaissent parfaitement aux deux cornes molles, d'un rouge orangé, ayant la forme d'un Y, placées entre leur tête et le premier anneau du corps. — Sur l'ortie, le *morio ;* — le *mars*, sur le peuplier ; — sur la violette, le *nymphale petite-violette ;* — le *polyommate strié*, dans les graines de baguenaudier ; — le *sphinx tête de mort*, sur la pomme de terre ; — le *smérinthe du tilleul*, sur cet arbre et plus fréquemment sur l'orme ; — l'*épiale du houblon*, dans la racine de cette plante ; — les *cossus gâte-bois*, dans le bois du saule ; — le *bombyx grand-paon,* sur le poirier et sur l'orme ; — le *bombyx feuille-morte,* sur la ronce et le prunier ; — le *bombyx processionnaire,* sur le chêne ; — la *phalène en faucille,* sur l'aune et le bouleau ; — la *phalène en doloire,* sur le chêne ; — l'*herminie barbue,* sur les bruyères ; — la *botrys pourprée,* sur le chêne ; — la *pyrale des pommes,* dans la pomme ; — celle du rosier, dans le fruit du rosier ; — la *teigne fripière,* sous les meubles, dans les appartements ; — la *teigne des tapisseries,* dans les étoffes de laine ; et enfin beaucoup d'espèces sur les plantes dont elles portent les noms.

On voit, par le peu que nous venons de dire, de quelle manière on doit diriger ses recherches pour en obtenir des résultats satisfaisants ; surtout, il ne faut pas explorer seulement le feuillage des végétaux.

Comme les chenilles sont extrêmement délicates, que la moindre pression, le moindre froissement les ferait infailliblement périr, il faudra mettre beaucoup de précautions pour s'en emparer. Le moins que l'on pourra, on les saisira avec les doigts, non pas qu'elles soient dangereuses, comme le pensent quelques personnes, mais seulement pour ne pas les blesser. On coupera la tige ou la feuille sur laquelle on en trouvera une, et on la mettra avec elle dans une boîte faite exprès pour cet usage. Cette boîte, en carton ou en bois, sera, comme nous l'avons dit, toujours entretenue très propre et sans la moindre odeur ; elle offrira plusieurs cases à l'intérieur afin que les chenilles ne puissent pas communiquer les unes avec les autres ; et enfin, en les apportant, on prendra garde de les trop ballotter.

Arrivé chez soi, on placera chaque espèce dans des boîtes séparées, larges de 30 centimètres, et hautes de 50 centimètres, vitrées sur le devant pour donner du jour, et criblées de petits trous sur les côtés et le dessus, afin de faciliter autant que possible la circulation de l'air. Le fond de la boîte sera recouvert de trois ou quatre doigts de sable très fin et très sec, pour que les chenilles puissent s'y enfoncer facilement lorsque les espèces qui ont l'habitude de s'enterrer pour se chrysalider voudront se métamorphoser ; dans un des coins, on placera même de petits brins de bois pourri, parce que quelques chenilles s'enveloppent d'une sorte de fourreau de ces matériaux pour se chrysalider. La vitre formant le devant de la boîte sera ajustée de manière à s'ouvrir commodément, et par conséquent à servir de porte. Enfin, on placera dans l'intérieur une petite bouteille à goulot étroit, pleine d'eau, dans laquelle on enfoncera la base des rameaux destinés à nourrir les élèves. Nous avons dit que quelques espèces se font la guerre ; l'expérience apprendra suffisamment à les reconnaître ; on les placera dans des cellules à part, pratiquées pour cela dans les boîtes. On peut aussi faire construire, pour cet élevage, des boîtes spéciales garnies en toile métallique, comme celle que représente la figure 17, ou même placer la chenille et la plante qui la nourrit sous un petit cône de la même toile métallique, comme celui que représente la fig. 18.

Nous avons supposé qu'en prenant des chenilles à la chasse, on aura remarqué avec la plus grande attention la plante dont chacune se nourrit. Tous les quatre ou cinq jours, au plus tard, on ira leur chercher de nouveaux rameaux de ces plantes, et on les leur donnera en même temps qu'on ôtera ceux sur lesquels elles se seront déjà nourries depuis le même temps. On ne tardera jamais davantage, par la raison que lorsque les tiges restent trop longtemps dans l'eau, elles absorbent une grande quantité d'humidité qui

communique aux insectes une diarrhée presque toujours mortelle.

Il faudra avoir soin de mettre dans la boîte quelques petits morceaux de rameaux secs, pour leur servir
de communication lorsqu'elles voudront descendre du
feuillage sur le sol, et aussi pour leur fournir des brindilles où elles puissent commodément établir leurs
coques, ou suspendre leurs chrysalides.

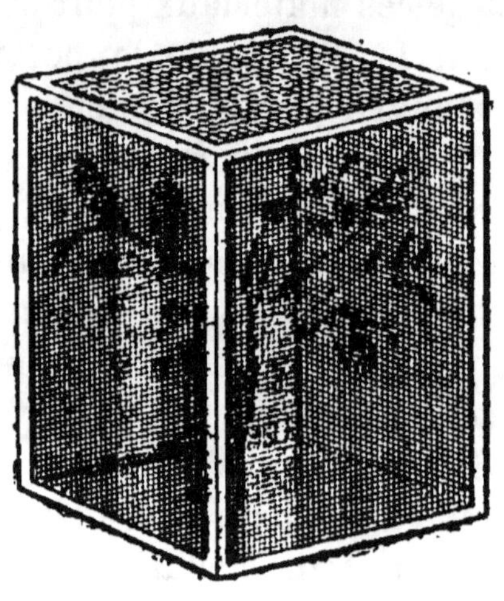
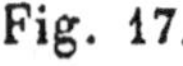
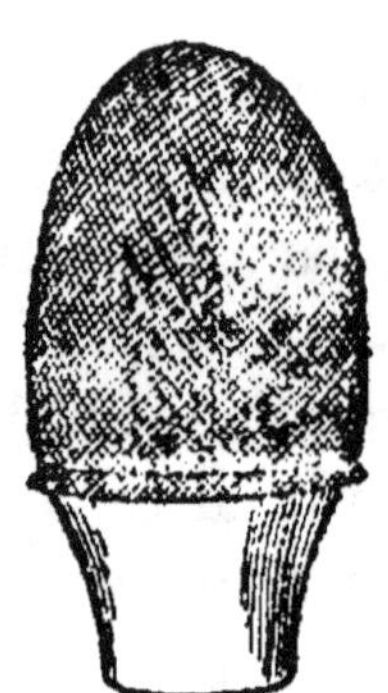

Fig. 17.　　　　　　　　　　Fig. 18.

Autant qu'on le pourra, les boîtes seront placées
dans un lieu aéré, entièrement exposé aux influences
atmosphériques, excepté à la pluie. Les chenilles
nourries dans des appartements fermés sont très sujettes à avorter au moment de leur métamorphose, et
la raison en vient sans doute du défaut d'air et des
exhalaisons de carbone résultant de la respiration de
l'homme, ou des mauvaises odeurs auxquelles ces
petits animaux sont extrêmement sensibles.

Les chenilles mettent plus ou moins de temps pour
terminer leur croissance, mais il leur faut rarement

moins de quinze jours, et, plus rarement encore, plus
de trente à quarante. Deux ou trois jours avant leur
première métamorphose, elles cessent de manger, et
se promènent dans tous les coins de la boîte avec une
inquiétude visible. C'est principalement alors qu'il
faut les traiter avec beaucoup de ménagement et ne
pas les toucher avec les doigts, et cela pour deux raisons : la première est que leurs organes ont acquis un
tel degré de sensibilité, que le moindre attouchement
les blesserait ; la seconde, c'est que leur contact devient douloureux pour les personnes qui touchent les
espèces velues. Voici pourquoi : les poils qui couvrent
la plupart des chenilles sont raides et fort aigus ; au
moment où l'animal va se métamorphoser, ils se détachent de sa peau avec la plus grande facilité, s'in-
troduisent dans l'épiderme de la main indiscrète qui
veut saisir la chenille, y causent une rougeur douloureuse, de petits boutons, et souvent même de l'enflure.
Leur extrême finesse empêche qu'on puisse les apercevoir et les arracher ; souvent même la main les porte
sans attention dans les parties du corps où la peau est
plus délicate, par exemple au cou et aux paupières, et
où, par conséquent, l'incommodité devient plus désagréable. Chaque fois qu'une chenille change de peau,
ce qui arrive trois ou quatre fois dans le cours de sa
vie, elle peut faire éprouver le même inconvénient, et
c'est là sans doute ce qui a inspiré à beaucoup de personnes un si grand éloignement pour ces animaux.

Soit qu'une chenille se métamorphose à nu, soit
qu'elle s'enveloppe avec une coque de soie, elle reste
plus ou moins longtemps en état de chrysalide. Beaucoup de papillons diurnes éclosent après quinze à
vingt jours. Les papillons de nuit mettent quelquefois
plus de temps pour opérer leur métamorphose, et les
sphinx restent ordinairement chrysalidés pendant sept

ou huit mois, quelquefois plus. Nous avons conservé des chrysalides de grand paon pendant deux ans, et elles nous ont donné de beaux papillons au moment où nous n'y comptions plus. Toutes les chenilles qui se chrysalident en automne ne sortent guère de leur état de nymphe avant le printemps suivant. On conçoit que, pendant l'hiver, les boîtes où sont renfermés ces insectes doivent être mises à l'abri des gelées, mais dans un endroit sec et aéré. Cependant voici un fait qui nous est arrivé. et qui prouve que les chrysalides craignent peu l'hiver. Nous avions laissé dehors une boîte dans laquelle se trouvaient des chrysalides de sphinx ; pendant des gelées très fortes, il nous vint à l'idée de les visiter, et nous trouvâmes nos chrysalides gelées et dures comme des petits blocs de glace. Les ayant abandonnées dans la boîte, nous ne fûmes pas peu surpris de les voir toutes, au printemps, se métamorphoser en papillons. Nous recommandons ce fait à l'attention des physiologistes.

A mesure que les papillons se dégagent des enveloppes dans lesquelles ils étaient emmaillottés, on les pique comme nous avons dit, et par ce moyen on obtient les individus les plus rares et les plus frais. Quelquefois l'opération par laquelle ils se dégagent de la prison est très difficile pour eux, et il n'est pas mauvais de leur porter un peu d'aide. Avec des ciseaux on élargit le trou que l'insecte, en se chrysalidant, a pratiqué à l'un des deux bouts de sa coque, mais on laisse dessus la pièce en forme d'opercule.

On peut, en chassant, se procurer un assez grand nombre de chrysalides que l'on placera, à mesure qu'on les trouvera, dans une boîte remplie de mousse très sèche, afin de les empêcher de ballotter et de rouler les unes sur les autres pendant le transport. Il faut les chercher sous les chaperons des murailles tournées au midi, contre les troncs d'arbres, sous les vieilles écorces et les pierres, enfin dans les trous et les parties de rochers abrités de la pluie. Au mois de février, on ira à la recherche des chrysalides de sphinx, au pied des arbres sur lesquels on sait que vivent leurs chenilles. On les y trouvera enterrées de 4 à 5 centimètres au plus de profondeur, et l'on reconnaîtra parfaitement la place où il faut creuser pour les découvrir, à la finesse et à la légèreté de la terre, formant comme une espèce de poussière noire qui n'est jamais recouverte d'herbe. C'est principalement à travers les petites brindilles joignant le tronc et sortant des racines, que l'on sera certain de faire des recherches fructueuses. Les nymphes trouvées de cette manière seront placées dans les boîtes, et seront traitées de la même manière que celles des élèves. « Dans les climats chauds, dit M. Lettsom, les insectes de chaque espèce, particulièrement les plus gros, sont sujets à être mangés des fourmis et autres petits insectes, surtout avant qu'ils soient parfaitement desséchés. Pour éviter cet inconvénient, il faudra suspendre au plafond, par le moyen d'une ficelle, le morceau de liège sur lequel on aura attaché les insectes pour s'y dessécher, et enduire cette ficelle de glu ou autre substance visqueuse, afin que cette vermine vorace soit arrêtée au passage, dans le cas où elle chercherait à aller du plancher au morceau de liège le long de la ficelle. » C'est particulièrement dans les pays où abondent les termites qu'il faudra prendre cette précaution indiquée par M. Lettsom, non pas tant pour les chrysalides vivantes que pour toutes les collections que l'on aura recueillies. Les termites, ou fourmis blanches, se glissent par un petit trou, ou bien elles en font un elles-mêmes dans les boîtes du bois le plus dur, et, dans une nuit, elles peuvent détruire entièrement une collection que l'on aura mis plusieurs années à rassembler.

§ 8. RECHERCHE DES RHIPIPTÈRES

Cette classe ne se compose que de deux genres d'insectes très petits, dont les larves vivent en parasites entre les écailles de l'abdomen de quelques espèces de guêpes et d'andrènes. Ils ressemblent imparfaitement à de petites cigales, et ils sont fort rares dans les collections, où l'on ne peut guère les conserver que sur du papier-glacé. Nous parlerons de ce moyen à la page 196.

§ 9. RECHERCHE DES DIPTÈRES

Les insectes à deux ailes ont été moins étudiés, et cependant ils offrent autant d'intérêt à l'observateur que ceux des autres classes. Ils ont aussi l'avantage de se dessécher aisément sans trop se déformer, et de se conserver très bien dans les collections. On les pique sur le thorax et on les prend avec les pinces à filet et la chape à papillon.

1. Les *Némocères*, si reconnaissables à leur corps allongé, à leur thorax bossu, et à leurs pattes longues et déliées, se trouvent généralement dans les lieux frais, humides, à proximité de l'eau où vivent la plupart de leurs larves. Ils volent ordinairement le soir et le matin, souvent en troupes nombreuses. Les *cousins*, les *moustiques* et quelques autres, sont très incommodants par leurs piqûres. Ils déposent leurs œufs, assez gros comparativement à la taille de ces insectes, à la surface des eaux stagnantes, et les col-

lent les uns contre les autres en petits groupes, affectant les formes les plus bizarres, tantôt d'une chaloupe, d'un radeau, etc. Il est important que le naturaliste qui n'est pas seulement un préparateur, joigne un de ces groupes à l'insecte qui l'a fait, ou au moins qu'il en prenne une note descriptive.

2. Les *Tanystomes* varient beaucoup dans leurs habitudes. Les uns se trouvent dans les bois, d'autres dans les prairies, les marais, quelques-uns sur les fleurs. Il en est qui vivent du sang des animaux, les *taons*, par exemple ; d'autres de cadavres, d'excréments, etc. Il en résulte qu'on les rencontre à peu près partout.

3. Les *Notacanthes* doivent se chercher sur le bord des étangs, des mares et des rivières, parce que leurs larves vivent dans l'eau, et que l'insecte parfait ne s'éloigne guère du lieu de sa naissance.

4. Les *Athéricères*, tels, par exemple, que les mouches, se trouvent sur les matières animales en putréfaction, tandis que d'autres habitent sur les fleurs.

5. Les *Pupipares* sont parasites et se trouvent sur les mammifères et les oiseaux ; quelques espèces manquent d'ailes et de balanciers. Souvent la volaille attire dans nos maisons ces insectes très incommodes.

Nous ne finirons pas cet article des insectes sans donner quelques conseils sur la manière de piquer les grosses espèces, surtout les coléoptères, dans la boîte de chasse, afin qu'ils ne puissent se détacher et incommoder les petits. On commence par leur enfoncer une épingle dans l'élytre droite (ou le thorax si l'insecte n'est pas un coléoptère), et on la fait ressortir entre la seconde et la troisième paires de pattes. Lorsque cette opération est faite, on retire l'épingle et on retourne l'insecte sur le dos, on enfonce l'épingle dans le trou déjà fait de manière à la faire sortir en dessus en suivant la même route, et l'on fixe ainsi l'animal sur le dos. S'il n'y a rien à sa portée après quoi il puisse s'accrocher avec les crochets des tarses, il lui sera impossible de se détacher, et par conséquent de causer le moindre dégât.

Indiquons ici une chasse très amusante et en même temps très productive : c'est la chasse de nuit, à la lanterne. On étend un drap blanc sur le sol et surtout au milieu ou aux abords d'un bois ; au milieu de ce drap, on place une lanterne, donnant une belle lumière. Au bout de quelques instants, on voit arriver une foule d'insectes qui viennent curieusement voler autour de la lumière ; la récolte alors est des plus faciles. M. Verreaux, qui nous a raconté cette chasse, qu'il a souvent pratiquée dans ses nombreux voyages, nous disait qu'il ramassait, à poignée, les insectes qui tombaient sur le drap.

§ 10. RECHERCHE DES ARACHNIDES.

Tous les animaux de cette classe sont carnassiers et se nourrissent de proies vivantes. Les uns respirent par des poumons, les autres par des trachées.

1. Les *pulmonaires* constituent une grande famille généralement connue sous le nom d'*araignées*. Dans les pays chauds, la piqûre des grandes espèces passe pour venimeuse : aussi faudra-t-il les prendre avec précaution.

2. Les *araignées fileuses* tendent des soies pour saisir au passage les mouches ou autres insectes dont elles se nourrissent. On les trouve dans les caves et les appartements abandonnés, dans les bois, les jardins,

les rochers, les ruines, et généralement partout ; on s'en empare avec la pince à filet, ou même avec la chape à papillons, quand elles sont placées au milieu d'une toile légère, comme l'*épeire-porte-croix*, si commune dans nos jardins au mois de septembre. Nous avons fait sur cette espèce une observation curieuse, et qui pourrait également se faire sur plusieurs autres araignées, sans aucun doute. Ses œufs, fort nombreux, sont renfermés dans un gros cocon de soie jaune et d'un tissu très lâche. Ils éclosent au printemps, et les petits se nourrissent, pendant les deux ou trois premiers jours, de la coque même de l'œuf qui les renfermait ; ils mangent ensuite la soie du cocon, et ce n'est que lorsqu'ils ont dévoré cette singulière provision, qu'ils se séparent et se dispersent. Devenue grande, l'épeire se tient au milieu d'une toile tendue verticalement d'un buisson ou d'un arbre à un autre. Si elle est inquiétée et que sa toile ait été rompue plusieurs fois, elle avale tous ses fils pour refaire sa provision de soie, qui, sans cela, serait bientôt épuisée, et elle va tendre de nouveau ses rets dans un lieu plus propice.

Quelques espèces habitent de petites retraites qu'elles se creusent dans la terre et qu'elles tapissent de soie : par exemple les *mygales*. Dans les pays chauds, on trouve une espèce de ce genre dont les fils sont assez forts pour arrêter des colibris qui deviennent sa pâture. Sa morsure passe pour très venimeuse.

D'autres araignées ne filent que peu ou point, et vont à la chasse de petits animaux dont elles font leur pâture. On les trouve courant dans les terres, les prés, les bruyères, dans les troncs d'arbres, sous les vieilles écorces, les pierres, etc. Quelques-unes de celles-ci marchent en avant, de côté, à reculons ; d'autres sautent ; toutes sont fort agiles et très difficiles à saisir, si on ne les couvre pas d'une raquette montée en filet.

Lorsqu'on piquera une araignée, on devra avoir égard à la particularité suivante : les animaux de cet ordre ont les yeux sur le thorax ; leur nombre et leur disposition sont un des caractères génériques qu'il importe de conserver intacts. Il faudra donc apporter un grand soin en les piquant.

3. Les *scorpions* appartiennent à cette classe. Quoiqu'on ait beaucoup exagéré le danger de leur piqûre, il faut néanmoins se défier des grandes espèces qui habitent l'Afrique, l'Inde, et généralement les pays très chauds. Les scorpions se trouvent sous les pierres, dans les caves, les celliers, et tous les lieux sombres, où sans cesse ils sont occupés à faire la chasse aux petits animaux. Il faut les prendre avec les pinces à filet pour les saisir avec des brucelles, et les jeter dans la liqueur.

4. Les *arachnides trachéennes* vivent sur la terre, dans les eaux, et en parasites sur d'autres animaux.

5. Les *faux scorpions* sont terrestres. Les *galéodes* se trouvent dans les rochers, les ruines et les bois ; leur piqûre passe pour venimeuse. Les *pinces* habitent les champs, et quelquefois les vieux livres de nos bibliothèques.

6. Les *pycnogonons*, les *proxigiles*, les *nymphons* sont marins. On les trouve sur quelques cétacés, et parmi les algues et autres plantes marines.

7. Les *faucheurs* se trouvent dans les champs. Leurs jambes très longues se détachent avec la plus grande facilité, et remuent longtemps encore après être séparées du corps.

8. Les *mites* sont des animaux extrêmement petits qui se trouvent partout. Beaucoup vivent en parasites sur la peau ou dans les chairs et autres parties des animaux, auxquels elles causent parfois des maladies graves. Il est presque prouvé aujourd'hui que la gale qui attaque les hommes est occasionnée, ou au moins entretenue par une espèce d'acarus que l'on trouve toujours logé dans les boutons.

9. Les *cylaïs*, les *hydrachnes* et les *lymnochares* vivent dans l'eau ou sur l'eau, et nagent avec une grande rapidité. On les trouve dans les mares, les fossés et les petites rivières, où on les pêche avec le troubleau (fig. 8), dont nous avons parlé à la page 146.

10. Les *coris*, les *leptes*, les *atomes* et les *ocypètes*, sont des animaux très petits qui vivent dans l'herbe, et qui souvent s'attachent à la peau des animaux et des hommes, et leur causent de vives démangeaisons. La *lepte d'automne* est très incommode pour cela dans les environs de Paris, où elle est connue sous le nom de *bête rouge*. Le meilleur moyen de s'en débarrasser, quand on en a beaucoup, c'est de se laver avec de l'eau et du vinaigre. On en prend surtout quand on chasse dans des champs de haricots. Ces quatre genres diffèrent principalement des autres arachnides en ce qu'ils n'ont que six pattes.

Les grandes espèces d'arachnides ont ordinairement l'abdomen gros et mou, d'où il résulte qu'on ne peut les faire dessécher sans les déformer entièrement. Il faut donc les jeter dans la liqueur aussitôt qu'on les prend, et les y laisser. Mais cependant, si, pour quelque raison particulière, on se déterminait à les piquer, on le ferait sur le thorax, le plus près possible de l'abdomen (fig. 19 et 20), afin de ne pas gâter les yeux qui sont placés sur le devant, en nombre et dans un ordre qui sert à déterminer le genre de l'animal.

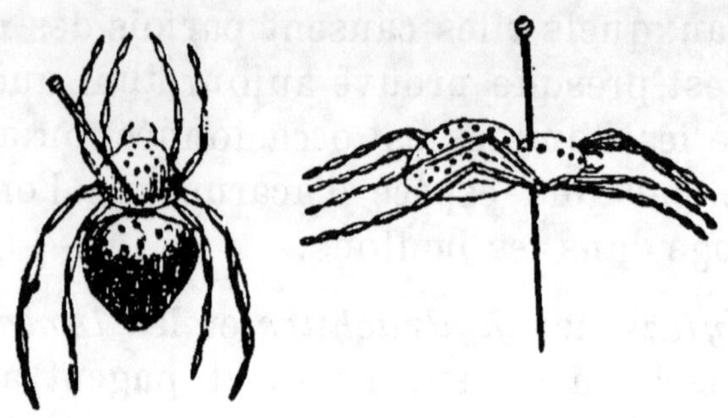

Fig. 19. Fig. 20.

Les espèces à peau dure et coriace, telles que les *scorpions*, les *pinces*, etc., se dessèchent assez bien et peuvent se piquer, mais avec les précautions indiquées plus haut.

Enfin les très petites espèces, telles que les mites, les leptes, l'acarus, ne peuvent se conserver que sur papier-glace, où on les fixe avec une très petite goutte d'eau gommée ou limpide comme le montre la fig. 21. Cette figure représente un très petit insecte *a*, collé avec de la gomme sur un triangle de papier glace *b*,

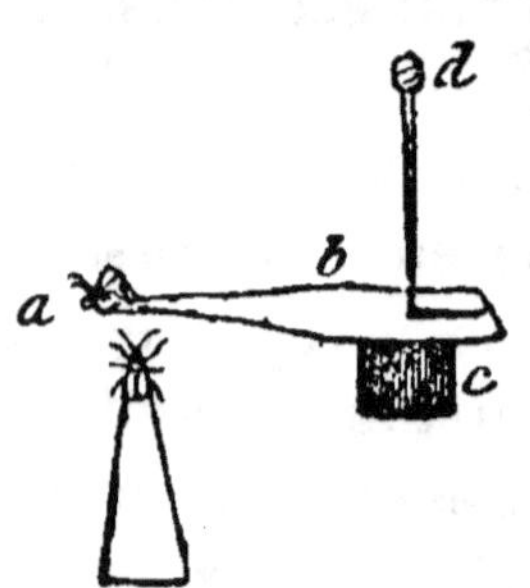

Fig. 21.

maintenu sur un billot de liège ou de moelle de sureau *c*, au moyen de l'épingle *d*, qui sert en même temps à le piquer dans le liège de la boîte où on le conserve.

§ 11. RECHERCHE DES MYRIAPODES

Ces insectes, qui sont d'assez petite dimension, n'éprouvent que des demi-métamorphoses; les petits sortent de l'œuf avec six pieds seulement, les autres se développant avec l'âge. Les uns, les *chilognates,* vivent sous la terre, dans des lieux sablonneux, quelques-uns cependant habitent la mer. Quelquefois leur corps écailleux se roule en boule, ou, dans les espèces allongées, en spirale, comme celui des serpents. La plus grande partie de ces petits animaux se plaisent sur la lisière des bois, au midi, dans les gazons et les feuilles sèches. On les prend sans danger, et on les conserve dans la liqueur, ou bien on les pique sur le second ou sur le troisième anneau, près de la tête.

Les *chilopodes* ont le corps plus large, comprimé, membraneux. On peut, si on le veut, les piquer comme les précédents ; mais en se desséchant ils sont sujets à se déformer, d'où il résulte qu'on les conserve le plus souvent dans une liqueur préparée. Ces animaux courent très vite ; ils sont carnassiers et habitent les lieux obscurs, sous les pierres, les vieilles écorces, dans le fumier, la terre et les détritus des végétaux. Quelques espèces passent pour très dangereuses, mais ce que l'on en dit est fort exagéré. Cependant, même dans le midi de la France, la morsure des grandes espèces est suivie d'accidents assez graves. Il faudra donc ne les saisir qu'avec des pinces.

§ 12. RECHERCHE DES THYSANOURES

Ces insectes n'ont pas de métamorphoses. Leur corps est, dans les *lépismènes,* couvert de petites écailles analogues à celles des papillons, mais ordinairement d'un blanc argenté très brillant. Ils sont très fugaces; aussi faut-il saisir ces petits animaux avec beaucoup de précaution pour ne pas les décolorer. Ils se trouvent ordinairement dans les maisons, dans les vieux châssis de croisées, dans les armoires, sous les planches humides, les pierres, etc. ; ils courent très vite, et quelques espèces sautent très bien.

Les *podurelles* doivent se chercher sur les arbres, sous les écorces et les pierres, sur la surface des eaux dormantes, et souvent sur la neige. Tous ces insectes se piquent au milieu du corps, près de la tête, et ne peuvent pas se mettre dans la liqueur.

§ 13. RECHERCHE DES PARASITES ET DES SUCEURS

Ces animaux vivent sur les hommes, les quadrupèdes, et, en beaucoup plus grand nombre, sur les oiseaux. Leur petite taille les fait dédaigner dans la plupart des collections, et cependant leur étude est pleine d'intérêt.

On les conserve comme nous l'avons indiqué à la page 196, pour les petites arachnides ; cette méthode de conservation, que nous n'avons vue chez aucun préparateur, et que nous n'avons trouvée dans aucun ouvrage, nous est personnelle.

On se procure du papier transparent connu par les graveurs sous le nom de papier-glace. On le coupe en petites bandes ; on place l'insecte sur une de ces bandes ; et on l'y fixe au moyen d'une petite goutte de gomme délayée, très transparente. On pique ensuite la bande de papier-glace dans la collection.

On prépare de la même manière tous les insectes qui sont trop petits pour être piqués.

CHAPITRE VI

Chasse aux Crustacés.

La plupart des genres de cet ordre habitent les eaux, et l'on ne trouve guère dans les terres, surtout à une certaine distance de la mer, que quelques espèces de crabes. Le plus grand nombre des crustacés peuplent les bas-fonds et les rochers couverts par les flots de la mer; quelques-uns vivent dans les rivières, les fontaines et les ruisseaux; tous sont carnassiers et se nourrissent des cadavres d'autres animaux.

Si l'on désire se procurer les espèces terrestres, on doit aller les chercher dans les bois frais et humides, sur le penchant des montagnes, dans les vieux troncs d'arbres, parmi les pierres, dans les trous des rochers, et enfin dans les touffes épaisses d'herbes où ils se tiennent tapis; mais, comme nous l'avons dit, toujours à proximité de la mer, parce qu'ils vont, tous les ans, y déposer leurs œufs. Comme ils marchent ordinairement en troupe, on prolongera ses recherches dans l'endroit où l'on en aura trouvé un, parce que l'on aura la certitude d'y en découvrir plusieurs autres.

Ceux qui vivent dans l'eau douce et ceux qui habitent l'eau salée, ont à peu près les mêmes habitudes, et donnent aussi dans les mêmes pièges. On se procure un cerceau en fer plus ou moins grand, selon la grosseur des espèces que l'on veut pêcher, on y attache une poche en filet et l'on place au milieu un morceau de chair. Par le moyen d'une ficelle, on suspend le cerceau à un long bâton, et on l'enfonce dans l'eau, à l'embouchure d'un ruisseau ou d'une petite rivière, lors de la marée montante, si l'on veut se procurer les espèces marines, ou près d'un groupe de racines, d'un tas de pierres, dans une rivière d'eau froide, limpide et courante, si l'on désire des fluviatiles. Après quelques heures, on vient lever le filet, et l'on est assuré de le trouver couvert d'un grand nombre de crustacés que leur voracité y attire. On sera plus sûr encore de faire une pêche abondante si l'on attache, à côté du morceau de chair servant d'amorce, un petit morceau d'assa fœtida enveloppé dans un chiffon. L'odeur forte et désagréable de cette substance attire les crustacés de très loin.

Ceux qui vivent à de grandes profondeurs sont, entre tous, les plus intéressants et les plus rares ; pour se les procurer, il faut draguer souvent à plusieurs centaines de mètres. Pour cela, on emploie un engin assez simple : on attache un gros paquet d'étoupe au bout d'une corde, puis un plomb suffisant suivant la profondeur et l'on laisse couler ; on traîne le tout en sens divers, et lorsque l'on remonte ce piège, on trouve accrochés après l'étoupe toute espèce de crustacés, que jamais on ne pourrait se procurer autrement. Le fond de la mer renferme encore des richesses immenses, que l'on pourra se procurer par ce moyen, très simple en fait.

Parmi ces animaux, il en est qui s'emparent d'une coquille pour leur servir de retraite. Le bernard l'ermite, et toutes les espèces de son genre, ont la partie inférieure du corps molle et incapable de résister au moindre choc ; ils savent avec adresse s'emparer d'une coquille univalve, s'y loger comme dans un fourreau, pour ne présenter au dehors que la tête et leurs pinces, formidables aux petits insectes dont ils se nourrissent, s'y enfoncer ordinairement lorsque le

moindre danger les menace, la traîner sans cesse avec eux, et enfin la quitter pour en choisir une plus grande lorsque leur corps a pris trop d'accroissement pour sa capacité. Le mérite de ces animaux, dans une collection, consiste presque tout dans la coquille qui leur sert de cuirasse ; il faudra donc la prendre avec eux et ne pas les en déloger.

Quelques crabes, trop faibles pour opposer une résistance victorieuse à leurs nombreux ennemis, se retirent entre les deux valves d'une huître, plus ordinairement d'une moule, y vivent en paisible société avec l'animal auquel la coquille appartient, et restent là comme dans une citadelle inexpugnable, dans laquelle, à la vérité, ils ne sont pas libres d'entrer et de sortir à volonté ; car, pour cela, ils sont obligés de saisir l'instant où la moule entrebâille ses valves pour humer l'eau qui lui est utile. Ceux-là se chercheraient vainement dans les eaux ; on ne les trouvera qu'en visitant avec attention l'intérieur des coquilles bivalves dans certaines saisons connues par les pêcheurs.

Les grandes espèces, telles que homards, langoustes, etc., suivent assez ordinairement la marée montante, et, lorsque la mer baisse, restent à sec dans les parcs des pêcheurs ; c'est là qu'il faut aller les chercher, et le plus souvent on n'aura que l'embarras du choix.

Enfin, le naturaliste ne doit pas laisser une pierre, une racine, un trou creusé en forme de boyau dans la glaise, un rocher, une cavité quelconque, sans le visiter soit sur les bords de la mer, soit dans le lit d'une rivière en pays étranger ; il doit même fouiller dans les algues, la vase et les sables, car, presque toujours, ses peines sont récompensées par une heureuse rencontre.

Quelques auteurs conseillent de faire dessécher les crustacés au soleil, dans un four ou dans une étuve, à mesure qu'on se les procure, et de les conserver ainsi après leur avoir passé un vernis sur toutes les parties du corps. Non seulement nous regardons cette méthode comme mauvaise en préparation, mais même comme mauvais moyen de conservation temporaire, parce qu'elle fait noircir la carapace, occasionne une odeur fétide, et attire les dermestes, qui ont bientôt mangé les attaches des articulations, et séparé toutes les pièces de manière à en rendre la réunion très difficile, quand elle ne devient pas impossible. Si l'on devait conserver quelques jours seulement les crustacés destinés à être montés, il faudrait essayer de les garder vivants. Pour y parvenir, on ferait construire une caisse ou un panier assez grand pour en contenir le double de ce que l'on en aurait ; on remplirait jusqu'à moitié d'algues, de mousses ou d'autres plantes marines fraîches et sortant de la mer ; l'on placerait les animaux dessus, on remettrait un second lit de plantes, puis un nouveau rang d'animaux, et ainsi de suite, jusqu'à ce que la caisse soit aux deux tiers pleine ; alors on achèverait de la remplir avec un nouveau lit d'herbes humides, et l'on presserait le tout assez fortement pour que les crustacés, sans être blessés, ne puissent cependant pas quitter la place où on les aurait fixés ; on arroserait le tout avec de l'eau de mer, on fermerait la caisse, et, dans cet état, on pourrait les faire voyager vivants au moins pendant quinze jours.

Si le transport devait durer plus longtemps, ou si l'on craignait qu'une trop grande chaleur hâtât le moment de leur mort, il faudrait les plonger dans une liqueur spiritueuse et les y laisser, comme nous avons dit pour les reptiles.

Nous devons faire observer que l'on doit mettre une scrupuleuse attention dans le choix des crustacés : tous sont sujets à perdre leurs pattes, les pinces surtout, par divers accidents ; il est vrai qu'elles repoussent assez promptement, mais jamais elles n'atteignent la même grosseur que les premières, ce qui produit un effet désagréable. Le naturaliste choisira donc toujours les individus qui n'auront pas cette difformité ; cependant, s'il ne rencontrait pas un animal qui ait les deux pinces dans les mêmes dimensions, ce ne serait pas une raison pour les abandonner tous, car il existe des espèces chez lesquelles on ne les a jamais trouvées égales. Une autre observation que nous devons faire aussi, c'est que toutes les saisons ne sont pas également favorables pour la recherche des crustacés ; à une certaine époque de l'année, ils quittent leur vieille coquille pour se revêtir d'une nouvelle beaucoup plus brillante en couleur. Autant qu'on le pourra, on saisira ce moment pour s'en emparer, pourvu cependant que leur nouvelle croûte crustacée ait acquis assez de solidité, ce qui n'arrive guère qu'après une quinzaine de jours. Nous ferons encore remarquer que, dans plusieurs espèces, les individus ne prennent tout l'éclat de leurs couleurs que lorsqu'ils ont atteint un âge avancé ; ainsi, sous ce rapport, il sera donc toujours avantageux de se procurer les plus vieux, c'est à dire ceux qui auront atteint la plus grande taille.

Les crustacés qui habitent les eaux douces forment une sous-classe assez nombreuse ; ces petits animaux se rencontrent dans les fontaines, dans les ruisseaux dont les eaux courantes sont vives et pures, dans les mares, sous les pierres et sur le sable du fond. Ils ont des formes bizarres, mais leur corps diaphane est d'une telle délicatesse que, au bout d'une demi-heure au plus, il se dessèche, se raccornit, perd ses formes, ses couleurs et sa transparence, au point de devenir méconnaissable. Lorsque l'on s'occupera de la pêche de ces petits êtres, d'autant plus intéressants que leurs mœurs ont été peu étudiées, on se munira d'un filet à pêcher les insectes, avec lequel on les prendra très facilement, puis aussitôt on les jettera dans une fiole d'esprit de vin à quatorze degrés, que l'on portera avec soi, sous peine de les perdre absolument en quelques heures.

CHAPITRE VII

Chasse et Pêche des Mollusques.

Ces animaux se distinguent aisément de tous les précédents en ce qu'ils n'ont pas de squelette osseux, qu'ils ne sont pas articulés, et des suivants en ce qu'ils n'affectent pas la forme rayonnante. On les trouve dans les eaux douces et salées, ainsi que sur la terre, dans toutes les parties du monde. Les uns sont mous et charnus, au moins à l'extérieur, on les nomme *mollusques nus ;* les autres sont recouverts d'une coquille plus ou moins dure, et sont connus sous le nom de *mollusques testacés.* Mais cette division, excellente pour le taxidermiste, n'est pas acceptable pour la science, parce qu'elle n'est nullement naturelle. La présence d'une coquille a si peu d'importance caractéristique, qu'on trouve, dans le même genre, des mollusques nus et d'autres testacés.

1° *Recherche des Mollusques nus.*

Les *poulpes*, les *seiches* et les *calmars* sont généralement les plus gros animaux de cette classe. Ils sont marins, très voraces, et se nourrissent de crabes, d'autres mollusques, de poissons et autres animaux vivants. Souvent la marée les laisse à découvert dans les rochers et sur la plage de la mer, où l'on peut alors les prendre aisément; mais il est plus sûr de s'adresser aux pêcheurs qui les retirent de l'eau avec leurs filets.

Les *clios*, les *cléodores*, les *cymbules* et les *pneumodermes*, ne se trouvent jamais fixés sur le fond de la mer, où ils nagent constamment. On les trouve dans les filets des pêcheurs, surtout auprès des endroits où l'eau a de la profondeur.

Les *doris*, les *polycères*, les *tritonies*, les *thétis*, les *scillées*, les *glaucus*, les *éolides* et les *tergypes*, vivent tous dans la mer; la plupart nagent dans une position renversée. Leur pied, concave comme une nacelle, vogue à la surface, tandis qu'ils rament avec leur manteau et leurs tentacules. On les prend dans les filets des pêcheurs, et souvent contre les algues et autres plantes marines flottant dans la haute mer. Il en est de même des *phyllides* et des *diphyllides*.

Les *pleurobranches*, les *aplysies*, les *notarches* et les *acères*, sont pour la plupart sans coquilles. Ils habitent également la mer, et ils se rapprochent davantage des rivages.

Les *limaces*, les *testacelles* et les *permacelles* sont des mollusques terrestres. Les deux derniers genres ne se trouvent pas en France, à une seule espéce près, la *testacelle haliotoïde*. Celle-ci se nourrit de lombrics et vit dans la terre. Les limaces se tiennent dans les lieux humides, sous les gazons épais, dans les troncs d'arbres, les vieux murs, et partout enfin où elles sont à l'abri du hâle et des rayons du soleil. Elles sortent de leur retraite pendant la pluie, quand le ciel est couvert et pendant la nuit. On les trouve alors rampant autour de leurs habitations, et souvent sur les plantes, dont elles rongent les feuilles.

Les *onchidies* vivent dans la mer et se plaisent à l'embouchure des rivières. Jamais on ne doit aller les chercher dans les endroits où les eaux ont de la profondeur, parce que le besoin qu'elles ont de venir respirer à la surface, les oblige à n'habiter que les hauts-fonds, près des bords.

Les *biphores* ou *thalies*, les *ascidies*, les *botryles*, les *pyrosomes* et les *polyclinum*, soit nus, soit recouverts d'une membrane cartilagineuse, se pêchent également dans la mer, mais à une certaine distance du rivage.

Tous ces mollusques se déforment tellement lorsqu'on les dessèche, qu'ils ne sont plus reconnaissables. On est donc obligé de les conserver dans la liqueur. Mais si l'on veut les avoir dans tout leur développement, il est nécessaire, aussitôt qu'on les a pris, de les plonger dans l'alcool peu d'instants, de les en retirer aussitôt qu'ils sont morts, et d'étendre leurs tentacules, leur manteau, et autres parties pendant qu'elles sont encore molles et offrent peu de résistance à la pince de dissection. Si l'on attend pour faire cette opération, les parties sont plus ou moins racornies, et souvent se déchirent au lieu de s'étendre.

2° *Recherche des Coquilles ou Mollusques testacés.*

Les coquilles sont les habitations vivantes d'une grande partie des animaux formant la classe des mollusques. Le plus grand nombre se trouvent dans les eaux douces et salées ; les autres habitent la terre, d'où l'on a établi les trois grandes divisions des coquilles fluviales, marines et terrestres, divisions qui ne sont pas plus naturelles que les précédentes.

Les premières se trouvent dans les fleuves, les rivières, les mares, les lacs, les étangs et les ruisseaux. Elles nagent à la superficie ou rampent sur le sable du fond ; plusieurs s'attachent aux roseaux, aux racines et aux pierres baignés par les ondes. Pour se les procurer, on se munira d'un filet comme pour la pêche des insectes aquatiques, et l'on visitera de même le filet des pêcheurs, les lits desséchés des marais, etc.

Les coquillages marins, ne se trouvant que sur les rochers, sur le sable ou dans la vase couverts par les eaux de mer, sont beaucoup plus difficiles à pêcher. Pour se les procurer, on profite du moment où la marée descend, et l'on remarque avec attention les places où le sable est ou sillonné, ou percé de petits trous. Partout où l'on voit jaillir des gouttes d'eau ou des bulles d'air, on est à peu près sûr d'en trouver quelques-uns si l'on creuse plus ou moins profondément, avec une petite bêche ou une houlette de jardinier. Souvent il arrive que l'animal est enfoncé à 30, 50 ou même 60 centimètres dans le sable ; ainsi l'on devra ne pas se décourager dans ses recherches, quand même on ne le trouverait pas près de sa surface.

Quelques *tarières* ou *pholades* se creusent des habitations dans les bois, les pierres et les corps les plus durs ; on est obligé de fendre ces objets ou de les briser pour les en extraire. On en trouve encore plusieurs espèces rampant sur le sable ou attachées aux rochers, aux algues et autres plantes marines, mais celles-ci sont plus communes, et par conséquent les moins précieuses, parce que la facilité de s'en emparer les a beaucoup répandues dans le commerce.

Presque dans tous les pays, les côtes de la mer sont habitées par des gens dont la profession est de pêcher des crustacés et des coquillages. On s'adressera directement à eux pour les intéresser à conserver les espèces rares, et, s'ils y trouvent un petit bénéfice, ils le feront d'autant plus volontiers que cela ne leur demandera ni soin, ni peine. Toutes les fois qu'on en trouvera l'occasion, on les accompagnera dans leurs excursions, et l'on visitera scrupuleusement les herbes et autres corps marins qui se trouvent dans leurs instruments de pêche. Si l'on habitait une plage où l'on eût l'espérance de faire des découvertes intéressantes, on pourrait employer un canot et quelques hommes pendant quelques jours, et l'on aurait la certitude d'être indemnisé de ses frais. Voici comment on agira :

On se procurera un filet construit absolument de la même manière que le troubleau pour pêcher les insectes aquatiques, à ces différences près qu'il sera beaucoup plus grand et en réseau. On implantera sur sa traverse inférieure une rangée de bonnes dents de fer, comme on en met à un râteau, de manière que, lorsqu'on le traînera sur le fond de la mer, ces dents saisissent et accrochent tout ce qu'elles rencontreront et le fassent tomber dans la poche du filet. Pendant qu'un ou deux hommes traîneront cet instrument, les autres rameront et feront avancer le canot ou la chaloupe. Si les eaux étaient trop profondes pour qu'on pût se servir du troubleau, on employerait la drague dont se servent ordinairement les pêcheurs ; la seule chose à y faire pour la rendre plus propre à cet usage, c'est de la monter sur trois tringles de fer aiguisées en biseau sur toute leur longueur, afin de mieux râcler le fond de la mer. Il est inutile de dire qu'on la traîne au moyen d'une corde.

Le gangui (fig. 22), dont on se sert en Provence pour pêcher les coquillages, est un filet très simple, et qui, pour cela même, pourra devenir fort utile en certains

cas. Il consiste en un grand filet en forme de sac,
dont l'entrée est maintenue ouverte au fond de la
mer au moyen d'un bâton qui en tient les bords écar-

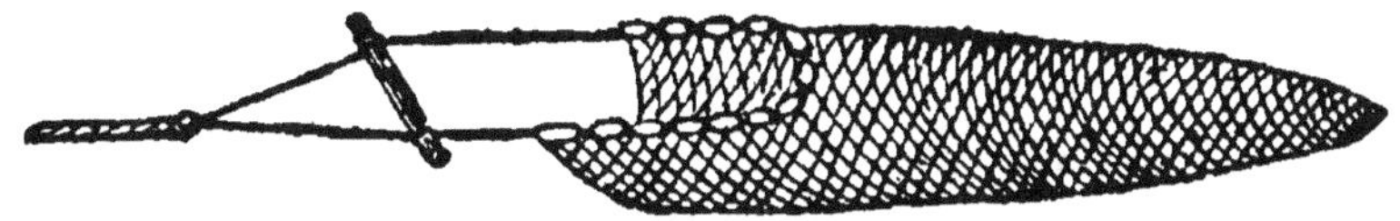

Fig. 22.

tés d'un côté à l'autre : ce bâton est égal au diamètre
de l'ouverture du sac, et comme il est placé horizontalement, il partage cette ouverture en deux
parties, l'une inférieure, l'autre supérieure. Tout le
tour de la partie inférieure est garni de petits morceaux de plomb dont le poids tire en bas ; le tour de
la partie supérieure est garni au contraire de petits
morceaux de liège qui l'élèvent en haut ; ainsi le sac
reste toujours ouvert dans le fond de la mer. Ce sac
est tiré au moyen d'une corde qui l'attache à un bateau dont il suit les mouvements. Le plomb dont la
partie inférieure de l'ouverture est chargée, le fait
traîner fortement sur le fond de la mer, dont il arrache
les coquilles et les plantes marines.

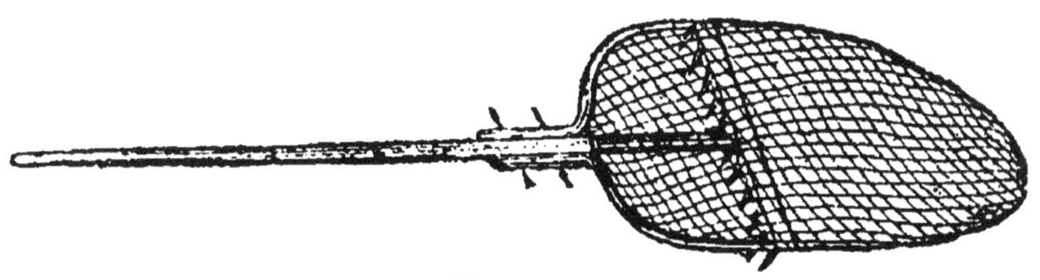

Fig. 23.

Le râteau (fig. 23) dont se servent les pêcheurs de
corail, est encore un instrument de pêche très commode, peu coûteux et facile à fabriquer partout. Il est
composé d'une traverse de fer armée de dents attachée

à un manche long et solide, semblable au râteau dont se servent les jardiniers pour ratisser leurs allées, sauf que, des deux extrémités de la traverse, partent deux branches de fer qui vont s'attacher au manche, et qui forment, avec la traverse, une espèce de demi-cercle. Ce demi-cercle sert d'attache et d'ouverture à un filet en forme de sac. Ce râteau tient par le bout du manche à une corde, au moyen de laquelle les pêcheurs placés dans un bateau le tirent au moyen d'un treuil. Les dents du râteau traînent sur le fond de la mer et détachent les corps qui y sont adhérents; ces corps sont reçus dans le filet en forme de sac, au moyen duquel on les enlève.

Ces diverses manières de pêcher les coquillages sont les plus avantageuses, parce qu'elles fournissent les espéces les plus rares, qu'il serait assez difficile de se procurer par une autre méthode. Si l'on était en voyage, nous ne pourrions donner de meilleurs conseils que ceux fournis par M. Bosc, c'est à dire de visiter scrupuleusement les énormes bancs de plantes marines, tels que les fucus et les algues, que les tempêtes ont arrachées des profonds abîmes des mers, et que les vents font flotter à leur surface. On y trouvera souvent des coquillages qui, n'habitant jamais que la profondeur de l'Océan, ne peuvent s'acquérir d'aucune autre manière. Cet habile naturaliste avait aussi l'habitude d'ouvrir l'estomac des poissons et des oiseaux que l'on prenait pendant la traversée, et souvent il a eu à se louer de ses minutieuses recherches. Cette opération doit se faire particulièrement sur les oiseaux qui parcourent les plages désertes des mers peu fréquentées, les *pingouins*, les *goëlands*, les *cormorans*, les *macreuses*, etc.

Parfois, le naturaliste a la bonne fortune de recevoir de ses correspondants des coquilles exotiques,

renfermant encore leurs mollusques ou leurs vers.
Il se gardera bien de les détruire : il serait même
désirable qu'il pût dessiner la figure de l'animal pendant qu'il est vivant. Pour y réussir, il devra mettre
le coquillage dans un vase transparent rempli d'eau
douce, ou, s'il peut s'en procurer, d'eau de mer.
Alors, l'animal sort de sa coquille pour chercher sa
nourriture ; c'est le moment qu'il faut choisir pour le
dessiner sur toutes les faces, pendant qu'il étend et
qu'il développe toutes ses parties dans leur attitude
naturelle.

Les coquilles terrestres se rencontrent le plus ordinairement dans les lieux frais et ombragés, sous
les mousses, les plantes touffues, contre ou dessous
les écorces d'arbres, sur le bord des eaux, et enfin
sous les pierres. Le moment le plus favorable pour
aller à leur recherche est le printemps, après une
pluie douce et chaude. On porte avec soi un petit sac
de peau dans lequel on les jette à mesure qu'on les
ramasse ; de plus, on doit se munir d'une bouteille à
large goulot, dans laquelle on enfermera les espèces
fragiles dont la coquille pourrait être brisée par le choc
des autres.

La chasse de ces dernières ne doit pas être négligée
dans notre propre pays ; car il est certain que, jusqu'à ce jour, les recherches ayant presque toujours
été dirigées dans les contrées lointaines, il n'est peut-
être pas une province de la France qui n'en possède
plusieurs espèces absolument inconnues à nos naturalistes.

Dans tous les cas, on ne prendra jamais que les
coquilles vivantes, c'est à dire celles encore habitées
par leurs mollusques ; celles qui seront trouvées vides
et que les marchands appellent mortes, seront toujours rejetées, parce que, quelle que soit leur frai-

cheur, on ne sera jamais sûr qu'elles aient conservé leurs véritables couleurs, outre que souvent elles ont été roulées et qu'il leur manque quelques-uns de leurs caractères, surtout à la gorge : ces coquilles n'ont aucune valeur.

Les mollusques nus ou sans coquille, ainsi que les vers, se trouvent partout où l'on rencontre les coquilles. On les jette dans une fiole d'esprit de vin à mesure qu'on les prend.

On traitera de cette dernière manière tous les animaux dont le corps mou est sujet à se déformer en se desséchant.

CHAPITRE VIII

Chasse et Pêche des Annélides.

Sauf les *lombrics* ou *vers de terre*, tous les annélides vivent dans l'eau. Ils sont nus pour la plupart ; cependant quelques-uns transsudent une matière calcaire qui, en se desséchant, leur forme un fourreau tubuleux ayant beaucoup d'analogie avec la coquille des mollusques. Tels sont les *serpules*, les *sabelles*, les *térébelles*, les *amphitrites*, les *arrosoirs*, les *dentales* et les *siliquaires*. On voit les tubes desséchés de ces animaux dans quelques collections, mais leur importance y est pour ainsi dire nulle, parce que leurs habitants n'y sont plus, et qu'eux seuls cependant offrent des caractères génériques et spécifiques. Si l'on veut collectionner utilement ces singuliers animaux, il faudra donc aller les détacher de dessus les rochers qu'ils habitent dans la mer, et les jeter aussitôt dans une liqueur conservatrice.

Les *néréides*, les *arénicoles* et les *aphrodites* sont des vers marins dont quelques-uns atteignent jusqu'à

65 centimètres de longueur. Il en est qui sont parés des plus brillantes couleurs, tels, par exemple, que *l'aphrodite aiguillonné* qui habite sur nos côtes. On les trouve dans la vase et sur le sable pendant la marée basse, dans les creux de rocher, et surtout dans les herbes marines. Les pêcheurs se servent de plusieurs espèces pour amorcer leurs lignes.

Les *naïades* sont assez communes dans la vase de nos ruisseaux, ainsi que les *sangsues* et les *dragonneaux*. Ces derniers sont filiformes. Ils ont été peu étudiés. Nous en avons trouvé plusieurs sur les bords de la Seine, autour des poissons morts. En Russie, il y en a plusieurs espèces singulières, très communes dans les mares où vont boire les chevaux, ce qui leur a fait donner le nom populaire de *crins vivants ;* il faudra les désigner sous ce nom pour se faire indiquer les localités où on les trouve.

Tous les animaux de la classe des annélides ne peuvent se conserver utilement que dans la liqueur.

CHAPITRE IX

Chasse et Pêche des Zoophytes.

Ces animaux, remarquables par leurs formes bizarres, ressemblent tantôt à un arbuste, à une fleur, à un champignon, d'autres fois à un fruit, une étoile, une châtaigne dans son enveloppe, etc. ; on les rencontre pour la plupart dans la mer, rarement dans les eaux douces. A mesure qu'on s'en emparera, on jettera les espèces molles dans une liqueur spiritueuse, et celles qui offriront assez de solidité pour conserver leur forme en séchant, pourront être mises dans une boîte. Quelques espèces, de forme plate, doivent s'étendre de suite entre deux feuilles de papier que l'on roule ensuite en cylindre pour avoir plus de commodité à les transporter ; sans cette précaution, elles se crisperaient en séchant, et il serait très difficile de leur rendre ensuite leurs formes naturelles, ordinairement celle d'une palme ou d'une plume.

1° Les zoophytes Echinodermes vivent dans l'eau et habitent toutes les mers. Leur corps est revêtu d'une peau le plus souvent épineuse ou coriace, ce qui permet de les dessécher pour les conserver ; mais il vaut mieux, pour l'étude, les plonger dans l'esprit de vin. Les pêcheurs les prennent souvent avec leurs filets, aussi est-ce à eux qu'il faut s'adresser si l'on veut se procurer des espèces un peu rares. Les *astéries*, les *holothuries* et les *oursins*, vulgairement connus sous le nom de *châtaignes* ou *hérissons de mer*, sont assez communes sur nos côtes.

L'astérie *tête de Méduse* se rencontre principalement dans la mer des Indes, près de Java et de plusieurs autres îles ; on en trouve encore dans la mer Rouge et aussi au cap de Bonne-Espérance. C'est de ce dernier pays qu'on nous envoie ordinairement les espèces qui figurent dans les cabinets d'Europe. Au Cap, un individu de cette espèce se vend de 25 à 40 fr. On recueille assez souvent l'astérie sur les câbles des vaisseaux. Mais, lorsqu'on veut l'avoir belle et bien entière, il faut aller la pêcher assez loin en pleine mer, et la prendre avec beaucoup de précaution, de peur de lui briser quelques parties ou de lui gâter les branches. Quand elle est vivante, elle est rougeâtre ou d'une couleur de chair foncée. Après la mort, elle devient pâle, et, lorsqu'elle est desséchée au soleil, elle a la couleur de la craie légèrement jaunâtre.

2° Les Helminthes ou Vers intestinaux n'ont jamais été trouvés hors du corps des animaux, à l'exception de quelques trématodes qui nagent librement dans l'eau. On les rencontre dans tous les viscères : les intestins, le foie, le cerveau, des hommes, des mammifères, des oiseaux, des poissons et autres animaux.

Ce n'est donc qu'en ouvrant leurs corps, à la manière des anatomistes, qu'on parviendra à rencontrer ces vers. Quelques-uns d'entre eux sont assez gros pour être aisément vus et saisis ; d'autres pourraient échapper aux recherches si l'on n'employait pas le moyen suivant : on prend dans l'animal que l'on a ouvert, les organes ou les parties d'organe que l'on veut explorer, et on les place sur une planche un peu creusée au milieu et parfaitement vernie en noir. On jette dessus de l'eau qui entraîne les vers, et on aperçoit aisément ceux-ci, parce que leur couleur blanche tranche sur le noir du vernis. Quand l'animal est petit, on jette ses intestins dans un verre que l'on a préalablement peint en noir en dehors, et l'on agit de la même manière.

Plusieurs espèces affectent une autre couleur que le blanc, par exemple les *douves du foie*, et habitent des tuyaux ou des cavités qu'elles se sont creusés dans divers organes. Il faut ouvrir ces cavités avec la pointe fine d'un scalpel, ou tout simplement avec une épingle, et les en tirer avec beaucoup de précaution.

Les espèces les plus difficiles à trouver sont celles qui habitent les membranes, les tissus graisseux, sous la peau, les aponévroses, etc.

Avant de placer les helminthes dans la liqueur spiritueuse où l'on doit les conserver, il est essentiel de les laver dans de l'eau pour les débarrasser des flegmes et autres matières qui les entourent. Du reste, ils n'exigent aucune autre préparation. Plusieurs espèces se cassent aisément, par exemple le *tœnia* ou *ver solitaire*. Il faudra s'attacher à n'en avoir que des échantillons très complets.

3° Les ACALÈPHES, et parmi eux ceux que l'on nomme *orties de mer*, se rencontrent dans les bas-fonds rocailleux et herbeux. Les pêcheurs d'huîtres, de moules et autres coquillages, les prennent souvent dans leurs engins. Comme leur corps est charnu, il faut les conserver dans l'alcool, que l'on renouvelle peu de temps après les y avoir plongés, parce qu'ils lâchent beaucoup d'eau de mer qui affaiblit la liqueur. Ces animaux libres se trouvent plus souvent dans les filets à poissons, parce qu'ils flottent dans les eaux. Leur corps gélatineux ne peut également se conserver que dans l'esprit de vin.

Lorsque la mer est calme, on voit voguer les *hy-drostatiques* sur la surface des ondes, à la manière des *argonautes*; leur vessie leur sert de nacelle, et leur crête de voile. Il ne faut pas les toucher avec les mains, car leur contact produit une douleur brûlante analogue à celle des orties.

4° Les POLYPES se trouvent dans la mer, et quelques espèces dans les eaux douces et dormantes. Les espèces charnues ne peuvent se conserver que dans la liqueur. Mais il en est d'autres, connues sous le nom général de *polypes à polypiers*, qui ont une croûte pierreuse ou cartilagineuse, et qui se conservent très bien desséchés ; quelques-uns même entre deux feuilles de papier, à la manière des plantes, auxquelles plusieurs ressemblent beaucoup.

Néanmoins, si on veut conserver les animaux qui habitent ces sortes d'étuis, de même que leurs formes et leurs couleurs naturelles, il vaut beaucoup mieux les placer dans la liqueur. Nous allons donner la méthode qu'employait M. Ellis pour les conserver.

« Les *corallines* les plus variées, » disait ce naturaliste, « se trouvent sur les rochers ou sur les bancs
d'huîtres qui ont été négligés quelque temps. Dès
que les pêcheurs ont pris les huîtres, ou d'autres
corps qui en sont chargés, il faut qu'ils les mettent
promptement dans un seau rempli d'eau de mer, car
les animaux qui habitent les corallines sont si tendres qu'ils ne sauraient être un moment dans l'air
sans se rider ; après quoi, on doit les transporter sur
le rivage, et les détacher avec des pinces, de dessus
les coquilles, pour les plonger doucement dans un
bassin d'eau de mer bien pure. Au bout d'une heure,
ou peut-être en moins de temps, une loupe d'environ
54 millimètres de foyer fait voir les corallines toutes
hérissées de polypes qui, revenus de la violence
qu'on leur a faite, commencent à étendre leurs bras ;
alors on saisit brusquement, avec une petite pince
ou avec les doigts, ceux qu'on voit vivants, et on les
plonge au moment même dans un vase d'esprit
de vin, qu'on doit avoir à ses côtés. Comme ces animaux sont très petits, l'esprit de vin les tue avant
qu'ils aient le temps de se contracter. »

Voici une seconde méthode proposée par le même
auteur.

« Placez, » dit-il, « les *huîtres* chargées de *corallines*
dans un grand vase de terre ou de bois, avec autant
d'eau qu'il en faut pour couvrir les corallines, et pas
davantage. Laissez le tout en repos pendant une
heure ; alors versez doucement sur les bords du vase
autant d'eau bouillante qu'il y a d'eau froide ; cela fait,
ôtez promptement les corallines de dessus les coquilles, et mettez-les dans des flacons remplis d'esprit
de vin. Cette méthode est la meilleure qu'on puisse
suivre pour conserver ces plantes animées, de manière qu'en les voyant, les plus incrédules ne puis-

sent se méprendre sur leur nature et sur leur origine. »

L'auteur fait cette dernière observation, parce que
de son temps on prenait beaucoup d'espèces de polypiers pour des plantes, et pour cette raison on les
nommait *lithophytes*. Il ajoute qu'il faut faire ces
sortes de collections en été, parce que, pendant l'hiver, les polypes sont ordinairement contractés et engourdis par le froid.

Quant à ceux qui ont des coquilles pierreuses, tels
que la plupart des *polypes à cellules* et des *polypes
corticaux*, les *tubulipores*, les *lithophytes*, les *coraux*,
les *millepores*, etc., on les traite de la même manière
que les mollusques à coquilles. Les amateurs ont
eu le grand tort de ne pas s'occuper de l'animal,
mais seulement de sa maison. Aussi est-il arrivé que
plusieurs sont restés inconnus, tels sont, par exemple, les *corallines*, *pénicilles*, *halymèdes*, *flabellai-
res*, etc. Ce sera donc un véritable service à rendre
à l'histoire naturelle que d'en conserver des échantillons à l'esprit de vin, quand on sera assez heureux
pour en trouver l'occasion.

Pour pêcher les *coraux* et autres *polypiers*, on se
sert de deux machines différentes, qui sont l'engin
et le salabre La construction de l'une et l'autre de
ces machines est fondée sur le même principe, qui
est que le corail se trouve principalement sur les rochers qui sont au fond de la mer, et tapisse ordinairement en tous sens les parois et les voûtes des grottes
ou cavités que forment ces rochers. Ces instruments
doivent donc être propres à pénétrer dans ces cavités, à en détacher les coraux et à s'en charger pour
les emporter hors de l'eau.

L'engin (fig. 24) est un filet usité en Provence pour
la pêche des coraux, des coquillages et des polypiers.

Il est composé d'une espèce de croix formée par deux pièces de bois de 1 m 60 à 2 mètres de longueur, perpendiculaires l'une à l'autre, et fortement arrêtées par leur milieu. On y amarre solidement un poids considérable, tel qu'un boulet ou un quartier de rocher, pour le faire descendre au fond de la mer. De

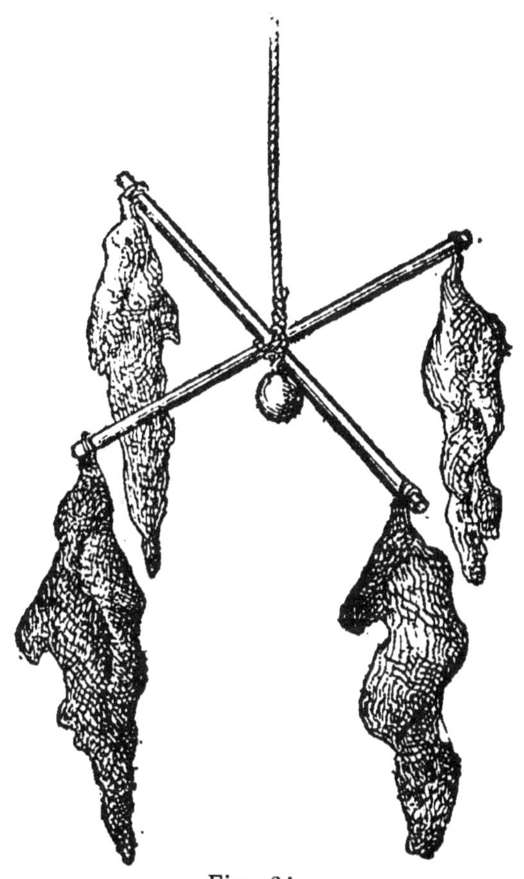

Fig. 24.

plus, à chaque extrémité des bras de la croix, on attache fortement un gros paquet de filets de 1 m 30 ou 1 m 60 de longueur. Pour former ces paquets on prend de vieux filets de pêche, dont les mailles sont indifféremment de toute grosseur et de toute grandeur, et on les assujettit solidement les uns avec les autres.

Lorsqu'on veut pêcher, on jette l'engin à la mer, et dès qu'on sent qu'il a touché le fond, on l'agite et on le promène sur toutes les inégalités du fond de la mer, en tâchant de le faire pénétrer dans toutes. En remuant ainsi l'engin, les filets s'étendent, les branches du corail s'accrochent et se prennent dans les mailles ; et lorsque les pêcheurs jugent que cette manœuvre a duré assez longtemps, ils retirent l'engin dans leur barque, et détachent les coraux et autres productions maritimes qui se trouvent embarrassées dans les mailles.

Le salabre (fig. 25) est encore un filet dont on se sert en Provence pour pêcher les coraux et les autres polypiers. Il se compose d'une pièce de bois d'environ 6^{m}50 de longueur, garnie à une de ses extrémités d'un demi-cercle de fer fermé par une barre de 50 centimètres de longueur, qui lui sert de diamètre, et au milieu de laquelle il y a une forte et longue douille pour l'attacher à l'extrémité de la pièce de bois. Le demi-cercle est muni tout autour de fortes dents de fer un peu mousses, arrangées en forme de râteau. Ces dents, lorsque l'instrument est dans la mer, doivent être tournées en haut. Les bords de ce demi-cercle servent à attacher un grand filet en forme de bourse, très fort et très épais, aux côtés et à l'entour duquel pendent des paquets de vieux filets, de 1^{m}60 à 2 mètres de longueur, comme ceux de l'engin.

Cette machine tient à deux bateaux par le moyen de deux cordes : l'une attachée à l'extrémité *m* du manche, et l'autre, au point *c*, à 1^{m}60 ou 2 mètres de distance du demi-cercle ; en sorte que, la machine étant suspendue par cette corde, le manche de l'instrument fait à peu près l'équilibre dans l'eau avec le demi-cercle. Nous disons à peu près : 1°, parce que le côté du manche doit un peu l'emporter, non seulement lorsque l'instrument est dans l'air, mais même lorsqu'il est dans l'eau, où le manche, qui est en bois, perd beaucoup de son poids, tandis que le demi-cercle, qui est en fer, en perd très peu ; 2° parce qu'on place

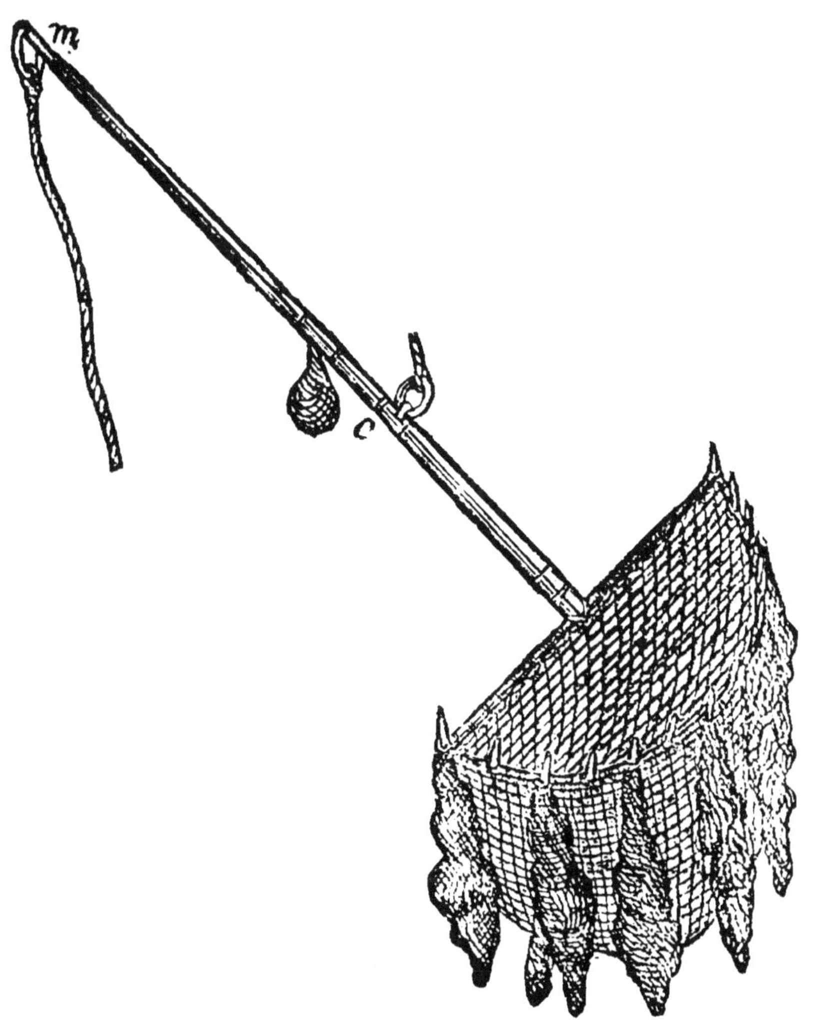

Fig. 25.

vers ce point de suspension c un boulet destiné à entraîner toute la machine au fond de la mer. Or, on peut, en éloignant plus ou moins ce boulet du point c, rétablir l'équilibre, ou faire prépondérer le côté du manche à volonté. Le bateau qui tient la corde attachée au point de suspension *c*, avance le premier; celui qui tient la corde attachée à l'extrémité du manche, suit. Quand on veut pêcher, on laisse tomber le salabre au fond de la mer, où il descend à l'aide du poids ou boulet attaché au point de suspension ou à proximité ; et lorsqu'il est arrivé au fond, le premier bateau, celui auquel tient la corde attachée au point de suspension du salabre, commence à ramer, et à faire différents mouvements par lesquels le salabre est traîné çà et là, dans le fond de la mer. En même temps, l'inclinaison de la machine change à chaque instant, parce que le mouvement du second bateau n'étant pas toujours parfaitement égal à celui du premier, et leur distance, par conséquent, n'étant pas toujours la même, la corde qui tient au second bateau tire tantôt plus, tantôt moins fortement en haut l'extrémité *m* du manche du salabre, à laquelle elle est attachée. La machine en allant et venant au fond de la mer, se présente sous différentes inclinaisons à l'entrée des différentes cavités des rochers, et parvient à s'y engager. On s'en aperçoit parce que le premier bateau ne peut plus avancer ; alors le second bateau, qui tient la corde attachée au manche, rame dans un sens opposé au premier, et tire en dehors la machine en la faisant reculer. Les dents du demi-cercle en fer qui, comme nous l'avons dit, sont tournées en haut, et que le poids du manche de l'instrument a dû presser fortement contre les voûtes des cavités des rochers, ne peuvent en sortir sans détacher les coraux et les autres productions analogues qui tombent dans la bourse, ou sont retenus par les paquets de filets qui pendent et se balancent tout autour ; par cette manœuvre plusieurs fois réitérée, on arrache, des creux et des fentes des rochers, les pro-

ductions marines qui y sont attachées, telles que les
éponges, les *coraux* et les *lithophytes*. On retire ensuite le salabre, et on en détache tout ce qui se trouve
pris dans la bourse et dans les filets.

CHAPITRE X

Herborisation.

On appelle *herboriser*, aller à la recherche des
plantes, soit pour étudier leurs caractères botaniques
sur les lieux mêmes où elles croissent, soit pour les en
arracher et en former des herbiers au moyen desquels
on possède, *avec tous leurs caractères*, les végétaux
qui ne fleurissent qu'à des époques déterminées et
pendant un temps assez court, et que la nature a dis-
séminés sur toute la surface du globe.

Pour aller faire un voyage d'herborisation de quelques jours, il faut se procurer une boîte de fer-blanc
semblable à celle que nous avons décrite à la page 103
(fig. 26). Elle a 50 centimètres de longueur, 16 centi-

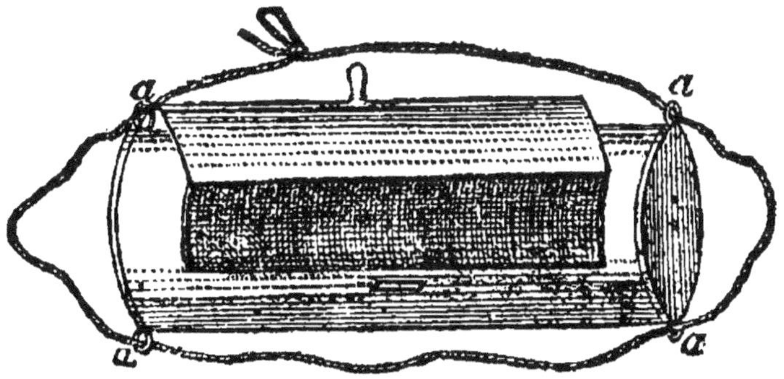

Fig. 26.

mètres dans son plus grand diamètre, et 10 centimètres
dans le plus petit. De chaque côté, sur les deux bouts,
est un anneau en cuivre *a, a, a, a*, servant à passer
la corde par laquelle on la suspend.

On en trouve de toutes faites chez les ferblantiers. Les plus commodes pour contenir les plantes sont les plus longues et les plus larges ; mais, comme il n'en est pas de même pour celui qui les porte, on prendra un terme moyen, et l'on en choisira une de 50 centimètres de longueur sur 15 centimètres de largeur. Le naturaliste Hoppe a conçu l'idée d'une boîte d'un autre genre ; sa hauteur serait de 30 à 50 centimètres, sa largeur de 15 à 20 centimètres, et sa longueur égale, plus 55 millimètres, à la longueur du papier dans lequel on dessèche les plantes. Enfin, elle aurait un couvercle voûté comme celui d'un coffre ; les végétaux s'y placeraient entre du papier à mesure qu'on les cueillerait. Nous n'avons pas besoin de démontrer les inconvénients d'une pareille méthode, dont le moindre serait le mauvais pli que prendraient les organes de la plante, ou l'obligation de la préparer complètement sur place. On se munira aussi d'une lame de houlette, que l'on pourra visser au besoin au bout d'une canne. Enfin, si on a l'intention de former une collection de cryptogames, surtout de la famille des champignons, comme beaucoup sont très fragiles, très mous, et se dessèchent promptement, ce qui leur fait perdre leurs couleurs et leurs formes, on se munira d'une bouteille à large goulot, remplie d'une liqueur spiritueuse, dans laquelle on les plongera. On mettra dans le même vase les fruits charnus et les baies molles.

Lorsque l'on cueillera une plante, il faudra qu'elle ait, autant que possible, tous ses caractères génériques et spécifiques ; c'est à dire ses fleurs avec tous leurs organes : étamines, pistil, ovaire, calice, pétales, etc., ses fruits, ses feuilles, ses branches ou rameaux, sa tige ou ses racines, en tout ou en partie. Si le végétal était trop grand pour pouvoir entrer entièrement dans l'herbier, on en prendrait quelques échantillons seulement, mais de toutes les parties que nous venons de nommer, à l'exception des tiges et des racines, si ces parties n'offraient rien de particulier et de caractéristique.

Toutes les saisons de l'année sont favorables aux herborisations, mais c'est pendant le printemps que l'on trouve le plus d'espèces phanérogames. En automne et pendant l'hiver, on récoltera les cryptogames les plus intéressantes. On ne doit cueillir une plante que lorsque le soleil a essuyé la rosée, et qu'il ne reste pas la moindre humidité ni sur la fleur, ni sur sa tige. Chaque végétal sera déposé dans la boîte de fer-blanc au moment même où on le cueillera, avec l'extrême précaution de ne pas froisser sa fleur et de ne briser aucune de ses tiges. Les racines de tous seront placées du même côté, et si l'on devait rester plusieurs jours en route, on aurait la précaution de les envelopper d'un peu de mousse mouillée. Par ce moyen très simple, et en tenant la boîte le moins souvent ouverte qu'il est possible, pour que les plantes soient rarement exposées au contact de l'air, on parviendrait à conserver les fleurs pendant huit ou quinze jours.

Celui qui se vouera à l'étude de la botanique ne doit rien espérer que de lui-même pour former sa collection. Les marchands ne sont pas dans l'usage de tenir chez eux des échantillons de plantes, et si parfois il leur tombe un herbier entre les mains, ils le vendent tel qu'il est, et se donnent bien garde de le décompléter par la soustraction du moindre échantillon. Les amateurs font quelques échanges entre eux, il est vrai, mais cette ressource se réduit presque à rien, parce que chacun ne possède guère qu'un ou deux échantillons au plus des plantes rares.

Cependant la capitale et les grandes villes de France et du nord de l'Europe offrent aux amateurs une ressource pour placer dans leurs herbiers quelques plantes rares, et nous devons la leur enseigner. Il existe des hommes riches qui se plaisent à rassembler dans leur jardin, dans des orangeries, des serres tempérées et des serres chaudes, les végétaux de toutes les parties du monde ; ils les cultivent et les soignent de manière à en obtenir des fleurs et des fruits. La plupart d'entre eux ne refuseront jamais un échantillon à l'homme qu'ils verront cultiver franchement les sciences naturelles, et nous-mêmes nous en avons fait cent fois l'expérience dans les magnifiques collections de M. Noisette à Paris.

Dans le cas où l'on ne se trouvera pas à portée de ces riches récoltes, et lorsque l'on aura complété l'herbier des végétaux de la province que l'on habite, il faudra donc se déterminer à cesser ses études ou à voyager : si l'on prend ce dernier parti, on peut espérer de nombreuses découvertes sans sortir de l'Europe, ou même de la France. Les montagnes de l'Auvergne, les Alpes, les Pyrénées et les rivages de la mer, offrent aux naturalistes de nombreux trésors qui sont loin d'avoir été tous exploités. Il n'est pas un petit coin de terre, pas un rocher, un marais, un fossé qui ne doive être visité avec la plus scrupuleuse attention, parce qu'il peut recéler des individus remarquables, échappés jusque-là aux yeux de l'observateur.

Nous n'entrerons pas dans de plus grands détails relativement aux plantes terrestres, parce que l'habitude d'herboriser apprendra mille petites pratiques à mettre en usage, quand les circonstances l'exigeront, et dont la description grossirait inutilement ce volume. Mais les *plantes marines* exigent dans leur récolte des soins que nous ne devons pas passer sous silence.

Les *algues* exigent une toute autre manipulation que les autres plantes aquatiques. Leur préparation varie suivant leur forme, leur grandeur et les eaux dans lesquelles on les trouve. Les plus grandes plantes de cette famille, les fucus par exemple, ne demandent aucun soin bien difficile à prendre : il suffit de les faire sécher au soleil quelques heures sur le bord de la mer, après les avoir lavées dans de l'eau douce, si l'on en a à sa portée, pour pouvoir ensuite les transporter facilement au logis.

Les plantes de cette famille n'ont pas de racines par lesquelles, comme les autres plantes, elles tirent leur nourriture, mais elles sont accrochées à des corps étrangers par un empâtement ou une espèce de pédicule large et plat, qu'il faut avoir soin d'enlever avec la plante, si l'on veut avoir un bel échantillon.

Les plantes marines, petites et molles, demandent des soins minutieux. Ces plantes, à cause de leur délicatesse, ne peuvent, quelques soins que l'on en prenne, supporter qu'avec peine un transport un peu long. Il faut d'abord, avant de les retirer de l'eau, bien observer leur forme et leurs dispositions, afin de pouvoir les leur rendre lors de la préparation, car elles deviennent méconnaissables aussitôt qu'elles sont hors de leur élément. On les tire de l'eau avec précaution, en tâchant de n'en rompre ni de n'en dégrader aucune partie. Pour cela, il faut chercher à découvrir le point par lequel elles tiennent au fond et les en détacher adroitement avec un couteau.

Toutes cependant ne peuvent pas être recueillies de cette manière sans inconvénient, surtout celles qui sont très molles et glissantes. Leurs filaments qui se balancent dans l'eau, se collent aux mains et ne peuvent plus s'en détacher sans être rompus, tandis que d'autres glissent avec l'eau entre les doigts.

Pour s'en emparer, on se sert d'un vase de verre ou bocal à large ouverture. On le plonge dans l'eau, on y introduit la plante que l'on veut recueillir, et l'on retire l'un et l'autre. On bouche ensuite la moitié de l'ouverture du vase avec la main, et l'on fait écouler l'eau jusqu'à ce qu'il n'y ait plus que la plante. Après avoir réitéré cette opération, le vase se trouve contenir suffisamment de plantes. Alors on le remplit d'eau, on le bouche, et on peut ainsi le transporter aisément au logis sans craindre que les végétaux se détériorent, quelle que soit la délicatesse de leurs tissus. Nous n'avons pas besoin de dire qu'on ne doit pas mélanger dans le même bocal les plantes d'eau douce et celles d'eau salée.

Les *grandes conferves,* qui ont un fort tissu, peuvent être placées dans une boîte de fer-blanc après qu'on en a fait égoutter l'eau, mais il faut qu'elles s'y trouvent seules, autrement elles gâteraient les autres. Cependant, si ces plantes portaient des graines, pour ne pas perdre celles-ci et conserver des échantillons parfaits, on les mettrait chacune séparément dans un bocal, comme nous l'avons dit.

Les plantes marines sont fréquemment sujettes à se décolorer et même à pourrir dès qu'elles sont hors de l'eau et qu'elles éprouvent le contact de l'air pendant quelques heures. Il faut donc, pour éviter cet inconvénient, les préparer de suite de la manière suivante. Quand on a tiré la plante de l'eau, on la laisse égoutter, puis on la saupoudre de sable sec, et on la place dans la boîte de fer-blanc ou dans une autre apportée pour cet usage. Plus le sable est grossier, meilleur il est, car il empêche mieux les différentes parties de la plante de se coller entre elles. Arrivé chez soi, on tire la plante avec précaution de la boîte pour qu'il tombe le moins possible du sable qui y est attaché; on la pose sur une planche et on la laisse sécher au grand air, mais à l'ombre. On la conserve ainsi dans une boîte jusqu'au moment de la mettre tremper pour la préparer et de la placer dans la collection. En la faisant tremper, le sable s'en détache, et la plante reprend sa forme naturelle (1).

CHAPITRE XI

Recherche des Fossiles et des Minéraux.

Nous diviserons ce chapitre en deux parties distinctes, quoique les géologues et les minéralogistes les réunissent très souvent. Dans la première, nous parlerons des vrais fossiles, c'est à dire des débris des corps organisés que l'on trouve enterrés dans des couches plus ou moins anciennes. Dans la seconde, nous nous occuperons des minéraux proprement dits, que les géologues nomment les roches. Mais comme la manière de les rechercher et de les recueillir est à peu près la même, nous commencerons par des généralités qui se rapportent aux deux.

§ 1. INSTRUMENTS DE VOYAGE.

Le minéralogiste-géologue, avant de partir pour un voyage ayant pour but des observations et des recherches, doit se munir des objets suivants :

1° *Instruments d'échantillonnage.*

Les instruments d'échantillonnage propres à casser les roches consistent en quelques *marteaux*, jamais moins de deux, un *ciseau* et des *tenailles-pinces*.

---

(1) Les personnes qui s'occupent spécialement de botanique, et qui désireraient avoir de plus amples détails sur la récolte et la conservation des plantes, pourront consulter avec profit le *Guide du botaniste herborisant*, de M. Verlot.

Les marteaux, sans lesquels un géologue ne peut rien faire, sont de plusieurs sortes ; l'essentiel est qu'ils soient propres à obtenir, de la surface des rochers les plus durs, des échantillons à cassures nettes et propres. Les plus communément en usage sont ceux qui ont d'un côté la tête carrée et de l'autre le coin tranchant (fig. 27, A). Nous ferons observer que le coin

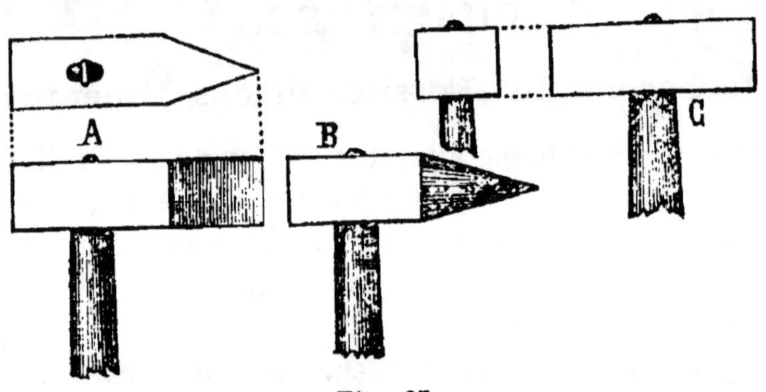

Fig. 27.

doit toujours être perpendiculaire et parallèle au manche, et non à un biseau horizontal comme celui du marteau ordinaire ; cependant les Anglais font quelquefois usage de ce dernier marteau. M. Ami Boué préfère ceux à tête ronde, parce que, dit-il, « les angles des marteaux à têtes carrées sont sujets à se casser, tandis que, dans les têtes rondes, si l'acier est assez mou, les déchirures produites par certains corps se bouchent d'elles-mêmes par d'autres, et si l'acier ne s'écaille pas, ces marteaux sont les plus durables. » Le marteau à tête carrée des deux côtés (fig. 27, C). pesant quelquefois jusqu'à 4 kilogrammes, est également employé par les minéralogistes anglais.

On connaît encore plusieurs genres de marteaux, mais qui sont pour ainsi dire de fantaisie ; tels sont : le marteau à tête sphéroïde aplatie, de M. Mac Cullock ; en rondelle avec un tranchant sur le bord supérieur, de M. Robinson, etc. Mais la forme la plus usuelle est celle représentée par A (fig. 27) ; elle sert presque à tous les usages. On en fait de deux dimensions, l'une pour les objets durs, pour lesquels l'outil doit être pesant et résistant, l'autre pour les objets délicats ou tendres, pour lesquels le minéralogiste a besoin de plus de légèreté dans la main. Mentionnons encore les marteaux à tête carrée, dont l'autre côté est en pointe (fig. 27, B).

Dans les excursions ou les voyages, on prend ordinairement avec soi deux marteaux, l'un du poids de 300 grammes environ et l'autre du double ; si l'on en portait davantage, il serait utile d'en avoir de petits, de 30 grammes, et même au-dessous. Outre cela, il faut encore porter, selon M. Thon, un marteau en tout semblable au marteau à main des mineurs, pesant environ 1 kil. 250 grammes, et servant à briser les rocs des montagnes.

Ce qu'il y a d'essentiel, c'est que les marteaux soient en fer aciéré ni trop cassant, ni trop mou, et que le trou du manche soit percé convenablement, c'est à dire ni trop d'un côté, ni trop de l'autre. Le manche doit avoir 32 centimètres de longueur, un peu plus ou un peu moins, selon la grosseur de la tête ; il doit être en bois de chêne ou de frêne, et solidement fixé par des petits coins de bois ou de fer.

Quelques géologues portent une sorte de baudrier ou de ceinture de cuir, à laquelle ils suspendent leurs marteaux pendant la marche. Cette méthode a certainement sa commodité, mais, comme le fait remarquer M. Boué, elle donne à celui qui en fait usage un air singulier qu'il faut surtout éviter quand on parcourt un pays où l'on n'est pas connu. Il vaut donc mieux, comme le conseille ce savant géologue, n'avoir dans chaque excursion que deux marteaux ; on met le petit dans sa poche, et l'on porte le gros à la main en faisant passer le bois dans la manche de son habit. Par ce moyen, on peut, comme il le dit, traverser les villes et arriver dans les auberges, sans être assujetti à des questions ou à des réceptions désagréables.

Le *marteau* en pic ou en coin (fig. 27, B) est utile dans les dépôts tertiaires et d'alluvions. On s'en sert aussi dans les cavernes, pour détacher les stalactites et faire dans le sol quelques petites tranchées pour s'assurer, s'il y a ou s'il n'y a pas des ossements fossiles ; dans le cas où l'on en trouverait, il faudrait abandonner le marteau pour se servir du pic et de la pioche.

Le *ciseau* consiste en un morceau de fer rond ou carré plus ou moins long, mais ne dépassant pas ordinairement 10 à 13 centimètres, ayant à une extrémité une tête ronde sur laquelle on frappe, et à l'autre extrémité un tranchant. On conçoit qu'on en a de diverses dimensions en raison des usages auxquels on les destine. Les petits servent à séparer les cristaux ; les grands à fendre les masses tendres.

Les Anglais ont un ciseau, en forme de hache, muni d'un manche (fig. 28), par lequel ils le tiennent pour ne pas risquer de se donner des coups de marteau sur les doigts ; cet instrument, peu solide, est

Fig. 28.

assez insignifiant : cependant on peut le recommander aux maladroits.

On emploie quelquefois une pince dont les mâchoires sont recourbées à l'intérieur en forme de tenaille et tranchantes pour couper ou extraire de grandes plaques de roches, tels que des schistes bitumineux à poissons ou à plantes fossiles, etc. ; mais comme ces rencontres sont assez rares, à la rigueur on peut s'en passer.

2° *Instruments propres à l'examen des roches.*

Si un géologue ne peut pas se passer de boussole, il peut encore moins s'abstenir de déterminer le plus exactement possible la composition des roches. Il lui faut pour cela :

Quelques *loupes* de 10 à 80 millimètres de foyer, pour examiner les cristaux très fins ou les pétrifications mélangées à la plupart des roches.

Un *goniomètre simple,* pour distinguer facilement certains minéraux entrant dans la composition des roches ou s'y trouvant empâtés. Cet instrument n'est indispensable que dans les longs voyages. S'il s'agit d'un voyage nautique dans les pays étrangers, un *goniomètre à réflexion* pourra devenir très utile.

Une petite *lime* triangulaire pour des essais, au moyen de la râclure, sur la dureté des minéraux.

Un *briquet* en acier, pour essayer la dureté des roches. Pour essayer celle des minéraux, on fera bien d'avoir des petits fragments de diamants, de corindon, de topaze, de quartz, de feldspath, de fluor, de chaux carbonatée, de sélénite et de talc. Comme beaucoup de ces minéraux se trouvent souvent sous la main du géologue, il pourra réduire le nombre de ceux qu'il doit porter avec lui.

Un *barreau aimanté,* ou une baguette magnétique, dans un étui à pointe d'acier, pour la placer quand on doit estimer le magnétisme des minéraux, et surtout pour reconnaître quand la roche contient des particules ferrugineuses. Pour s'assurer de ce dernier point, il n'est pas de meilleur moyen que d'employer le mode d'analyse mécanique, publié par le savant professeur Cordier, dans le *Journal de physique* (1816).

On devra, pour analyser, se munir :

D'un *mortier en agate* ;

De quelques minces *bandes de verre* ;

D'une *pince* à mors en platine, et de quelques réactifs ou agents chimiques dont nous parlerons plus loin ;

D'un *chalumeau* (selon Bergmann), garni de ses accessoires et de son soufflet. On fera bien, si l'on n'est pas familiarisé avec cet instrument, de consulter le mémoire de l'*Emploi du chalumeau dans les analyses chimiques et les démonstrations minéralogiques*, par Berzélius, traduit par M. Fresnel. En voyage, il vaut mieux avoir un chalumeau en métal qu'en verre.

Pour les opérations au chalumeau, il faut avoir, dit M. Boué, les appareils suivants : une lampe, une cuillère en platine, une feuille très mince de fil de même métal, du poids d'environ 4 grammes, des bandelettes d'argile, douze tubes de verre fermés de 1/2 à 4" de longueur, et de 3 à 5'" de largeur, une pince pour couper les morceaux, un marteau, une enclume, une lime, un petit morceau d'agate, etc. ; de plus, comme flux et réactifs, du borate et du carbonate de soude, du phosphate de soude et d'ammoniaque, du salpêtre, de l'acide borique fondu, du nitrate d'oxyde de cobalt, de l'étain laminé, des cordes à piano du n° 7, du plomb pur, du noir d'ivoire, et enfin de l'acide nitrique non concentré, pour distinguer les roches calcaires de celles qui ne font pas effervescence avec cet acide.

M. Boué conseille de le renfermer dans de petits flacons hermétiquement fermés au moyen d'un bouchon en verre, terminé par une pointe dont la longueur soit telle que l'extrémité plonge dans le liquide, et qu'on puisse toujours en ramener facilement une

gouttelette. L'essai se fait sur les échantillons mêmes,
quoiqu'on ne doive pas négliger de répéter l'expérience
à l'hôtel ou chez soi, en plongeant une esquille de la
roche dans de l'acide nitrique contenu dans un petit
verre à pied.

3º *Instruments de physique.*

Le géologue-voyageur doit avoir soin de se munir
d'un *Compas* ou d'une *Boussole*, pour bien déterminer la direction et l'inclinaison des couches. Quelques géologues portent un compas de poche de 55 millimètres de diamètre, divisé en 360 degrés, ou en
douze cercles divisés par huitièmes. Ceux qui sont en
forme de montre sont plus faciles à porter ; mais il
faut, cependant, qu'ils aient pour support une petite
tablette longue, en laiton, pour qu'on puisse les poser
à plat sur la carte, quand on veut prendre la direction
d'une couche. Il ne faut pas que ces boussoles aient
un verre trop épais, et que l'aiguille soit placée trop
près de ce verre, car la chaleur produisant l'électricité,
l'aiguille donnerait une fausse direction.

Du reste, depuis que la géologie a fait tant de progrès, on a singulièrement perfectionné cet instrument.
On doit les meilleurs au génie inventif de MM. Ko-
marzewski (*nouveau Graphomètre souterrain*) ; —
Webb-Seymour (*Clinomètre*) ; Knight (*Clinomètre
alidade*) ; — Charles Naumann (*Clinomètre à rondelle*) ; — Louis Necker (*Compas clinométrique*), etc.
Les principaux fabricants d'instruments de mathéma-
tiques, à Paris, pourront fournir et au besoin donner
des renseignements sur la plupart des instruments
employés en France par les géologues ; on pourra, si
l'on veut, s'adresser pour cela à M. Breton, avenue
Victoria, nº 8, à Paris. Si l'on préférait un de ceux

inventés ou perfectionnés en Angleterre, on pourrait s'adresser à M. Knight, Forster-Lane, à Londres.

Il doit encore emporter avec lui :

Un ou deux *baromètres* de voyage, munis de leurs thermomètres, pour mesurer les hauteurs. Mais la grande question agitée par les géologues, est de savoir auquel de ces instruments on doit donner la préférence. Nous allons citer ceux qui sont le plus estimés pour ce genre d'opération : 1° le *baromètre à siphon* de Gay-Lussac ; la justesse de toutes les observations faites par ce savant nous ferait pencher en sa faveur ; 2° le *baromètre à siphon* de Deluc, dans lequel on peut empêcher le mouvement du mercure pendant le transport ; 3° le *baromètre* de Gœdeking, qui a le mérite d'être très simple ; 4° le *baromètre à cuvette* de Fortin, en réputation à cause de la grande exactitude de ses résultats ; 5° le même à rondelle en liège, perfectionné par M. Horner ; etc.

Un ou deux *thermomètres*, non seulement pour mesurer les hauteurs avec le baromètre, mais encore pour connaître la température des sources ordinaires et thermales, des lacs, des cavernes, des mines, etc. Il est bon, dans ce cas, de se servir d'un *thermomètre à maxima* et *à minima*. On doit se servir, selon les instructions de M. Boué, du thermomètre de Six pour prendre la température du fond de la mer et des puits artésiens. Saussure, dans ses voyages dans les Alpes, a décrit deux appareils pour faire l'estimation de la température des mers dans leurs plus grandes profondeurs.

Des *galvanomètres*, et des fils de cuivre, pour les mettre en communication avec les filons métallifères dont on veut connaître l'électro-magnétisme.

Un *aéromètre*, pour déterminer la pesanteur spécifique des eaux thermales ou salines. Celui de Ni-

d cholson est encore le plus généralement employé;
n mais, cependant, quelques personnes préfèrent celui
ʒl de Farenheit, perfectionné par G.-G. Schmidt.

Un *bathomètre* serait un instrument très commode
ɔc pour mesurer la profondeur des lacs et des fleuves;
ɑ mais malheureusement ces instruments ne sont pas
ɪɪ encore assez parfaits pour qu'on puisse avoir une
ɪɪ entière confiance dans leur emploi. Il sera donc plus
ɪɪ sûr, pour faire ces opérations, de se munir tout sim-
c plement d'un fil à plomb ordinaire.

Un *hygromètre*, afin de pouvoir faire des expé-
ɪɪ riences météorologiques, si l'occasion s'en présente.

Enfin, M. Boué pense qu'un *cyanomètre* peut de-
ɪ venir utile si l'on visite les hautes chaînes de mon-
ɪɪ tagnes.

4° *Instruments de dessin.*

Ces objets qui servent à dessiner des profils, des
ɪ coupes, des vues, etc., consistent en un portefeuille
ɪ à dessin, en crayons de divers numéros, de couleurs
ɪ variées et en mine de plomb, avec d'autres crayons en
ɪ composition noire et dure, etc.

Les personnes qui ne savent pas dessiner se ser-
ɪ viront de la *chambre claire (camera lucida)* perfec-
ɪ tionnée par M. Amici. Cet instrument consiste en un
ɪ prisme en verre à base trapézoïdale, ayant un angle
ɪ à 90 degrés, et l'autre à 135 degrés. On donne à ce
ɪ prisme une direction telle que l'image des objets que
ɪ l'on veut voir ou dessiner vient se fixer sur un des
ɪ côtés intérieurs du prisme, tandis que celui qui re-
ɪ garde ne croit le voir que fort au delà de la surface
ɪ réfléchissante. Si l'on place une feuille de papier blanc
ɪ à ce point, les objets viennent s'y figurer jusque dans
ɪ leurs moindres détails, même à une faible lumière;
ɪ grâce au perfectionnement fait par M. Amici, on en

peut aisément suivre les contours avec un crayon. Cet
instrument coûte de 36 à 100 fr.

Pour peu que l'on sache manier un crayon, on
pourra très bien se servir du cadre qu'emploient les
peintres pour dessiner la perspective d'un point de vue.

Les quatre tringles *a, a, a, a,* de ce cadre (fig. 29),
forment un rectangle léger d'une grandeur arbitraire,

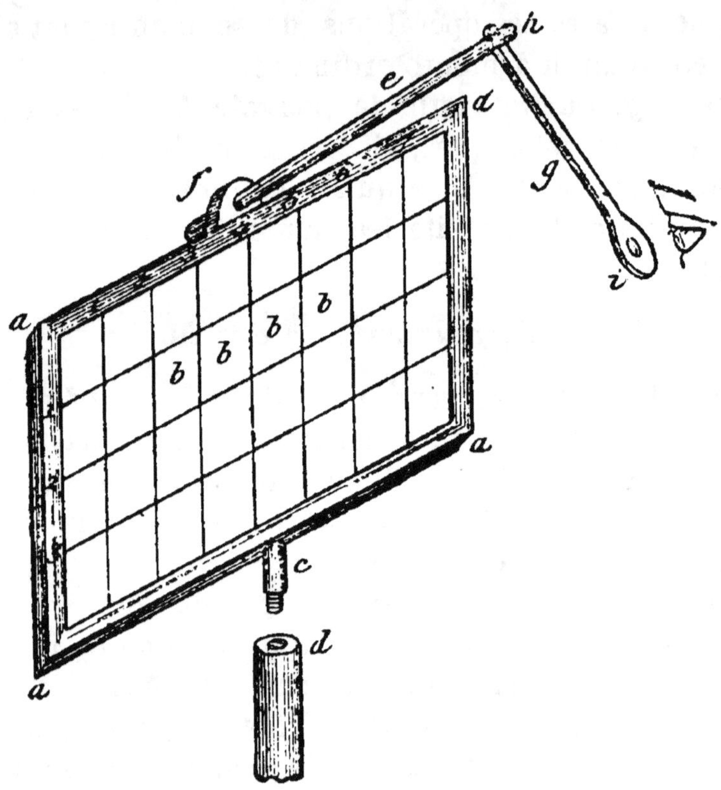

Fig. 29.

mais qui néanmoins ne peut pas avoir moins de 80 centimètres à 1 mètre de longueur sur 65 centimètres de
hauteur. On le divise très régulièrement, comme on
le voit, en 4 parties ou davantage, sur toute sa longueur et sa largeur, puis on tend des fils de soie des
divisions d'en haut aux divisions correspondantes d'en

bas, et d'autres fils sur les divisions des côtés. Il en résulte que ces fils forment par leur entrecroisement autant de petits carrés réguliers, *b*, *b*, *b*, *b*.

Le cadre est porté en *c* par un petit support qui se visse dans l'écrou du bâton *d*, lequel se pique en terre pour maintenir solidement l'instrument.

Au sommet du cadre, en *f*, se glisse dans un trou la petite tringle de bois *e*, qui peut s'avancer ou se reculer à volonté dans le trou *f*. Une autre petite tringle *g* est assemblée dans la première, en *h*, au moyen d'un boulon ; elle a également un mouvement libre, qui permet d'approcher ou de reculer facilement du cadre le trou visuel *i*.

Pour se servir de l'instrument, on a une feuille de papier sur laquelle sont légèrement tracés des carrés semblables à ceux formés par les fils sur le cadre, et en même nombre. On les fait plus ou moins grands, selon que l'on veut exécuter le dessin à une échelle plus ou moins grande. Alors on regarde par le trou *i*, et l'on dessine dans chaque carré du papier les objets que l'on aperçoit dans chaque carré du cadre (1).

Il est bon de se munir de *tablettes en peau d'âne*, sur lesquelles on puisse effacer l'écriture en les lavant, ou d'un livret en papier ordinaire pour écrire dessus avec les crayons.

On doit encore s'approvisionner des objets suivants, qui sont indispensables au voyageur :

Une main de papier pour écrire le journal du voyage.

Une bonne quantité de papier brouillard et de papier Joseph, pour envelopper les minéraux recueillis.

---

(1) La photographie, qui a fait de si grands progrès, est appelée à rendre des services très importants à l'étude de l'histoire naturelle et spécialement de la géologie ; elle peut suppléer à tous les instruments à dessin usités avant sa découverte.

Un *télescope achromatique* de 45 à 65 centimètres de longueur, pour s'orienter ou examiner les parties de montagnes où l'on ne peut parvenir.

Une *carte* du pays, collée sur toile, qu'on aura soin de choisir la plus exacte et la plus détaillée que l'on puisse se procurer. Ces cartes sont aussi indispensables au géologue que le compas.

Un petit *havresac* en cuir, avec deux courroies qui traversent sur la poitrine. Ce sac sert à renfermer toutes sortes de petits objets, des outils, du papier, etc., et les minéraux que l'on a recueillis, en attendant qu'on soit arrivé à un endroit où l'on puisse les emballer.

Un *mètre* pliant, avec une lame d'arrêt, servant à mesurer l'épaisseur des couches, etc.

Si l'on visite des glaciers, il sera également nécessaire de se munir de *crampons de montagnes*, de *cordes*, d'*échelles*, de *haches* pour se tailler des escaliers sur les pentes rapides, de *pelles* pour déblayer la neige, de *lunettes* vertes ou bleues, ou simplement d'un voile de crêpe bleu, pour se préserver la vue de la réflexion de la lumière sur les neiges.

Enfin, ce que nous ne regardons pas comme la chose la moins essentielle, un bon exemplaire bien cartonné ou relié du *Guide du Géologue-Voyageur*, par M. Ami Boué. On trouvera dans cet excellent ouvrage une foule de détails intéressants, que le cadre de notre Manuel ne nous permet pas de donner ici.

§ 2. PALÉONTOLOGIE.

On donne ce nom à l'étude des fossiles appartenant au règne animal. Mais, à l'exemple de quelques géologues, nous étendrons l'acception de ce mot à tous les débris des corps organisés, c'est à dire des animaux et des plantes.

Certaines localités, par exemple Grignon, Montmartre, Maestricht, Œningen, plusieurs cantons de l'Auvergne, etc., sont célèbres par leurs fossiles, et, par conséquent, sont connues de tout le monde ; chaque province renferme aussi son endroit cité pour cela. C'est donc dans ces lieux, d'abord, que le naturaliste dirigera ses recherches ; mais il ne renoncera pas, pour cela, à les porter aussi dans des localités inconnues jusqu'à ce moment aux géologues, et l'habitude lui fera bientôt reconnaitre au premier coup d'œil les terrains dans lesquels il devra fouiller pour faire de nouvelles découvertes. La seule précaution à prendre est de ne pas se charger d'objets communs, ou, pour nous expliquer plus clairement, de coquilles communes et, pour cette raison, peu intéressantes. Nous parlons des coquilles, parce que tous les autres fossiles, ossements d'animaux ou fragments de végétaux, quels qu'ils soient, sont toujours précieux, et doivent être recueillis avec soin. Les mines de craie, de plâtre et de houille, sont des localités que le paléontologiste doit surtout explorer avec attention, parce que beaucoup sont riches en plantes et en animaux.

Il ne dédaignera pas de questionner les simples ouvriers, tels que mineurs, carriers, sapeurs, terrassiers, etc., et tous ceux qui exercent des états les mettant à même de faire quelques remarques à ce sujet. De simples cultivateurs pourront même quelquefois lui donner des renseignements très utiles, ne fût-ce que pour lui enseigner les grottes et les cavernes que le pays peut renfermer dans ses montagnes.

La découverte d'une caverne, qui n'aurait pas encore été explorée par les géologues, pourrait devenir précieuse, car la plupart contiennent des dépôts plus ou moins abondants d'ossements fossiles. Pour les y trouver, il ne s'agit que d'en creuser le sol à 1^m30 ou 1^m60 au plus, quelquefois beaucoup moins. Il suffira donc de faire faire, de distance en distance, quelques trous étroits à cette profondeur, pour s'assurer de ce qu'on peut y trouver, et se déterminer à faire des fouilles en règle ou à abandonner ses recherches.

Ici nous dirons que les géologues donnent le nom de *fossile* à des os non pas seulement pénétrés, en tout ou en partie, par une substance pierreuse, mais à tout corps organique pétrifié ou non, pourvu qu'on le trouve dans une couche qu'ils supposent ancienne (1).

Le naturaliste recueillera donc avec le plus grand soin tous les os qu'il pourra trouver, sans négliger même les plus petits, car ces derniers sont toujours très essentiels au squelette et souvent une dent, une phalange, seront d'une plus grande utilité pour reconnaître la famille et le genre de l'animal, que tout le reste de sa charpente osseuse.

Souvent on trouve pêle-mêle les ossements de plusieurs animaux de différentes espèces. Dans ce cas, il faut bien les ramasser tels qu'on les trouve, et sans ordre. Mais aussi il peut se trouver que les os qui composaient un seul squelette soient rapprochés les uns des autres ; alors il faut les recueillir séparément et les serrer à part, en se donnant bien garde de les mêler avec des os trouvés plus loin et n'appartenant probablement pas au même individu. On enveloppera

(1) Le nom de *pétrification* qu'on donne à certains fossiles, provient d'une erreur. Un corps organique ne peut pas se changer en *pierre* ; mais, par des procédés qui, le plus souvent, nous restent inconnus, la nature a fréquemment remplacé sa substance, molécule à molécule, par une autre substance minérale.

séparément chaque os que l'on croira appartenir au même squelette, puis on les mettra tous ensemble dans une boîte particulière, ou au moins dans un sac déposé dans la boîte commune. En ce cas, il est si nécessaire que ces os ne se mêlent pas à d'autres, qu'il ne faut pas se contenter, pour pouvoir les réunir, de simples étiquettes numérotées, qui pourraient se déranger en route ou se déchirer par le frottement.

Ce que nous disons s'applique également aux os trouvés dans les couches d'alluvion et autres. On conçoit aisément qu'au moyen de cette précaution, prise avec soin, il sera fort aisé de reconstituer, en tout ou en partie, le squelette de l'animal, tandis que cela devient extrêmement difficile, même au meilleur anatomiste, si les os de plusieurs espèces ont été placés ensemble pêle-mêle.

Il est des objets que l'on ne peut se procurer qu'en les cherchant soi-même, et les fossiles sont de ce nombre, car on ne les trouve pas, ou du moins très rarement, dans le commerce. Il faut donc redoubler de zèle, et employer tous les moyens pour se les procurer. Il arrivera quelquefois que, trompé par de faux renseignements, on fera quelques courses infructueuses ; mais on ne doit pas se décourager pour cela : il n'en faut qu'une pour indemniser et au-delà le naturaliste de toutes ses peines.

On ne négligera jamais d'assister à toutes les fouilles faites pour le creusement des caves, des puits, des canaux, etc., car non seulement on pourra y trouver des choses précieuses, mais encore ces travaux fourniront de bonnes occasions pour étudier les couches de terrain.

Les ossements fossiles que l'on trouve dans les roches sont ordinairement incrustés dans la pierre.

Dans ce cas, pour ne se charger que du nécessaire, on casse la pierre qui les contient, de manière à n'avoir à emporter que le plus petit morceau possible ; mais il faut bien se donner garde de briser la moindre petite portion des os, et si cela arrivait par accident, il faudrait emporter soigneusement le morceau cassé pour le rapprocher, ou même le recoller, au moyen de gomme, à l'échantillon d'où il sortirait.

Quelquefois les os sont encroûtés de telle manière, que l'on comprend la nécessité de les dégager des matières étrangères qui les recouvrent. En ce cas, il faut tenter l'opération, mais seulement quand l'échantillon est arrivé à sa destination, à cause des accidents de voyage. Voici donc ce que l'on devra faire :

Si l'échantillon est assez lourd, on le placera simplement sur une table ; s'il est léger, on le fixera au moyen d'un étau, mais entre deux épaisses plaques d'un liège très mou, et même recouvertes de coussinets faits de quatre ou cinq doubles de drap vieux et épais, si on le juge à propos, pour éviter un accident. On commencera par nettoyer la surface des os qui est apparente, et pour cela on se servira, selon le besoin, d'un canif, d'une lime douce, de ciseaux de différentes grosseurs que l'on poussera avec beaucoup de précaution, soit à la main, soit avec un petit maillet de bois, et enfin de gouges à gorge ronde, de diverses grandeurs. Jusque-là, quand l'opération est faite avec soin, elle est presque sans danger pour l'échantillon ; mais, comme il n'en est pas de même pour celle que nous allons décrire, on fera bien, si l'objet est précieux, d'en prendre un moule, sans attendre davantage.

Pour cela, on huile parfaitement toute la surface de l'échantillon, et l'on coule dessus du plâtre blanc de mouleur, comme on le pratique pour les fruits artificiels et les champignons en cire, conformément à la méthode de Théodore Susemihl.

Quand le moule est levé, on le laisse sécher ; s'il est en plusieurs pièces, on les rapproche et on les maintient solidement ensemble avec des ficelles ou des cordes. On graisse ou l'on huile l'intérieur du moule ; on y coule du plâtre liquide, et quand l'empreinte est bien prise, on la sort du moule pour la faire sécher. Ces empreintes, quand elles sont bien faites, sont très utiles à l'étude et se placent, en conséquence, dans des cabinets de fossiles ; elles deviennent précieuses pour les naturalistes qui n'ont pas la possibilité de voir l'original, surtout quand un accident a brisé ce dernier. C'est ainsi que le Muséum de Paris possède une tête de *dinothérium*, un squelette presque entier de *mégathérium*, etc.

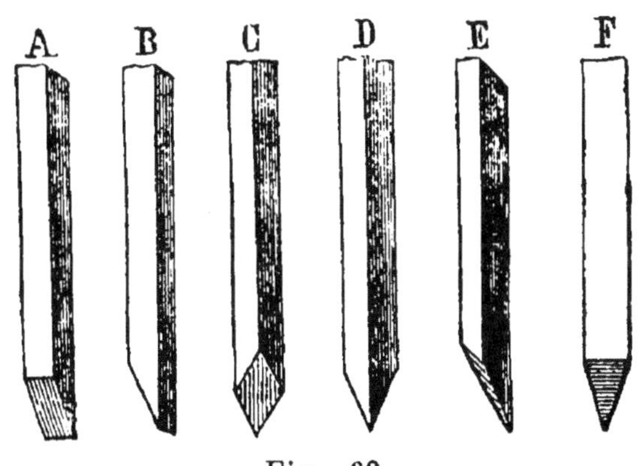

Fig. 30.

Il s'agit maintenant de dégager, dans l'échantillon, les os qui se trouvent enfoncés trop avant dans la pierre pour être étudiés. On se sert, pour cela, de burins semblables à ceux des graveurs, mais implantés dans des manches plus longs et aiguisés en biseau (fig. 30). Les burins A B sont carrés et les burins C D sont pointus, mais chacun a une forme différente appropriée aux besoins de l'opérateur ; les burins E F sont de véritables échoppes. Avec un peu d'attention, on apprendra vite à s'en servir.

Au moyen d'un de ces outils, on entaille doucement la pierre, en suivant tout le long de l'os, sans entamer ni rayer celui-ci. Quand il y a un petit sillon de fait, on élargit avec le burin, et enfin l'on fait sauter la pierre en petits éclats avec le ciseau.

Il arrive quelquefois que les os sont d'une substance tellement friable, qu'un coup un peu trop brusque les fait tomber en poussière. Nous avons perdu une mâchoire parfaitement conservée de *petit anaplotérium* de Montmartre, pour avoir laissé tomber l'échantillon de 30 centimètres de haut, tout au plus, sur une table de bois ; la mâchoire entière est tombée en esquilles si petites, qu'il nous a été impossible de la rétablir en la collant. Nous avons remarqué que, pour éviter de semblables accidents, il faut se méfier surtout des os qui ont une couleur d'un fauve assez vif ou de terre de Sienne.

Quand on a des raisons pour croire qu'un bloc contient des parties qu'il serait impossible de mettre à découvert, on le scie par le milieu, et l'on a ainsi deux parties que l'on peut ensuite plus ou moins découvrir. C'est principalement pour les végétaux et les poissons, dont on n'a souvent que les empreintes, que cette méthode peut devenir très utile.

Les empreintes, quand elles sont bien franches, doivent également se recueillir, et souvent elles ont autant de mérite que les autres fossiles. Par exemple, l'empreinte bien nette d'une feuille fera plus aisément reconnaître à quelle espèce on doit rapporter un arbre, qu'un morceau pétrifié de son tronc. D'ailleurs, on ne peut guère avoir autre chose des poissons à squelette cartilagineux.

Il est assez rare de trouver des fossiles véritable-
ment pétrifiés, si ce n'est de quelques zoophytes,
et, encore plus rarement, de quelques fruits. Ce qu'il
y a de singulier, c'est qu'on trouve presque toujours
ces objets, les madrépores surtout, à l'état libre, ou
seulement encroûtés dans une pâte terreuse que l'on
fait aisément disparaître au moyen de lavages et
d'une brosse. Quant aux coquilles fossiles, pour les
dégager de leurs roches sans s'exposer à les briser, on
est quelquefois obligé d'employer de l'acide nitrique
ou eau-forte des graveurs, étendu d'eau. On en passe
avec un pinceau sur la roche, en évitant, autant que
possible, d'en épancher sur la coquille ; on trempe
celle-ci dans l'eau fraîche, on brosse avec une brosse
rude, puis on recommence cette opération jusqu'à ce
que la roche ait entièrement disparu.

Les houillères, en particulier, fournissent une grande
quantité de fossiles appartenant aux végétaux. Il faut,
pour ne pas risquer de les briser, se déterminer à
emporter d'assez grosses masses de houille, car le
clivage de celle-ci est très irrégulier, et elle se
rompt souvent d'une manière tout à fait inatten-
due.

§ 3. MINÉRALOGIE.

Les métaux se trouvent généralement dans les
mines exploitées ; cependant on en rencontre quelquefois, sous différentes formes et combinaisons, dans le
lit des rivières, dans des masses de roches que l'on
brise à coups de marteau pour les en extraire, et
même à la surface du sol.

Les pierres ou roches se trouvent de la même manière et s'échantillonnent de même. Pour tous les
minéraux, on choisira de préférence les morceaux
encore attachés à la roche, parce que les autres sont

presque toujours endommagés par le frottement, ou même par le simple contact de l'air. C'est aussi par cette raison qu'on préférera ceux qui sont placés dans une certaine épaisseur du banc, et non ceux qui sont à la superficie. Dans l'emballage et le transport, on ménagera principalement le côté de la cassure, afin que celle-ci restant fraîche, puisse être étudiée plus facilement pour la classification.

Un long séjour dans un pays de montagnes, qui souvent sur un seul point renferme les minéraux les plus beaux et les plus variés, est sans doute le meilleur moyen offert au naturaliste qui veut faire une collection de minéraux. Là, il est continuellement à même d'observer, et de profiter des occasions qui se présentent. Rien ne s'oppose au regard scrutateur de celui qui observe ; partout il peut trouver des échantillons curieux. Outre cela, le minéralogiste marche à son but avec peu de dépense, s'il compare ses excursions aux voyages plus variés et plus longs des autres naturalistes.

Mais celui qui n'est pas dans la même position, et qui veut recueillir lui-même une collection de minéraux, ne peut le faire qu'en voyageant. Il rencontrera d'abord de nombreux obstacles, mais bientôt son œil exercé le mettra à même de s'épargner des recherches inutiles. Les revers de montagnes sont souvent riches en minéraux cachés sous la terre, et on les trouve là où souvent on ne s'attendait pas à les rencontrer.

Avant d'entreprendre un voyage minéralogique, il faut nécessairement connaître, au moins généralement et au moyen de bonnes cartes et de relations, s'il en existe, les localités que l'on veut parcourir, les montagnes qui dominent le pays, l'ordonnance des différentes couches et lits qui les entourent, et prendre en note ce que chaque lieu offre de particulier.

La science des couches conduit souvent, par l'analogie et par des remarques faites à la surface, à la recherche et à la rencontre de riches minéraux.

Pour s'embarrasser le moins possible en voyage, on s'informe des moyens de transport dont on peut faire usage, et l'on emballe avec soin les objets que l'on a collectionnés. Le peu d'expérience de l'emballage cause souvent des dégâts, surtout dans les objets délicats et fragiles. On procède ainsi qu'il suit.

EMBALLAGE DES MINÉRAUX

A. On sépare d'abord les objets durs, massifs et pesants, les minéraux qui n'ont pas de forme bien déterminée, et on les place au fond des caisses, sur un premier lit de mousse, de foin, ou autre matière molle, suivant leur grosseur, leur dureté et leur poids. Chacun doit être enveloppé de papier brouillard recouvert d'un papier plus fort. Les échantillons larges et plats se posent sur champ, et non horizontalement, leur bord étroit appuyé sur le fond de la caisse, et leur face la plus large portant sur les côtés. On assujettit le tout en glissant de la mousse entre tous les échantillons, et en la pressant dans les vides avec un petit bâton. On place un nouveau lit de mousse pour poser des objets plus légers, et ainsi de suite, jusqu'à ce que la caisse soit pleine, en ayant soin que les plus petits et les plus légers soient tout à fait en dessus.

B. Les échantillons légers et d'une substance tendre s'enveloppent avec du papier Joseph que l'on recouvre d'étoupe ou de filasse et d'un fort papier sur le tout.

C. Les cristaux sont quelquefois d'une consistance très solide ; dans ce cas, on les emballe comme nous le disons à la lettre A ; mais, en les plaçant dans la caisse, on a le soin de coucher la partie cristallisée dans la direction des côtés de la boîte, et de bourrer avec de la filasse les interstices qui peuvent se trouver entre les pointes ou les prismes cristallisés.

D. Pour les minéraux cristallisés ou non, dont la délicatesse est telle qu'on ne peut, sans crainte de les endommager, les envelopper de la manière ci-dessus, comme le plomb carbonaté, le spath calcaire, le gypse, etc., on les enveloppe d'abord de coton, que l'on recouvre d'un papier brouillard, on fait une troisième enveloppe avec de la filasse, une quatrième avec du papier fort, et on les place ainsi dans une boîte où, au besoin, on les assujettit avec de la ficelle. Si la boîte est petite et solide, on peut sans inconvénient la mettre dans une des grandes caisses.

E. Quant aux fossiles qui offrent de la solidité, on les traite comme les minéraux ; mais ceux qui sont fragiles et délicats, tels que les ossements d'oiseaux, de petits mammifères, trouvés dans les cavernes ou dans les couches alluviales, doivent être enveloppés de coton et de filasse, comme nous venons de le dire ; mais on doit avoir la précaution de placer ensemble, dans une même caisse ou boîte, tous les fragments que l'on croit appartenir au même squelette, sans les mélanger avec d'autres.

F. Chaque échantillon doit être numéroté avec soin, sur un morceau de papier que l'on place sous les enveloppes, ou ce qui vaut mieux, quand cela se peut, avec de l'encre ordinaire ou de la couleur noire au vernis, sur une de ses faces mêmes.

Sur un agenda tenu en double, dont on dépose l'un dans la caisse et dont on garde l'autre avec soi, on porte les numéros dans leur ordre numérique, et l'on ajoute après chacun d'eux : 1° le nom de la substance de l'échantillon ; 2° le nom du pays et de la localité où il a été trouvé ; 3° la nature de la couche ou de la roche dans laquelle il était ; 4° l'époque à laquelle il a été recueilli ; 5° les observations auxquelles sa rencontre peut avoir donné lieu.

G. En emballant ces différents objets, on serre les échantillons les uns contre les autres pour empêcher le mouvement de la voiture de les heurter et de les briser. On bouche avec de la rognure de papier tous les interstices qui peuvent exister entre eux ; néanmoins il faut qu'il y ait entre chaque morceau un intervalle rempli de foin ou de mousse pour éviter leur frottement. Il faut surtout avoir bien soin de placer un lit de cette mousse sous le couvercle avant de fermer la caisse.

Le printemps et l'automne sont les saisons les plus favorables pour les voyages minéralogiques et géologiques dans les montagnes peu élevées et les pays plats. En été, la chaleur est trop forte et l'on se fatigue aisément, surtout en juillet et en août. On ne doit, pendant ces mois, voyager que depuis le lever du soleil jusqu'à dix heures, et, l'après-midi, depuis trois heures jusqu'au soir. Les mois de septembre et d'octobre sont les plus convenables pour ces voyages, parce que, la campagne étant dépouillée, on peut abréger les courses et s'orienter plus facilement.

Néanmoins, le géologue dont le but est d'étudier le lit des rivières et des torrents pour reconnaître les cailloux, les alluvions, les couches des berges, etc., sera bien forcé de braver les chaleurs de l'été et de profiter des grandes sécheresses pour trouver les lits à sec ou découverts en partie.

Les voyages dans les hautes montagnes demandent d'autres dispositions : ils peuvent se faire vers le milieu du mois de juin et continuer jusqu'à la fin de

septembre. On choisit les jours où les nuages et la
sérénité du ciel permettent de s'élever jusqu'au sommet des plus hauts pics ; et, quand il faut plusieurs
jours pour y parvenir, on fait, dans le commencement,
de petites journées.

Nous terminerons par un conseil excellent pour tous
les voyageurs, et particulièrement pour les géologues
qui sont constamment dans les chemins de traverse, et
qui souvent, surtout lorsque les Etats où ils se
trouvent ont des limites naturelles, telles qu'une
rivière ou une chaîne de montagnes, sont obligés de
passer plusieurs fois d'une frontière à l'autre : c'est de
se munir de bons passeports et d'avoir constamment
leurs visa en règle. Cette précaution est moins indispensable depuis que divers Etats ont suivi l'exemple
donné par la France et l'Angleterre, en abolissant la
visite des passeports. Cependant, ils feront bien de
s'en munir lorsqu'ils devront voyager d'un pays dans
un autre où cette mesure libérale n'a pas encore été
introduite.

CHAPITRE XII

Achat des Objets d'Histoire naturelle.

Les personnes qu'un goût prononcé pour l'histoire
naturelle détermine à former des collections sans avoir
la faculté d'y sacrifier beaucoup de temps, sont
obligées de renoncer à faire elles-mêmes des chasses
et des recherches. Il faut donc qu'elles se procurent
les individus qu'elles veulent réunir sous leurs yeux,
chez les marchands de curiosités, les voyageurs et les
brocanteurs. Quelques conseils sur ce sujet ne peuvent
que leur être utiles.

Le prix des objets d'histoire naturelle n'est point
arbitraire, comme on pourrait le croire au premier

coup d'œil. Dans un temps déterminé, une pièce vaudra une certaine somme, et ne se vendra jamais au-dessous, si le marchand la connaît, ce qui n'arrive pas toujours, ni au-dessus, s'il est de bonne foi. Mais il est possible que cette valeur diminue tout à coup de cinq cents pour cent, et en fort peu de temps ; il ne faut pour cela qu'un envoi considérable du pays d'où vient cette pièce. Nous pourrions citer des coquilles qui s'estimaient 300 fr. il y a un an, et qu'on pourrait aisément se procurer aujourd'hui pour 5 ou 6 fr. L'amateur doit donc se tenir toujours au courant de ces fluctuations de prix, à moins qu'il ne s'adresse à un naturaliste connu et établi, comme il y en a dans la capitale.

Mais il ne suffit pas de bien connaître les prix courants, il faut encore parfaitement savoir ce qui fait la valeur d'un individu. Si c'est un oiseau, par exemple, il faut qu'il soit adulte ; le mâle a presque toujours une plus grande valeur que la femelle. Il y a beaucoup de détails à observer, et nous allons décrire chaque article à sa place.

1. Les *Oiseaux*. On les achète en peau ou montés. Dans le premier cas, il faudra voir s'il ne leur manque rien. On visitera le bec, la huppe, s'ils doivent en avoir une, et principalement s'il ne leur manque pas quelques plumes essentielles de l'aigrette. Les pattes doivent être entières, point rongées, ni coloriées artificiellement, ainsi que le bec ; les rémiges, ou grandes plumes des ailes, doivent être intactes, car c'est de leur longueur comparative que l'on tire des caractères spécifiques très essentiels. La queue doit avoir conservé toutes ses pennes. Enfin, comme nous l'avons dit, l'animal doit être adulte et entier. Voilà pour l'oiseau ; voyons pour sa préparation. On s'assurera que la peau n'est pas brûlée, en la tirant un

peu sur ses bords ; si elle se déchire facilement, si elle
a contracté une couleur brunâtre, il faut la rejeter, ou
l'on sera obligé de monter l'oiseau pièce à pièce. On
s'apercevra si les plumes sont rongées par les insectes, lorsqu'elles se détacheront au moindre effort,
ou même en soufflant dessus ou en agitant la peau ;
dans ce cas, la pièce est perdue, et il serait même dangereux de la placer dans une collection, parce qu'elle
pourrait infester les autres. On visitera exactement la
robe entière de l'animal, pour voir si quelques endroits ne sont pas trop dégarnis de plumes pour ne
pouvoir plus en être recouverts ; enfin, il faudra que
le plumage n'ait aucune tache essentielle, qu'il soit
frais, coloré et brillant.

On visitera un oiseau monté avec la même attention,
mais, de plus, on prendra garde à ce que toutes ses
parties lui appartiennent bien ; car il arrive assez
souvent que des brocanteurs de mauvaise foi montent
un oiseau de toutes pièces, c'est à dire qu'ils prennent
le bec d'une espèce, les pattes d'une autre, les pennes
ou quelques plumes d'une troisième, et qu'ils réunissent le tout sur un individu auquel manquaient ces
parties. Il faut encore voir si la peau est entière, sans
trous, ni déchirures, ni raccommodages, enfin si elle
peut encore être ramollie, afin qu'on puisse aisément
remonter l'animal et lui donner une nouvelle attitude,
si celle qu'il avait était mauvaise.

2. Les *Mammifères* sont dans le même cas que les
oiseaux, et doivent être visités de la même manière
lorsqu'ils sont en peau ; montés, il faudra voir de même
si toutes les parties leur appartiennent ; si, par exemple, on n'a pas fait un tigre avec une peau de zèbre,
un éléphant avec des cuirs de bœuf, etc. Et qu'on ne
prenne pas ceci pour une plaisanterie, car nous avons
vu faire à un naturaliste de Paris, mort depuis quel-

ques années, un hippopotame avec deux cuirs de vache, un lama avec des peaux de chèvre, et une girafe avec des vieilles peaux de tigre et de léopard ! Ces faits sont connus d'un grand nombre de personnes. C'est par les dents que l'on classe la plupart des mammifères avec la plus grande exactitude : on veillera donc à ce que la pièce ait les siennes, les ait toutes et bien entières.

3. Les *Reptiles*, ayant la peau lisse, prêtent moins à la fraude ; cependant il arrive parfois que, ayant séjourné dans une liqueur spiritueuse au-dessus de 20 degrés, ils ont perdu leurs couleurs naturelles qu'on a cherché à leur rendre en les peignant après les avoir montés. Pour peu qu'on les examine de près, on s'apercevra facilement de la ruse. Nous avons vu quelquefois de grands serpents auxquels la tête manquait ; des préparateurs, en taillant et repliant la peau avec beaucoup d'art, avaient su leur en former une factice, tellement bien faite que, sans une scrupuleuse attention, on aurait fort bien pu s'y méprendre. Il est possible aussi de trouver des tortues dont la tête, les membres et la queue appartiendront à une espèce, tandis que la carapace et le plastron auront été fournis par une autre.

4. Les *Poissons*, ayant à peu près la même peau que les serpents, sont dans le même cas ; cependant, il serait possible d'être trompé, si l'on ne suivait avec exactitude toutes les coutures, afin de s'assurer, dans les grandes espèces, qu'on n'en a pas fait un gros avec deux petits. Cuvier, quelques années avant sa mort, fut nommé expert par les tribunaux pour constater un fait semblable ; et, ce qu'il y a de singulier, c'est qu'il eut beaucoup de peine à reconnaître la fraude, et qu'il hésita longtemps avant de se prononcer. Ce qui embarrassait notre grand naturaliste, c'est que

le préparateur de cette pièce, homme instruit en histoire naturelle, avait eu l'idée de *créer* une espèce nouvelle, et, dans sa composition fantastique, il avait assez bien conservé les analogies dans les caractères et leur subordination. Il est fort rare de trouver les poissons empaillés ayant conservé leurs couleurs, aussi ne devra-t-on pas être trop rigoureux sur ce point.

5. Les *Insectes* prêtent à la fraude plus qu'aucune autre classe d'animaux, et la fraude est, dans ce cas, très préjudiciable, parce que les parties qui sont rapportées sont les plus essentielles pour le classement des genres, et pour reconnaître les espèces et les sexes. On voit assez que nous voulons parler des antennes et des pattes. Lorsque les insectes sont très secs, ces parties se détachent et tombent avec la plus grande facilité et au moindre choc. Si les brocanteurs ne les retrouvent pas dans la boîte, ou qu'ils ne sachent pas reconnaître celles qui appartiennent à chaque individu, ils en prennent au hasard sur d'autres espèces plus communes, et les collent avec adresse au moyen d'un peu de gomme dissoute dans de l'eau ; il en résulte que, lorsqu'on veut étudier ces espèces, on est fort étonné de leur trouver des caractères tout à fait différents, non seulement de ceux qu'ils devraient avoir, mais encore du genre ou même de la famille et de l'ordre auxquels ils appartiennent. On a vu des gens porter la mauvaise foi jusqu'à créer de nouvelles espèces en réunissant les parties de plusieurs insectes pour en former un seul.

Le naturaliste dont l'œil est exercé à reconnaître de suite le *facies* de ces petits animaux, ne se laisse jamais surprendre à de semblables supercheries ; il reconnaît à la première vue si un insecte raccommodé l'a été avec ses propres membres ; mais les jeunes débutants dans l'attrayante carrière de l'entomologie, feront très bien de rejeter les individus qui leur feraient naître le moindre doute. Et ils feront mieux encore, quand ils voudront faire un achat, de s'adresser à des marchands honnêtes et offrant une garantie scientifique.

6. Les *Crustacés* sont rarement entés de pièces étrangères, parce que, toutes les articulations de leur test s'engrenant les unes dans les autres par un mécanisme assez compliqué, il serait fort difficile, peut-être impossible, de rencontrer des pièces qui s'ajustassent assez bien pour ne pas laisser apercevoir la fraude. La seule chose à observer, lorsque l'on achètera de ces animaux tout montés, c'est de voir s'ils ont conservé leurs couleurs, et de s'assurer que le dedans a été parfaitement vidé. Sans cela, les dermestes s'y logeraient, et, après avoir dévoré les muscles, ils attaqueraient les ligaments des articulations, et la pièce finirait, en peu de temps, par tomber en morceaux, qu'il serait long et difficile de rajuster.

7. Les *Coquilles* sont encore des objets sur lesquels il est très facile de se laisser tromper. Si l'on ne les connaît pas parfaitement, l'œil le plus subtil ne s'apercevra pas de leur altération. Les caractères des coquillages univalves sont à la bouche, et le moindre changement dans cette partie peut faire tout d'un coup sauter une coquille d'un genre dans un autre. Lorsqu'une espèce précieuse par sa rareté tombe entre les mains d'un marchand, si la bouche est un peu endommagée par une fracture, il ne manque jamais de la refaire à sa fantaisie au moyen de la lime et de la meule, d'où il résulte qu'il fait disparaître ses caractères, au qu'au moins il les rend méconnaissables au point d'induire en erreur celui qui les étudie sans défiance. D'autres fois, une coquille a été roulée

ou piquée plus profondément, mais assez pour lui faire perdre son brillant et ses couleurs ; il l'usera sur une meule, et, avec l'huile et l'émeri, il viendra à bout de lui rendre un très beau poli, mais jamais ses formes et ses couleurs.

Enfin, l'on trouve rarement des coquilles multivalves complètes, c'est à dire munies de toutes leurs parties ; si l'on n'en connaît pas exactement le nombre, on risque d'acheter pour entières des coquilles dont on n'aura réellement que quelques fragments.

Si l'on achète des bivalves, on choisira celles dont les charnières sont intactes, et l'on prendra garde à ce que la pièce supérieure et la pièce inférieure appartiennent bien au même individu, ce qui se connaîtra aisément au parfait emboîtement des deux parties de la charnière.

Les ruses de quelques marchands colporteurs d'objets d'histoire naturelle vont encore bien plus loin que cela, et toutes ne sauraient être prévues ; mais celles que nous venons de dévoiler sont les plus communes et les plus dangereuses. Ce que nous avons dit suffit pour mettre l'amateur sur ses gardes, et lui en faire découvrir d'autres à l'occasion. Les zoophytes, les plantes et les minéraux ne constituant qu'une très mince branche du commerce de l'histoire naturelle, on n'a pas trop essayé jusqu'à ce jour de frauder sur les articles qu'ils fournissent.

Nous devons aussi prévenir les amateurs qui désirent apprendre à empailler, ou qui veulent se faire une collection, qu'il est très important pour eux de savoir bien choisir le préparateur auquel ils accorderont leur confiance.

TROISIÈME SECTION

Emballage et Transport des Objets d'Histoire naturelle.

INTRODUCTION

Dans cette nouvelle édition, nous conserverons ce que nous avons dit dans les précédentes relativement aux soins que doit prendre le naturaliste voyageur ; nous conserverons également les extraits d'un mémoire publié par MM. les professeurs du Jardin des Plantes, contenant une *Instruction sur les recherches qui pourraient être faites dans les colonies, sur les objets qu'il serait possible d'y recueillir, et sur la manière de les conserver et de les transporter*. Chacune de ces citations sera marquée par des guillemets, et nos lecteurs se souviendront qu'elles s'adressent plus particulièrement aux voyageurs qui voudraient faire des envois *utiles à la science,* soit au Muséum d'Histoire naturelle, soit à des naturalistes habitant Paris, la France, ou autres parties de l'Europe. Nous ajouterons, à cet article, dans cette nouvelle édition, quelques notes que l'état actuel de la science rend nécessaires. Quant aux procédés nouveaux de préparation et d'emballage au moyen de l'acide phénique, on les trouvera décrits, soit dans les divers articles qui précèdent celui-ci, soit dans la quatrième section de ce volume, et surtout dans celui qui forme la seconde partie de notre ouvrage.

Nous supposons qu'un naturaliste, voyageant dans des contrées éloignées, veuille faire des envois d'objets qu'il est à portée de recueillir. De la préparation qu'il leur fera subir au moment où ils tomberont entre ses mains, et de la manière dont il les emballera pour les mettre à l'abri des accidents d'une longue route, résultera le succès de son entreprise.

CHAPITRE Ier

Première préparation et Emballage.

§ 1. OISEAUX.

La première chose dont on s'occupera sera de les mettre en peau, c'est à dire de les écorcher et de les préserver absolument comme nous le disons à l'article *Taxidermie*. Cela fait, on leur remplira le corps avec des étoupes, du coton, de la mousse, ou même du foin, s'ils appartiennent à de grandes espèces ; enfin on pourra employer à cet usage toutes les matières molles qu'il sera possible de se procurer avec facilité, pourvu, néanmoins, qu'elles n'appartiennent pas au règne animal, car la laine, le poil et la soie même sont sujets à attirer des insectes destructeurs. Si, malgré ces précautions, on craignait encore l'attaque des insectes, rien ne serait plus facile que d'en préserver ces matières ; il ne s'agirait que de les immerger pendant quelques heures dans une solution extrêmement légère de sublimé corrosif, et de les laisser parfaitement sécher à l'ombre avant de les employer. Non seulement elles ne seraient plus attaquables, mais elles écarteraient même les insectes

de la boîte où les peaux seraient renfermées ; avec 1
ou 2 grammes de sublimé, on pourrait se faire 10 ou
12 litres de solution, et, comme on le voit, la dépense se bornerait à fort peu de chose. Avant de les
bourrer, on aura la précaution de placer les ailes
dans une bonne attitude, en les liant comme nous le
disons dans le chapitre de la taxidermie des oiseaux.
Toute la difficulté, pour bien préparer une peau,
consiste à ne pas trop allonger le cou en le bourrant,
car il est difficile de lui faire reprendre sa grosseur
ordinaire quand on le monte, et la tête a toujours
mauvaise grâce. En bourrant le corps, on cherchera à
lui donner la grosseur et la longueur qu'il doit avoir.
Si l'oiseau est gros, on coudra l'incision qu'on lui aura
faite pour l'écorcher ; dans le cas contraire, on se bor-
nera à rapprocher le mieux possible les deux bords de
la peau.

Si l'on avait à opérer sur un oiseau de la plus grande
taille, tel qu'une autruche, un casoar, un cygne, un
pélican, un vautour, on pourrait, pour prendre moins
de place, lui mettre dans le corps des peaux de petits
oiseaux enveloppées comme nous allons le dire, mais
entremêlées de filasse ou de toute autre matière propre
à bourrer, pour les maintenir en position.

Les oiseaux de taille moyenne ou petite, c'est à dire
depuis la grosseur de la pie et au-dessous, se placent
dans des cornets de papier où on les enfonce la tête la
première, en faisant bien attention que le bec n'accroche pas en route, ce qui ferait prendre à la tête une
mauvaise position fort difficile à réparer par la suite.
Pour les placer dans ces cornets, on les saisit par les
pattes, et on les fait glisser comme nous l'avons déjà
dit au chapitre de la chasse.

Cela fait, on ferme l'ouverture du cornet, mais de
manière à ne pas fatiguer les pennes de la queue

lorsqu'elles sont longues et dépassent cette ouverture.

On a une caisse en bois léger, mais solide ; on fait au fond un lit des matières qui ont servi à bourrer les peaux, et on étend dessus les plus grandes espèces d'oiseaux. On remplit les intervalles qu'elles laissent entre elles avec des espèces plus petites, et l'on fait un nouveau lit de matière par dessus. Le foin de mer est le meilleur que l'on puisse employer à cet usage. Sur le second lit on place les oiseaux moyens ; on les recouvre d'un troisième lit, sur lequel on pose de nouveaux oiseaux plus petits, et ainsi de suite, jusqu'à ce que la boîte soit pleine. Alors on met un dernier lit de foin de mer de la même épaisseur que celui du fond, ou plus épais, s'il est nécessaire, pour assujettir les peaux de manière à ce qu'elles ne puissent ni ballotter, ni se déranger dans le voyage, et néanmoins sans qu'elles soient assez serrées pour prendre de mauvais plis.

Si la caisse dans laquelle elles sont renfermées doit faire un voyage de longue durée et d'outre-mer, on la calfatera dans tous ses joints avec de la corde défilée, à la manière des canots et chaloupes, et l'on passera une ou deux bonnes couches de goudron sur toute sa surface extérieure. Cette méthode est excellente pour empêcher la poussière, les insectes ou l'humidité de pénétrer à l'intérieur. Une caisse ainsi traitée peut rester deux ou trois ans en route, éprouver plusieurs avaries, sans que le dedans en souffre, si l'on n'y a laissé aucun jour.

Si l'on n'avait rien de ce qu'il faut pour mettre un oiseau en peau, qu'on n'eût pas le temps de l'écorcher, ou enfin qu'on voulût l'envoyer en chair afin de servir à des études anatomiques, on pourrait, s'il était très petit, le plonger dans une liqueur spiritueuse, et le traiter comme nous le disons à l'article : *Prépara-tion des quadrupèdes ovipares*. S'il était très gros, on le mettrait dans une barrique, et on le ferait baigner dans la saumure. Nous avons vu des individus qui avaient séjourné assez longtemps dans cette matière, reprendre, sous la main du préparateur intelligent, une partie de la fraîcheur qu'ils avaient avant leur mort.

Quant aux oiseaux montés, il est fort rare qu'on ait un long voyage à leur faire faire. Cependant, si cela était, il faudrait les enlever de dessus leurs socles, les envelopper avec précaution d'une ou plusieurs feuilles de papier roulées en forme de cornet autour de leur corps, et les placer dans une boîte, comme nous l'avons dit pour les peaux. Si le trajet n'était pas trop long et qu'il y eût plus d'économie à en entasser un grand nombre dans un petit espace, on mettrait plusieurs traverses carrées dans une boîte et l'on tortillerait autour les fils de fer des pattes, de manière que les oiseaux placés vers le fond de la boîte fussent droits, et que ceux près du couvercle fussent renversés. Du reste, le goût et l'intelligence peuvent seuls diriger ce genre d'emballage. M. Simon, si connu par les progrès qu'il a fait faire à la taxidermie, a une manière d'emballer les oiseaux montés, qui permet de leur faire faire de très longs voyages sans avoir à redouter les accidents ordinaires à ces sortes d'envois. En outre, comme ces oiseaux restent sur leurs socles ou juchoirs, il en résulte que leurs jambes (ce qui est très essentiel pour la pose) ne se trouvent nullement dérangées ; que l'on ne risque pas, en replaçant l'animal sur un nouveau support, de casser les fils de fer, de poser en avant une patte qui était en arrière, de redresser une jambe qui devait être fléchie, de changer l'attitude caractéristique des doigts, de trop couvrir ou de trop découvrir les talons, de détruire le degré d'écartement ou le parallélisme des tarses, etc.

Méthode de M. SIMON.

Parmi les oiseaux qui doivent être emballés, il choisit le plus grand, et c'est sur ses dimensions que la grandeur de la caisse est calculée ; elle doit être aussi longue que l'animal, à mesurer du bout du bec au bout de la queue, d'une largeur égale à la sienne, et d'une profondeur calculée sur l'épaisseur de son corps. On couche l'oiseau dedans, au lieu de le placer debout, et on le fixe solidement. Voici comment : Le socle étant appuyé contre une des parois de la boîte, on fait un trou de vrille à cette paroi, on y passe une vis à tête, on l'enfonce dans le dessous du socle et on la serre de manière à ce que le socle demeure solidement attaché à la caisse. On passe un fil dans la mandibule inférieure du bec, on lui fait traverser la paroi de la caisse au moyen d'un petit trou dans lequel on enfonce ensuite une petite cheville de bois pour maintenir solidement le fil et par conséquent l'oiseau. Le corps de l'animal, partout où il est nécessaire, est maintenu au moyen de larges rubans de fil qui l'entourent et vont se fixer aux parois de la boîte de la même manière que le fil du bec. Par cette méthode ingénieuse, la caisse, pendant le voyage, peut être mise dans toutes les positions sans que l'oiseau soit ébranlé et endommagé. Tous les autres oiseaux de l'envoi se nichent fort aisément dans les vides que laisse le gros. On les visse par leur socle contre les parois intérieures de la caisse, et, s'il y a d'assez grands vides, on attache leurs socles à des traverses que l'on visse de chaque côté. La manière de les attacher solidement sur les traverses mérite une explication.

La traverse (fig. 31) est une petite planchette de la largeur des socles des juchoirs *b, b, b* ; elle est vissée contre les parois intérieures de la boite en *a, a* ; une ficelle ou un lacet est attaché en *c*, avec un petit clou, dans le milieu de sa longueur, de manière à former deux bouts *d, d*. On croise chaque bout, mais en sens inverse, sur la base des juchoirs *e, e, e*, puis on revient croiser la ficelle dessous la traverse en *f, f* ; on

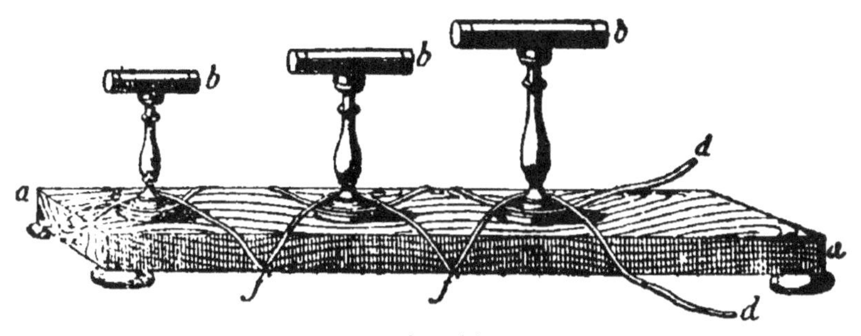

Fig. 31.

revient la recroiser dessus un autre juchoir, et ainsi de suite jusqu'à ce qu'on soit arrivé au bout de la traverse, où on la fixe avec un petit clou. Par ce moyen facile, les oiseaux restent solidement fixés dans la caisse, qui peut en tenir un très grand nombre ; et, comme l'on n'a pas besoin de bourrer les intervalles pour les maintenir, ils n'éprouvent aucun frottement capable de déranger leurs plumes, et ils arrivent à leur destination avec toute la fraîcheur qu'ils avaient en sortant des mains du préparateur.

« Les oiseaux doivent être écorchés plus promptement que les quadrupèdes, parce que, dès que la putréfaction commence, les plumes se détachent. Si l'oiseau avait une crête charnue, il faudrait en conserver la tête dans l'eau-de-vie. Lorsqu'on aura plusieurs individus de la même espèce, il sera toujours utile d'en envoyer un dans l'alcool.

» Il est à désirer qu'on puisse se procurer en même temps le mâle et la femelle, et des individus de la même espèce, les uns plus jeunes, les autres plus âgés. Les oiseaux diffèrent beaucoup selon l'âge ; il en est même certains qui ont été pris pour des espèces différentes. Il sera très utile aussi d'avoir les œufs et les nids. Pour conserver les œufs, on fait un petit trou aux deux extrémités, on les vide, et on les remplit ensuite de cire.

» On enverra, quand cela sera possible, le squelette des oiseaux trop grands pour être mis dans la liqueur.

» Il est inutile d'empailler les oiseaux ; ils occuperaient trop de place, et cette opération, qui ne peut être bien faite que par des personnes exercées, le sera mieux lorsqu'ils seront arrivés au lieu de leur destination ; il suffit que les peaux, les pattes et la tête soient bien conservées. »

§ 2. MAMMIFÈRES.

Les petites espèces se transportent fort bien dans la liqueur spiritueuse, comme les oiseaux ; mais les grands individus s'écorchent et s'envoient en peau. On les emballe dans des caisses goudronnées comme nous l'avons dit plus haut.

S'il arrivait que, pour préparer la peau d'un grand mammifère, on n'eût pas à sa disposition les matières ou les préservatifs propres à cela, on pourrait les remplacer par de l'alun en poudre, ou simplement par un mélange de cendres et de sel commun ; mais, dans ce cas, il faut employer le sel en petite quantité, parce qu'il attire l'humidité de l'air, s'en imprègne, et se résout trop facilement en une saumure qui fait beaucoup de mal à la peau en la corrodant et en détruisant la fraîcheur de son pelage. Enfin, on se contenterait de la faire parfaitement sécher si l'on n'avait pas d'autres moyens. Il est rare que les habitants d'un pays n'aient pas des procédés particuliers pour hâter la dessiccation et assurer la conservation des peaux des animaux qu'ils écorchent : on s'en informera ; et, si leur méthode ne présente aucun inconvénient lorsqu'il s'agira de monter l'animal, on l'emploiera de préférence.

« Considérés sous le rapport scientifique, il est peu d'animaux étrangers à l'Europe qu'il ne nous soit très utile d'étudier. Si l'on excepte l'éléphant d'Asie, le tigre royal et le lion d'Afrique, l'histoire de tous les autres est plus ou moins incomplète ; celle du lion n'est bien connue que depuis que la lionne de la ménagerie a mis des petits au monde en captivité ; c'est aussi depuis que deux éléphants sont morts à la ménagerie du Muséum, qu'on a acquis une connaissance exacte de l'anatomie de ce grand quadrupède.

» On ne saurait donc trop recommander aux voyageurs qui se trouveront à portée de se procurer des animaux vivants, de ne rien négliger pour les faire arriver chez nous (au Muséum d'Histoire naturelle).

» Les petits quadrupèdes, principalement ceux qui ont l'habitude de se cacher dans les terriers, sont les moins connus.

» On se procurera facilement des animaux en s'adressant aux naturels du pays, qui savent aussi où ils se trouvent, et qui, dans leurs courses, ont souvent occasion d'en rencontrer ; ils pourront les prendre au piège et les amener vivants.

» Il ne leur sera pas difficile non plus de prendre dans leur première jeunesse quelques-uns des quadrupèdes dont ils connaissent la retraite, et des oiseaux dont ils ont vu les nids.

» Plus les animaux sont jeunes, plus il sera facile de les accoutumer à vivre renfermés dans des cages. Ils exigeront d'abord des soins particuliers : il faudra toujours les nourrir quelques semaines à terre avant de les embarquer, et l'on ne saurait se donner trop de peine pour les apprivoiser. Un animal qui n'est point effrayé à la vue de ceux qui le soignent, se porte toujours beaucoup mieux, et résiste davantage aux fatigues d'un voyage de mer, que celui qui est resté sauvage ; et il n'est presque aucun animal qu'on ne parvienne à adoucir par les bons traitements.

» Un excès de nourriture, lorsqu'ils sont renfermés et hors d'état de faire de l'exercice, leur serait extrêmement nuisible. Le plus sûr moyen de les conserver est de ne leur donner que strictement ce qu'il leur faut.

» Après une nourriture convenable, ce qui leur est le plus nécessaire c'est la propreté ; on trouvera toujours sur le vaisseau quelqu'un qui se chargera de les soigner, soit pour une faible récompense, soit parce que c'est un objet d'amusement : il sera très essentiel de prendre des précautions pour que ces animaux ne soient pas agacés et irrités par les passagers.

» On se procurera des quadrupèdes, soit en envoyant des chasseurs dans l'intérieur des terres, soit en s'adressant aux naturels du pays.

» S'ils ont tué des grands animaux dans un lieu trop éloigné pour qu'il leur soit possible de les conserver et de les transporter entiers, ils se contenteront d'en apporter la peau, la tête et les pieds.

» Les mammifères d'une assez petite taille pour être enfermés dans un bocal ou dans un baril, doivent être mis dans une liqueur spiritueuse.

» Les mammifères trop grands pour qu'on puisse les mettre dans l'eau-de-vie seront écorchés, et l'on aura soin d'envoyer avec la peau, les pieds et la tête dont on aura ôté la cervelle ; ou, si cela ne se peut, on enverra au moins les mâchoires.

» Lorsque l'on pourra joindre le squelette de l'animal à la peau, on rendra un grand service à la science. MM. les officiers pourront charger de ce soin les chirurgiens des bâtiments, pour qui cette opération sera facile.

» Il n'est pas nécessaire que les squelettes soient montés ; après avoir fait bouillir les os et les avoir bien décharnés et bien fait sécher, on mettra tous ceux du même animal dans un sac ; on mettra dans ce sac de la mousse, de l'algue, des rognures de papier, ou toute autre matière molle et sèche, pour qu'ils ne se froissent pas les uns contre les autres. On enveloppera de papier ceux qui sont très fragiles, et l'on aura soin de n'en perdre aucun. »

§ 3. REPTILES, BATRACIENS ET POISSONS.

La plus grande partie de ces animaux se transportent dans l'esprit de vin, et nous ne saurions indiquer une meilleure méthode pour les y placer que celle enseignée par M. Dufresne.

On enveloppe chaque poisson dans un petit sac de toile claire, qu'on taille d'après les dimensions de son corps et qu'on coud ensuite. On se procure un baril que l'on remplit aux deux tiers avec un alcool quelconque, de l'eau-de-vie, du tafia, du rhum, etc., en ayant la précaution de choisir parmi ces liqueurs celle qui sera la moins colorée, et dont la force sera calculée sur 14 ou 15 degrés de l'aréomètre de Baumé. On placera au fond du baril les plus grosses espèces, les moyennes ensuite et les plus petites tout à fait en dessus. Lorsque le vase sera rempli, on y fixera solidement le couvercle, on l'entourera de quatre bons cercles en fer, et on le goudronnera partout.

Les grandes espèces se préparent en peau, comme les mammifères, et sont traitées de même pour la préservation et l'emballage.

« Quoique, parmi les poissons de mer, il y en ait plusieurs qui se trouvent dans divers parages, le plus grand nombre appartiennent à des rivages, à des golfes particuliers. Il sera donc utile d'envoyer ceux qu'on trouve dans les contrées qui n'ont pas été visitées par les naturalistes, ceux même qui se vendent dans les marchés.

» Quant aux poissons d'eau douce, les espèces diffèrent non seulement selon le pays, mais encore selon les rivières et les lacs où ils vivent. Il est donc essentiel d'envoyer tous ceux qu'on pourra se procurer.

» On les mettra dans l'eau-de-vie, ou, s'ils sont trop gros, on enverra simplement la peau bien desséchée, en ayant soin de conserver la tête et les nageoires.

» Il en est de même des reptiles. En écorchant les serpents pour avoir la peau, il faut bien prendre garde de ne pas endommager les écailles ; il faut aussi beaucoup de soin pour ne pas casser la queue des lézards.

» Il serait à désirer qu'on pût envoyer le squelette des poissons et des reptiles trop grands pour être mis dans la liqueur.

» Ces squelettes n'ont pas besoin d'être terminés, il suffit d'enlever grossièrement les chairs, et de faire ensuite sécher parfaitement l'ensemble des os sans les démonter. Le squelette entier sera placé dans une boîte avec du coton, ou avec du sable bien sec et bien fin. S'il est trop long, on pourra le séparer en deux ou trois parties. »

§ 4. INSECTES.

Les insectes, plus fragiles encore que les précédents, sont aussi beaucoup plus difficiles à transporter sans accident. Ceux dont les couleurs sont très solides peuvent se mettre dans des flacons remplis d'une liqueur spiritueuse, et ceux-là sont les plus sûrs d'arriver à bon port ; mais, pour les autres, dont les couleurs sont très susceptibles, il faut prendre les attentions minutieuses et indispensables que nous allons décrire.

On fera construire, en bois mince et léger, une ou plusieurs caisses dont les dimensions ne devront pas dépasser 50 centimètres de largeur et 65 centimètres de longueur ; la profondeur est plus arbitraire, elle pourra être de 25 à 50 centimètres. On établira dans la boîte des espèces de tiroirs qui se placeront les uns sur les autres, à la manière des boîtes de colporteurs ; ces tiroirs seront en bois de 3 ou 5 millimètres d'épaisseur, et s'enchâsseront juste, de manière à se trouver solidement fixés les uns sur les autres ; ils auront de chaque côté un rebord en planchette de 40 à 55 millimètres de hauteur, plus ou moins, selon la grosseur des insectes qui devront y être renfermés. Sur le fond, on fixera solidement, au moyen de colleforte, des lames de liège fin, épaisses de 5 à 10 millimètres, et larges de 55 millimètres. On laissera entre chaque lame un intervalle libre de 40 millimètres ; il servira à maintenir les insectes qui se détacheraient pendant la route et tomberaient dedans : par ce moyen ils ne rouleront pas sur les autres, qu'ils briseraient sans cette précaution.

Cela fait, on pique solidement les insectes sur le liège, et l'on place les tiroirs dans la boîte, à mesure qu'on les garnit. Si l'on s'apercevait que quelques tiroirs fussent un peu étroits, ce qui les ferait nécessairement ballotter, on les fixerait au moyen de petites cales de bois tendre. On ferme la boîte, après avoir mis dans deux ou trois tiroirs un peu de camphre enveloppé dans des chiffons et attaché dans les coins ; on colle sur toutes les jointures extérieures plusieurs bandes de papier, et l'on applique sur le tout une bonne couche de goudron.

Les papillons arrangés de cette manière arrivent assez ordinairement à bon port, mais ils offrent l'inconvénient de tenir beaucoup de place, ce qui rend les envois fort dispendieux. Voici comment on peut parvenir à un but satisfaisant par un autre procédé qui m'a été enseigné par M. Dupont : on se procure du papier fin que l'on coupe en morceaux plus ou moins grands, selon le besoin ; on étend un papillon sur un de ces morceaux, et on le plie dedans, absolument comme une papillote. On conçoit qu'il faut y mettre le plus grand soin pour ne pas briser les antennes ni décolorer les ailes.

On fait préparer une boîte comme nous l'avons dit plus haut, mais on ne colle pas de liège sur le fond des tiroirs : on se contente d'y étendre une feuille de papier fort, que l'on y maintient au moyen de quelques pains à cacheter ; avec un pinceau et de la gomme, on fixe légèrement sur ce papier les papillotes contenant les papillons, et, lorsque cette première feuille est bien garnie, on passe à une autre opération. A 8 ou 10 millimètres au-dessus du fond du tiroir, plus ou moins, selon l'épaisseur des papillotes déjà placées, on fixe trois ou quatre petites traverses fort légères pour supporter un nouveau fond en carton solide et mince, que l'on maintient solidement sur les traverses avec de la colle-forte ; on place dessus une nouvelle feuille de papier fort et de nouvelles papillotes ; au-dessus on monte un troisième fond de la même manière, et ainsi de suite jusqu'à ce que le tiroir soit plein. Si toute une boîte était consacrée à renfermer des papillons, les tiroirs deviendraient beaucoup plus profonds, de manière à pouvoir contenir chacun cinq à six rangs de cartons, ou même, à la rigueur, on pourrait se passer de tiroirs. Du reste, la boîte se ferme et se goudronne comme nous l'avons dit.

« Les insectes sont très variés selon les climats et selon la nature du sol. Il ne faut pas se borner à recueillir les plus grands et les plus riches en couleur, on doit les ramasser tous indistinctement.

» On prend avec des filets de gaze ceux qui sont pourvus d'ailes et qui voltigent sur les plantes ; avec des filets d'une toile très claire, ceux qui nagent dans les eaux. On saisit avec des pinces ceux qui vivent sur des matières putrides et dégoûtantes, et on les jette d'abord dans l'eau-de-vie camphrée pour bien les nettoyer. Une multitude d'insectes se nourrissent sur les arbres. On s'en procure la plus grande partie en les cherchant avec attention sous les vieilles écorces du tronc, et en secouant les branches au-dessus d'un drap ou d'un parasol renversé.

» Lorsqu'on a pris un insecte, on le saisit par le corselet, et on le pique dans une boîte sur du liège ou de la cire, avec une longue épingle. Il faut avoir soin que les ailes des papillons, qui s'agitent jusqu'à ce qu'ils soient morts, ne puissent toucher à rien.

» Lorsque les insectes sont desséchés, on les met dans des boîtes de carton à fond de liège ou de cire, en les piquant assez solidement pour qu'ils ne puissent se détacher.

» Les larves des insectes doivent être envoyées dans l'eau-de-vie. Il sera très utile d'avoir, en même temps que le papillon, la chenille qui le produit.

» Si l'on trouve une belle chenille, il sera à propos de la mettre dans une boîte avec des feuilles de la plante sur laquelle on l'a trouvée, pour qu'elle puisse se transformer. On fera un petit trou à la boîte pour donner passage à l'air.

» Tous les insectes, excepté les papillons, peuvent être mis dans l'eau-de-vie. C'est la meilleure manière d'envoyer ceux qui sont un peu gros ; elle a, de plus, l'avantage de conserver les organes intérieurs, qui pourront être examinés au besoin. »

Sans vouloir faire la critique de Messieurs les Professeurs qui ont rédigé ce Mémoire, nous partageons entièrement l'opinion qu'émet M. Dupont dans cette note : « C'est un assez bon moyen, dit cet entomologiste, pour faire mourir les grosses espèces d'insectes, que de les plonger dans de l'eau-de-vie, mais il ne faut pas les y laisser longtemps, car sans cela elles resteraient toujours couvertes d'une sérosité désagréable. Il faut donc, après quelques jours, les retirer de la liqueur, et les essuyer avec soin pour les placer ensuite, par rangs de taille, dans des boîtes de transport. On ne doit laisser dans la liqueur que les individus dont on voudrait étudier les organes intérieurs. »

» Les boîtes d'insectes à fond de liège ou de ciro occupant trop de place, les insectes qui y sont renfermés pouvant se détacher lorsqu'ils sont un peu lourds, et un seul qui se détache pouvant briser tous les autres, il est un moyen plus simple de conserver les coléoptères ; c'est de les placer, après qu'ils sont desséchés, dans une boîte avec de la sciure de bois bien fine. On range les insectes sur une couche de sciure, on met sur cette première rangée un lit de sciure de 55 millimètres d'épaisseur, puis une seconde rangée d'insectes, et ainsi de suite. Il suffit que la boîte soit bien pleine et la sciure bien tassée pour que rien ne se dérange dans le transport. Ce moyen est encore très bon pour les crustacés. Il est clair qu'on ne peut l'employer ni pour les papillons, ni pour les animaux d'une consistance molle. Les premiers doivent être placés dans des boîtes et les autres dans l'alcool.

» Le Mémoire de MM. les Professeurs du Muséum d'Histoire naturelle recommande aux voyageurs qui voudront bien s'occuper des collections d'insectes, d'envoyer particulièrement :

» 1° Les araignées et les insectes réputés venimeux ; ceux qui sont le plus nuisibles, tels que les termites ou fourmis blanches, et d'y joindre leurs nids lorsqu'ils sont assez solides pour pouvoir être transportés.

» 2° Les insectes auxquels on attribue des propriétés médicales ; ceux qu'on emploie pour la teinture, comme les différentes espèces de cochenille ; l'animal qui produit la gomme-laque ; celui dont les excrétions mêlées avec une huile forment une espèce de cire avec laquelle on fait des bougies ; les différentes espèces de vers à soie, leurs cocons, les papillons auxquels ces chenilles donnent naissance, et des échantillons des toiles fabriquées avec ces sortes de soie. Madagascar, le nord des Indes, la Chine offrent plusieurs vers à soie différents des nôtres. On se procurera les diverses espèces d'abeilles domestiques, et l'on prendra des renseignements sur la manière dont on les élève, sur leur histoire, etc.

» 3° On ne négligera pas les productions des insectes qui peuvent intéresser par leur singularité, et qui sont propres à nous donner de nouvelles idées sur l'instinct de ces animaux.

» 4° Enfin, on aura soin, en ramassant des insectes, de cueillir en même temps un rameau de la plante sur laquelle ils se nourrissent, et l'on enverra ce rameau en herbier avec un numéro correspondant à l'insecte. »

§ 5. CRUSTACÉS.

Ces animaux se plongent dans la liqueur spiritueuse ; mais, comme leurs couleurs s'y altèrent facilement, et que les grandes espèces demanderaient beaucoup d'alcool, ce qui occasionnerait de la dépense, on pourrait avantageusement les préparer selon l'indication de Bosc. On les plongerait dans un alcool faible, dans lequel on aurait fait dissoudre une bonne quantité de savon ; on les y laisserait macérer pendant le plus long temps possible, et jamais moins de quinze jours, puis on les en tirerait, on les étendrait sur une planche, en ayant bien soin de donner une bonne attitude à toutes leurs parties, et on les laisserait ainsi se dessécher.

Pour emballer ces animaux extrêmement fragiles, on fera faire des caisses carrées, peu larges, mais aussi longues que le plus long d'entre eux ; on fera un lit de mousse, de filasse ou autre matière très molle, que l'on tassera beaucoup dans le fond ; on étendra dessus un premier rang des plus gros crustacés, en ayant le soin d'insérer de la mousse entre les tests de chacun, afin qu'ils ne puissent se choquer pendant le voyage ; on couvrira d'un second lit de mousse et d'un second rang d'animaux, et ainsi de suite, mais en ayant la précaution de ne laisser aucun interstice vide, et de serrer assez le tout pour que rien ne puisse se déranger en route.

« Quant aux crustacés ou crabes et écrevisses, on recueillera plus particulièrement ceux qu'on mange, en ayant soin de noter les dénominations sous lesquelles ils sont connus; ceux qui habitent les rivages, ceux des eaux douces, ceux qui vivent sur des poissons.

» On se contentera d'envoyer l'enveloppe de ceux qui sont d'un très gros volume, et l'on aura soin de bien laver cette enveloppe dans l'eau douce avant de la faire sécher.

» Les crustacés d'un moindre volume seront mis dans l'alcool; mais avant de les mettre dans cette liqueur, il est extrêmement essentiel de les faire dégorger dans l'eau douce pour les débarrasser entièrement du sel marin dont ils sont imprégnés; sans cela, la plupart se gâtent dans l'esprit de vin. C'est ce qui est arrivé à plusieurs de ceux de la riche collection de Péron. »

§ 6. MOLLUSQUES.

« 6. Les *Coquilles* ne demandent, pour être transportées, aucune autre préparation que celle d'en ôter l'animal, comme nous le disions à l'article : *Préparation des coquilles*. Leur emballage exige des soins, parce que beaucoup sont extrêmement fragiles et se briseraient au moindre choc. On fait faire des boîtes solides, d'une grandeur moyenne; on enveloppe chaque coquille avec du coton, de la filasse, de la mousse, ou autres corps semblables, et l'on maintient cette enveloppe avec du fil ou de la ficelle : pour plus grande sûreté, on remplira, autant que possible, l'intérieur de chaque coquillage avec de la filasse, et cette opération leur donnera beaucoup de solidité.

» Au fond de la boîte, on placera les plus grosses coquilles, en réunissant celles qui ont de l'analogie dans leurs formes. Ce premier lit posé, on remplira les interstices avec de la mousse, de la sciure de bois ou mieux du sable fin, qu'on tassera le mieux possible en agitant la boîte; on posera au-dessus de ces premières coquilles un autre rang d'individus plus petits, et l'on remettra du sable, puis un troisième rang, un quatrième, et ainsi de suite, jusqu'à ce que la caisse soit pleine; alors on tassera de nouveau si l'on a rempli avec du sable, ou bien on serrera le tout le plus possible, sans rien briser, si l'on s'est servi de mousse ou autre matière molle. »

J'ai vu un voyageur qui, pour rapporter de l'Inde une collection de coquilles très fragiles, a employé avec le plus grand succès un moyen fort extraordinaire. Il fit une forte solution de gomme, dans laquelle il plongea toutes les coquilles, puis il les en retira et les saupoudra de son qui s'y attacha. Il les laissa sécher, les replongea dans l'eau gommée, et les saupoudra de nouveau. Il réitéra cette opération jusqu'à ce que chaque coquille, qui avait été préalablement remplie de filasse gommée, fût couverte d'une robe de son fort épaisse, fort dure, et qui mettait, même les plus délicates, à l'abri des chocs assez forts. Arrivé à Paris, il nettoya sa collection en la laissant plongée quelques heures dans l'eau pure, et il ne se trouva pas une seule coquille endommagée.

« On ne mettra pas moins de soin à ramasser les coquilles terrestres que les coquilles aquatiques. Les coquilles fossiles sont aussi du plus grand intérêt, surtout si l'on rapporte avec elles un échantillon des roches ou des terrains où elles ont été trouvées. Cependant un minéralogistes géologue peut très bien remplacer ces échantillons de roches par une note.

» Les coquilles très fragiles, les oursins, les étoiles de mer, etc., seront enveloppés avec beaucoup de soin dans du c ton, et placés chacun à part dans une boîte. Les madrépores d'un certain volume seront fixés par du fil de fer au fond de la caisse dans laquelle ils seront placés. »

§ 7. ZOOPHYTES.

7. Les *Zoophytes*, selon qu'ils sont d'une substance molle ou dure, se déposent dans de l'esprit de vin, ou s'emballent comme nous avons dit pour les autres animaux. La seule préparation à leur faire subir avant le transport, c'est de les nettoyer, et de faire dessécher à l'étuve ceux qui en ont besoin.

« La mer est peuplée d'une infinité d'animaux mous ou gélatineux nommés zoophytes, dont les uns vivent isolés, les autres en société. La plupart de ces animaux sont inconnus, et leur étude est d'autant plus importante qu'elle nous donne des notions générales sur l'organisation des êtres et sur la diversité des formes sous lesquelles se montre la nature vivante.

» Les chirurgiens et les amateurs d'histoire naturelle qui se trouvent à bord des vaisseaux, peuvent nous procurer un grand nombre de ces animaux curieux. Il suffit de les prendre avec un filet, de les bien laver dans l'eau douce, de les mettre dans l'eau-de-vie avec les précautions que nous indiquerons, et de rédiger à l'instant même une note qui indique la latitude du lieu où on les a pris ; s'ils vivent isolés ou en société, s'ils sont phosphoriques ; s'ils sont à une certaine profondeur ou à la surface des eaux. Les couleurs des animaux gélatineux ne se conservant pas toujours dans la liqueur, il est à propos d'en faire mention.

» Il existe, à de très grandes profondeurs dans la

mer, une multitude d'animaux qui ne paraissent jamais à la surface, et qui sont entièrement inconnus. On pourra s'en procurer beaucoup en joignant à la sonde un instrument qui puisse les saisir ou même en examinant ce que la sonde ramène. On les mettra dans l'eau-de-vie, après les avoir bien lavés dans l'eau douce.

» Les vers qu'on pourra se procurer, ceux surtout qu'on aura trouvés dans le corps des autres animaux en les préparant, seront, comme les mollusques, envoyés dans l'eau-de-vie. »

§ 8. INSTRUCTIONS SUR LES ESPÈCES ANIMALES.

« Il est à désirer que chacun des animaux qu'on voudra bien nous envoyer en peau, en squellette, ou dans l'eau-de-vie, soit accompagné d'une note qui indique avec précision :

» Le pays où l'animal se trouve ;

» La saison dans laquelle il a été pris ;

» La manière dont il se nourrit ;

» Ses habitudes, si on les connaît ;

» Le nom qu'il porte dans le pays ;

» S'il est utile ou nuisible ;

» Les usages que l'on fait de sa peau, de sa chair, de sa graisse, etc. ;

» Les opinions populaires ou superstitieuses dont il est le sujet parmi les naturels du pays.

» Ces notes écrites sur un cahier auront chacune un numéro correspondant à un numéro attaché à l'objet auquel elles seront relatives.

» Afin qu'à l'endroit où l'objet et les notes seront d'abord déposés il n'y ait pas de confusion, il sera bon que la personne qui se chargera de l'envoi vérifie tous les numéros, et les arrange de manière qu'ils forment une série, pour qu'on soit sûr, par exemple, que tel papillon appartient à telle chenille, tel mollusque à telle coquille.

» Il est essentiel que ces numéros ne soient point écrits sur un papier blanc ou sur du parchemin, mais peints à l'huile sur une plaque de bois ou de métal, qu'on attachera avec un fil d'archal, soit aux peaux renfermées dans des caisses, soit aux bocaux et aux barils qui contiendront des animaux. Il serait aisé d'avoir des numéros formés avec un emporte-pièce sur des plaques de fer-blanc ; on serait alors assuré qu'il n'y aurait jamais d'incertitude sur les chiffres.

» On peut se servir aussi de lames d'étain assez minces, sur lesquelles on grave les numéros avec une pointe d'acier, et ces lames d'étain gravées peuvent être attachées aux animaux qu'on mettra dans la liqueur. (Ceci doit s'entendre d'une liqueur qui ne contiendrait aucune dissolution de sublimé, ni autres sels métalliques.)

» On peut encore attacher aux objets conservés dans la liqueur et à ceux qui sont dans les caisses et bien secs, une petite ficelle avec des nœuds. Ces nœuds forment deux séries séparées par un intervalle : la première marque les dizaines, la seconde les unités, et par ce moyen on peut indiquer tel numéro que l'on veut.

» Après avoir indiqué d'une manière générale ce qui peut enrichir nos collections, nous croyons devoir désigner spécialement les animaux dont l'existence nous est connue, qui manquent au Muséum ou n'y sont pas en bon état, et que nous désirerions nous procurer.

» *Sénégal.* — Le squelette de l'hippopotame.

» Le squelette du sanglier d'Ethiopie.

» La peau et le squelette de différentes espèces de

gazelles, et notamment de celles qui ont les cornes recourbées en avant.

» Le pangolin ou fourmilier écailleux, ainsi que de petites autruches nouvellement écloses, conservés dans l'eau-de-vie l'un et les autres.

» Le lamantin ou bœuf marin.

» La grande panthère à larges yeux.

» Les gerboises.

» *Cap de Bonne-Espérance.* — Toutes les espèces de gazelles et antilopes qu'on pourra se procurer en peau et en squelette. Le squelette de l'hippopotame, celui du rhinocéros à deux cornes, celui du fourmilier du Cap, appelé cochon de terre ; celui du sanglier à masque qui porte de gros tubercules de chaque côté du groin, et qui est décrit par Daniel ; la peau du même sanglier propre à être empaillée ; le daman du Cap, vulgairement nommé klipdase ou blaireau de roche, dans de l'eau-de-vie, en aussi grand nombre qu'on pourra.

» Le ratel ou petit ours mangeur de miel.

» Toutes les gerboises ou lièvres sauteurs.

» Le grand oiseau serpentaire ou messager, en peau et en squelette. L'oiseau appelé coucou indicateur ; l'oiseau appelé républicain ; ces deux derniers en peau et en aussi grand nombre qu'on le pourra, et, si on le peut, aussi dans l'eau-de-vie.

» *Madagascar.* — Les hérissons ; les maki ; l'aye-aye, décrit par Sonnerat.

» Au reste, Madagascar est si peu connu que presque tout ce qu'on pourra se procurer de l'intérieur de cette île sera probablement nouveau pour les naturalistes. » (Les descriptions données par M. Aug. Vinson dans son *Voyage à Madagascar* ont modifié cette situation et fait connaître les espèces qui habitent cette île.)

« *Pondichéry et toute l'Inde.* — Les singes à longs bras, appelés gibbons, en peau, en squelette et dans l'eau-de-vie, s'il est possible. Un orang-outang adulte, en peau et en squelette. Le crocodile du Gange, à museau grêle et allongé.

» Les pangolins, dont il y a plusieurs espèces ; on les connaît aussi sous le nom de lézards écailleux.

» Il serait à désirer qu'on rapportât du Thibet :

» La vache grognante à queue de cheval (yack) ;

» Les chèvres à poil qui fournissent la laine de cachemire ;

» Le cerf du musc ;

» Les gazelles.

» *Archipel de l'Inde, et principalement les Moluques.* — Ce que l'on désire le plus ardemment, c'est l'espèce de poisson (probablement les professeurs ont voulu dire *cétacé)* appelé douiong, dugong ou vache marine, en peau et en squelette, et, s'il est possible, ses viscères ou du moins son estomac et son larynx, dans l'eau-de-vie. Des phalangers ou coëscoës, ou couscous, dans l'eau-de-vie.

» Le tarsier ou petit maki, singe dont les jambes de derrière sont triples en longueur de celles de devant.

» Les voyageurs qui auraient l'occasion d'aborder à Sumatra sont priés de prendre des informations sur un grand animal qui a été décrit par Newhoff sous le nom de succotiro.

» *Antilles.* — On demande principalement le rat musqué des Antilles, ou pilori, en nombre s'il est possible, dans l'eau-de-vie.

» *Cayenne.* — Toutes les espèces de fourmilier en squelette et dans l'eau-de-vie, les paresseux, et particulièrement le grand paresseux à deux doigts, en squelette et dans l'eau-de-vie. Toutes les espèces de cerf et de chevreuil en peau et en squelette ; l'allouatte ou grand singe hurleur, en squelette et dans l'eau-de-vie ; plusieurs langues et larynx du même animal dans l'eau-de-vie.

» *Terre-Ferme et Bouches de l'Orénoque.* — Comme la Martinique et Cayenne ont des communications fréquentes avec les côtes de la Terre-Ferme et les Bouches de l'Orénoque, il est important de connaître le nom de quelques animaux qui abondent dans ces régions, et qu'on se procurera en les demandant sous le nom qu'on leur donne dans le pays,

» Il serait facile de se procurer à Cumana, l'oiseau nommé guacharo, qui habite les cavernes de Caripé, et dont les Indiens retirent une graisse fluide comme de l'huile.

» On peut demander à Porto-Cabello les poissons du lac Valencia, et à Nueva-Barcelona le bava, espèce de petit crocodile de 65 centimètres à 1 mètre de long, inconnu en Europe, et différent du monitor ; les ratons et les rats épineux.

» Parmi les animaux qui arrivent vivants à la capitale de la Guyane espagnole, on désirerait surtout avoir les singes caparo, le capucin de l'Orénoque, la vindita, le cacajao ou mono-rabon, l'ouavapavi, le manaviri, et surtout le douroucouli ou singe dormeur, connu aussi sous les noms de cousi-cousi, cara-rayada ou mono-tigre. On se procurera facilement la peau et les squelettes de ces singes, et l'on pourra en amener plusieurs vivants.

» Il serait encore à désirer qu'on eût la peau du tigre noir de l'Esméralda, comme aussi les peaux de différentes espèces de chevreuils (*venados*), des Ilanos de Cumana et de Barcelone.

» *Nouvelle-Hollande et Port-Jackson.* — Des ornithorynques de différentes espèces, en nombre, s'il se peut, dans l'eau-de-vie ; des phalangers volants, des dasyures et autres didelphes de ce pays, aussi dans l'eau-de-vie.

» Outre les objets que nous avons désignés particulièrement pour les pays que nous venons de nommer, nous désirons qu'on nous envoie de chacun d'eux :

» Toutes les petites espèces de singes et d'animaux voisins des singes, les belettes, fouines, taupes, écureuils, chauves-souris, et en général tous les petits quadrupèdes, sans distinction ;

» Les phoques, dont les espèces sont très variées et se trouvent sur les côtes de toutes les mers ;

» Toute espèce de reptiles et de poissons, principalement les poissons mangeables ;

» Les mollusques, les vers marins quelconques. »

(Quoique cette instruction ait été insérée il y a plusieurs années dans les mémoires du Muséum d'Histoire naturelle, et que, depuis, le Jardin des Plantes se soit procuré beaucoup des objets qui y sont mentionnés, nous avons cru devoir en donner la liste complète, parce qu'ils sont encore ce qu'il y a de plus rare ou de plus précieux à se procurer dans les cabinets particuliers des amateurs et des savants.)

Nous ajouterons au Mémoire de MM. les Professeurs que les animaux les moins connus, et cependant des plus communs au Brésil et dans toute la partie chaude de l'Amérique méridionale, sont les mouffettes. Il serait surtout très important de s'enquérir de leurs mœurs, et de savoir si ces animaux varient de pelage, de couleurs et de taches dans la même espèce, afin de pouvoir décider si réellement il n'y en a que deux espèces, comme le pensait Cuvier, ou s'il y en a vingt-cinq, c'est à dire autant que de descriptions et de noms différents.

§ 9. INSTRUCTIONS SUR LES VÉGÉTAUX.

Les *plantes* herbacées ne peuvent se transporter que dans un herbier ; mais celles qui sont d'une substance charnue, telles que la plupart des champignons, se mettent dans une liqueur spiritueuse comme nous l'avons dit.

Nous avons déjà donné, à l'article *Herborisation* (p. 223), la manière de recueillir les végétaux, mais, pour compléter cette partie autant que nous le pouvons, nous n'en continuerons pas moins la citation de l'*Instruction aux voyageurs*, publiée par MM. les Professeurs du Jardin des Plantes :

« Les plantes destinées pour les herbiers doivent être, autant que possible, cueillies en fleurs et en fruit. Lorsque la plante est petite, on la prend entièrement, même avec la racine ; lorsqu'elle est grande, on en coupe des rameaux de 40 centimètres. On met ces plantes bien étalées entre des feuilles de papier, sous une planche, en employant une pression qui les empêche de se crisper, et qui n'aille point jusqu'à leur faire perdre leur forme en les aplatissant. Pour que la dessiccation se fasse très bien, il suffit ordinairement de séparer les échantillons par plusieurs feuilles de papier gris. Dans les pays et dans les saisons humides, il convient d'accélérer la dessiccation par une chaleur artificielle. Pour cela, on met entre deux planches des cahiers d'une centaine de plantes, séparées les unes des autres chacune par deux ou trois feuilles de papier, et l'on place ce paquet dans une étuve, ou dans un four duquel on a retiré le pain. Ce moyen très prompt n'altère pas même les couleurs des plantes. Quand elles sont sèches, on les change de papier.

» Il est des plantes très aqueuses, comme sont les plantes bulbeuses, les orchis, etc., qui continuent de végéter dans les herbiers plusieurs mois après qu'on les y a placées. Lorsque ces plantes seront recueillies dans l'état où on veut les conserver, il est à propos de les plonger pendant une minute dans l'eau bouillante ; on retire ensuite la plante, on l'essuie entre deux feuilles de papier gris, et on la fait sécher avec facilité, parce que l'action de l'eau bouillante a détruit la vie de la plante.

» Lorsque les fruits d'une plante sont trop gros pour être placés dans l'herbier, il faut les envoyer à part, en ayant soin d'indiquer par un numéro que tel fruit appartient à tel rameau de plante.

» Sur chaque paquet de plantes d'une même espèce, on mettra une note indiquant le nom que la plante porte dans le pays, la hauteur au-dessus du niveau de la mer du lieu où elle se trouve, etc. Ces instructions sont extrêmement importantes pour la géographie des plantes, à laquelle M. de Humboldt a fait faire de si grands progrès.

» Il sera de plus utile d'indiquer la grandeur de la plante, la couleur des fleurs et l'odeur qu'elles exhalent, parce que, le plus souvent, on ne peut en être instruit par les échantillons d'herbier.

» Les fruits secs seront envoyés dans des caisses, avec une étiquette qui indique le rameau de la plante à laquelle ils appartiennent. On fera la même chose des gommes et des résines.

» Les fruits pulpeux seront envoyés dans l'eau-de-vie, chaque espèce dans un bocal séparé.

» Les herbiers et les fruits, lorsqu'ils sont parfaitement secs, doivent être emballés dans des caisses bien goudronnées, placées à l'abri de l'atteinte des souris et des insectes.

» Il sera fort prudent de mettre dans les caisses un peu de coton imbibé d'huile de pétrole ou d'essence de térébenthine.

» Il est à désirer aussi qu'on puisse nous envoyer des échantillons des bois propres à l'ébénisterie. Ces échantillons doivent avoir environ 27 centimètres de longueur, et s'il se peut, la largeur de l'arbre. Il sera utile d'avoir une coupe longitudinale et une coupe transversale. Mais, ce qui est surtout essentiel, c'est de mettre sur le morceau de bois un numéro correspondant à un rameau de l'arbre placé dans l'herbier, car les botanistes ignorent parfois à quels arbres appartiennent plusieurs des bois qui sont dans le commerce. »

— Nous ne citerons pas ici la partie de l'Instruction qui traite des plantes vivantes, parce qu'elle ne peut guère intéresser le naturaliste, mais seulement le jardinier et l'agriculteur.

§ 10. INSTRUCTIONS SUR LES MINÉRAUX.

« Les seules précautions à prendre pour transporter les minéraux sont de les emballer solidement avec du foin, de la mousse, etc., de manière à ce qu'ils ne puissent se heurter pendant le voyage. Chaque échantillon sera étiqueté et placé dans la caisse de manière à ne pas se confondre au milieu des autres ; cependant ceux qui renferment des acides et des sels devront être hermétiquement fermés dans des vases à part, et tous doivent être garantis de l'eau et même de l'humidité.

» Les minéraux peuvent se rencontrer, soit sous des formes régulières et géométriques, auquel cas on leur donne le nom de cristaux, soit en masses plus ou moins irrégulières.

» Parmi les cristaux, il en est qui sont tellement situés qu'on peut, sans les endommager, les séparer de leur support ou de la matière qui les enveloppe. D'autres composent des groupes saillants au-dessus du support ; d'autres enfin sont comme enchatonnés dans son intérieur.

» On se procurera, autant qu'il sera possible, des échantillons relatifs à ces trois états ; et à l'égard des cristaux engagés dans l'intérieur de la matière environnante, on détachera des parties de cette matière qui aient au moins 8 à 10 centimètres dans tous les sens, de manière que l'on puisse y conserver les divers minéraux qui accompagnent les cristaux.

» On détachera également des portions de masses composées d'aiguilles, de fibres, ou granuleuses ou compactes, en observant de les choisir dans un état de fraîcheur et exemptes des altérations qui ont lieu surtout dans celles qui sont situées à la surface.

» Les mines métalliques doivent appeler l'attention des voyageurs. Ils observeront si elles sont en couches parallèles à celles de la matière environnante, ou situées dans des fentes appelées *filons* qui coupent ces couches. En détachant des échantillons de ces mines, on aura soin de laisser à l'entour du métal principal des portions, soit des autres métaux qui lui sont associés, soit des substances pierreuses qui souvent l'accompagnent, surtout de celles qui sont cristallisées.

» Si on trouve des terrains qui renferment des restes d'êtres organisés, tels que des ossements d'animaux, des coquilles, des impressions, des poissons ou des végétaux, on recueillera avec soin des échantillons de ces différents corps, en les laissant enveloppés d'une portion de la terre ou de la pierre dans laquelle ils étaient engagés.

» Dans le cas où le terrain que l'on visitera offrirait des traces d'une origine volcanique, on prendra des morceaux relatifs aux diverses manières d'être des substances rejetées par les explosions, dont les unes sont à l'état pierreux, comme les basaltes, d'autres sont semblables au verre, comme les obsidiennes, d'autres à l'état de scories, etc. Pour celles qui sont en prismes, on aura soin de noter la forme de ces prismes, et l'étendue qu'ils occupent sur le terrain.

» A chaque morceau doit être jointe une étiquette qui indiquera le nom du pays où il aura été trouvé, celui de l'endroit particulier dont il aura été retiré, la distance de cet endroit et sa situation à l'égard de quelque ville connue dont il sera voisin, la nature et l'aspect général du sol, autant que cela se pourra ; enfin, son élévation au-dessus du niveau de la mer.

» Partout où l'on trouvera des eaux thermales ou minérales, on aura soin d'en remplir un flacon qui sera bien bouché et bien luté.

» Depuis qu'on a abandonné les systèmes pour se borner à observer les faits et à comparer les observations, depuis qu'on a renoncé à deviner l'origine des choses pour bien connaître leur état actuel, la géologie, qui appartenait autrefois au domaine de l'imagination, a pris la marche des sciences exactes, et c'est surtout en France qu'elle a fait d'immenses progrès. Cette marche régulière et comparative a non seulement étendu nos connaissances sur la constitution du globe, elle a même produit des résultats utiles pour les arts. Cependant nous sommes encore bien loin de connaître les diverses contrées de la terre comme nous connaissons l'Europe, et les faits nécessaires pour fixer nos idées ne peuvent être recueillis que par des voyageurs instruits et livrés à ce genre d'étude.

» Mais il est facile à ceux qui visitent les contrées éloignées, surtout au delà des tropiques, de nous procurer des notions importantes, et de nous envoyer des productions dont l'examen seul pourra nous éclairer et fournir des renseignements sur la nature du sol des divers pays, et, par suite, sur la disposition générale des minéraux qui couvrent la surface du globe.

» Sur toutes les côtes, dans toutes les îles où aborde un vaisseau..., on peut d'abord recueillir sur le bord des torrents des cailloux qui indiquent la nature des roches desquelles ils proviennent. On choisira les plus gros, on notera quel est leur volume, et l'on en cassera des fragments. On en prendra aussi quelques-uns des plus petits, en ayant soin de choisir ceux qui ont un aspect différent. Les cailloux sont d'autant plus petits qu'ils viennent de plus loin.

» Partout où l'on verra une roche s'élever, soit au milieu des eaux, soit dans l'intérieur des terres, on observera si cette roche est toute d'une même substance, soit homogène, soit composée, ou si elle est formée de diverses couches. Dans le premier cas, on en détachera un fragment, dans le second, on observera la position relative des couches, leur inclinaison et leur épaisseur, et l'on prendra un échantillon de chacune de ces couches, en mettant la même marque sur tous les morceaux qui proviennent d'une même montagne, et un numéro particulier sur chacun d'eux pour indiquer l'ordre de leur superposition ou de leur situation réciproque. Si la personne qui voudra bien recueillir les échantillons peut y joindre un croquis au simple trait qui indique la forme de la montagne, l'épaisseur et l'inclinaison des couches, ce sera rendre un service essentiel.

» Dans le cas où la roche qu'on observe est un pic isolé, il est utile de l'examiner et de le dessiner sur deux faces, pour mieux s'assurer de l'inclinaison des couches.

» Il ne sera pas inutile de recueillir du sable des rivières, surtout de celles qui charrient des paillettes métalliques ; mais il faut que ce sable soit pris aussi loin de l'embouchure que cela est possible.

» On trouve dans quelques pays des masses isolées auxquelles le peuple attribue une origine singulière ; il faut en prendre des fragments. Peut-être s'en trouve-t-il qui sont des aérolithes ; d'autres peuvent avoir été transportées par des révolutions du globe.

» En recueillant des fragments de roches, de mines, de produits volcaniques, de corps organisés fossiles, la chose la plus essentielle, c'est de bien noter leur gisement, c'est à dire la nature du sol où on les a trouvés, et leur position relativement aux minéraux qui les environnent.

» Les couches de basalte méritent une attention particulière, soit en elles-mêmes, soit sous le rapport des terrains qui les supportent ou qui les recouvrent. On remarquera si elles sont divisées en masses irrégulières, en tables, en prismes, et quelle est leur disposition. On observera si elles renferment des débris de corps organisés; et l'on aura soin d'en recueillir des échantillons dans les divers états, ainsi que des matières sur lesquelles le basalte repose. On s'assurera surtout s'il n'y a pas interposition de matières scorifiées, ou de ces lits d'un aspect terreux auxquels les Allemands donnent le nom de wacke, et que l'on suppose n'être pas volcaniques.

» Les porphyres trappéens ou trachytes de M. Haüy méritent le même intérêt. Ils se distinguent surtout des porphyres primitifs et de transition, par l'absence du quartz et la présence du pyroxène.

» Il ne faut point s'embarrasser de morceaux d'un

volume considérable ; les échantillons de 6 à 8 centimètres sur 3 ou 4 centimètres d'épaisseur sont suffisants. Il ne faudrait prendre de grandes masses qu'autant qu'elles renfermeraient le squelette d'un animal fossile.

» Pour emballer les échantillons, on les recouvrira d'abord immédiatement d'un papier fin. Au-dessus de ce papier, on mettra celui sur lequel est écrite l'étiquette ou la note du gisement, puis un second papier fin que l'on entourera de filasse, et l'on enveloppera le tout d'un papier gris. On arrangera ensuite tous ces échantillons dans une caisse, en les serrant les uns contre les autres, et en garnissant les interstices de papier haché ou de filasse, de manière que leur ensemble forme une seule masse dans laquelle rien ne puisse se déranger. La caisse sera goudronnée pour la garantir de l'humidité. »

CHAPITRE II

Conservation des Collections de Zoologie
à bord d'un vaisseau.

Bien qu'on ne se serve plus aujourd'hui que de l'acide phénique pour les emballages des Collections d'Histoire naturelle, cet acide laissant bien loin en arrière les procédés réputés les meilleurs jusqu'au moment de son application à la conservation des matières organiques, nous rappelons les instructions suivantes pour les personnes qui, éloignées de toute communication, ne pourraient s'en procurer.

1° *Mammifères et Oiseaux.*

Après avoir mis en peau les oiseaux ou les mammifères, on les laisse parfaitement dessécher dans un courant d'air pendant plusieurs jours. Cependant, si l'on soupçonnait que les peaux fussent attaquées par les insectes, il n'y aurait pas de meilleur moyen, avant de les passer à la liqueur de Smith, que de les laisser exposées pendant deux heures à la plus grande ardeur du soleil. Sous les tropiques, aucun insecte destructeur ne résiste à ses rayons : il fuit ou meurt. Il serait utile de faire cette expérience à Paris pendant les grandes chaleurs de l'été; peut-être réussirait-elle, car alors nous avons souvent la chaleur des tropiques. Quand, par l'effet de l'humidité, les peaux ont à craindre la moisissure et la pourriture, on les enveloppe de linge, on les place dans une boîte de fer-blanc, et on les expose à la douce chaleur du four. Entre les tropiques, lorsque le temps est à la pluie, il faut promptement préparer les grands animaux et avec beaucoup d'attention, si l'on ne veut pas voir le poil se séparer de la peau.

On place les animaux en peau dans des caisses en bois dont tous les joints sont enduits de brai et recouverts de bandes de toile goudronnée. Ces caisses, placées dans l'endroit le plus sec du navire, peuvent rester d'un an à quinze mois sans être visitées; ce qui, toutefois, est subordonné au temps qu'il aura fait. Les mammifères amphibies ou complètement aquatiques, comme les phoques, les dauphins, dont la peau est épaisse et huileuse, doivent être enfermés séparément, ou mieux plongés dans une forte saumure. Le meilleur moyen de conserver les petits mammifères rares est de leur ouvrir le ventre et de les mettre dans de l'alcool pur. Les étiquettes écrites sur un parchemin avec de l'encre ordinaire se conservent bien dans l'esprit de vin, mais celles écrites avec de l'encre de Chine s'effacent.

2° *Reptiles, Batraciens et Poissons.*

Ils se conservent dans l'esprit de vin renouvelé de temps en temps. Les reptiles terrestres et les serpents d'eau y conservent en général leurs couleurs, mais il n'en est pas de même de ceux qu'on appelle amphibies. Il faut pratiquer plusieurs ouvertures au ventre des serpents, entre les grandes écailles, autrement les gaz qui se développeraient dans les intestins les feraient surnager avant que la liqueur les ait pénétrés, et ils se gâteraient. Il faut souvent visiter les peaux desséchées des grands reptiles, car elles s'altèrent facilement.

Quant aux poissons, on les lave dans de l'eau douce, on les coud dans des petits sacs de toile si l'on en a le temps, puis on les dépose dans des vases remplis d'esprit de vin pur. Il est utile de leur ouvrir le ventre, mais sans ôter les intestins. Quinze à vingt jours après, on les change de liqueur et on les place dans les bocaux dont ils ne doivent plus sortir, et où il ne faut pas trop les entasser. On bouche les bocaux avec des bouchons de liège qu'on lute avec du brai sec, et on les place dans des caisses qui ne doivent pas avoir plus de 650 millimètres en carré. On les visite de temps à autre, et après huit mois ou un an, selon la chaleur des latitudes que l'on parcourt, il faut changer la liqueur et enlever les individus altérés.

Si on se procurait un poisson très rare, mais déjà un peu altéré, on le fendrait dans toute sa longueur, on en enlèverait le plus de chair possible sans toucher à la peau, et on le plongerait dans l'esprit de vin le plus fort. En général, c'est pour les poissons qu'il faut garder l'alcool le plus fort. Si l'on était obligé de le remplacer par du rhum ou de l'arak, dont la force ne passe pas 18 à 19 degrés, il faudrait changer plus souvent la liqueur.

3° *Insectes et Crustacés.*

Parmi les insectes, il n'y a proprement que les araignées, les orthoptères et quelques coléoptères qui puissent être conservés par ce moyen.

Les crustacés se conservent bien dans l'esprit de vin pur, mais la plupart, et particulièrement ceux d'eau douce, y perdent leur couleur et y deviennent uniformément rouges.

4° *Mollusques et Coquilles.*

Ils se conservent très bien dans l'esprit de vin, que l'on peut cependant remplacer, quoique imparfaitement, par le deuto-chlorure de mercure (sublimé corrosif) ou le vinaigre. Il faut que l'esprit de vin n'ait pas plus de 20 degrés pour ne pas racornir ces animaux. On les change de liqueur quelques jours après y avoir été mis, et pour la faire parfaitement pénétrer dans toutes les parties de ceux qui ont une coquille, on en casse un petit morceau ; l'extrémité de la spire dans les univalves, le bord d'une valve dans les bivalves. (Il est bien entendu que ceci ne doit se faire que lorsqu'on ne tient qu'à la conservation de l'animal, pour les études anatomiques, et non à la coquille).

Les coquilles, que l'on conserve sans l'animal, se mettent dans des boîtes et enveloppées de coton ou d'étoupes pour n'y plus toucher jusqu'à l'arrivée. On emballe de même, mais avec plus de précaution, les crustacés, les oursins, les astéries, les madrépores, les polypiers flexibles, les éponges, etc., après les avoir desséchés.

5° *Zoophytes.*

Ceux dont le corps est assez ferme pour pouvoir être conservé dans la liqueur, doivent être plongés dans de l'esprit de vin pur s'ils sont peu fermes ; de 16 à 20 degrés s'ils le sont beaucoup. Plus les bocaux sont petits, plus il faut les visiter et les remplir souvent, et tous les six mois au moins. Quand les objets qu'ils contiennent sont petits et délicats, on les sépare avec de petites plaques de liège, ou bien on les enveloppe en partie avec des rondelles de cire.

6° *Objets nécessaires au voyageur pendant la traversée.*

Nous terminons ce chapitre par l'énumération suivante des objets indispensables à embarquer pour faire une campagne de trois ans sur un vaisseau de 4 à 500 tonneaux. Ils se composent de :

Alcool incolore, à 32 degrés............	600 litres.
Estagnons ou vases en cuivre pour contenir l'alcool..............................	3
Petite pompe à main pour soutirer....	1
Pèse-liqueurs	3
Bocaux de 20 litres.......................	4
— de 10 litres.......................	24
— de 5 litres.......................	50
— de 3 litres.......................	100
— de 2 litres.......................	100
— de 1 litre.......................	150
— de 1/2 litre.......................	200
— de 1/4 litre de litre...........	300
— d'au-dessous 1/4 de litre jusqu'à 30 grammes de liquide.	400

Flacons à large goulot, bouchant à l'émeri, de 1 litre 1/2................ 4

Flacons plus petits pour mettre dans la poche........................ 6

Bouchons de liège préparés et adaptés aux bocaux 1400

Couteaux à liège...................... 2

Râpes à bois 2

Une série de 9 numéros en poinçons.. 1

Emporte-pièce de 16 millimètres de diamètre............................ 1

Plomb laminé de 1 millimètre 1/2 d'épaisseur, pour étiquettes .... 54 mill.

Brai sec.............................. 15 kil.

Casserole en cuivre pour le faire fondre 1

Pinceaux ou brosses 4

Vieux papier fort.................... 10

Vieux linge 10

Coton pressé pour empailler.......... 10

Etoupes pour emballer les bocaux.... 50

Savon arsénical dans un baril enveloppé 25

Boîte ronde de fer-blanc de 162 millimètres de hauteur.................... 1

Boîtes complètes de scalpels......... 3

Couteaux en forme de scalpel......... 3

Pierre à rasoirs..................... 1

Aiguilles à coudre de diverses grandeurs 100

Fil blanc à coudre................... 250 gr.

Loupes simples 3

Loupes doubles 3

Chalumeaux en verre, droits et recourbés 12

Parchemin, feuilles.................. 6

Boîtes carrées en fer-blanc, rentrant les unes dans les autres, la plus grande large de 49 centimètres et longue de 33 centimètres....................... 6

Boîtes à insectes, garnies de liège, de 271 millimètres carrés, fermant bien.	20
Epingles assorties......................	12000
Camphre................................	2 kil.
Fusils de chasse, doubles, avec leurs fourniments...........................	2
Fusil simple, très long, ou canardière.	1
Plomb de chasse de diverses grosseurs	300
Plomb de chasse du n° 2	5
— du n° 4	10
— du n° 5	50
— du n° 8	75
— du n° 9	75
De la cendrée	85
Une quantité proportionnée de poudre fine à tirer	3
Marteaux pour la minéralogie........	3
Etamine blanche pour les filets à mollusques et à insectes................	35 mètres.
Arceaux en cuivre montés sur un manche en bois pour la chasse aux insectes	4
Arceaux avec des manches flexibles de 3ᵐ25 à 4 mètres de longueur pour prendre les mollusques..............	4
Fil à voile retors pour le filet que traîne le navire......................	10 kil.
Papier vélin...........................	300 feuilles.
Boîtes de couleurs complètes	2
Crayons en bois	6 paquets.
Gomme élastique, colle à bouche, etc..	En qᵗᵉ sufᵗᵉ.

Il est aisé de s'apercevoir qu'une grande quantité de petits outils très nécessaires au préparateur ont été omis dans cette utile note qui nous a été communiquée, tels que bourroirs, pinces de diverses façons, vrille, cure-crâne, ciseaux, brucelles, petits étaux à main, etc. Nous conseillerons donc d'emporter, en outre, pour un tel voyage, deux trousses complètes de l'invention et du système de M. Simon.

On trouvera dans la seconde partie de cet ouvrage l'énumération des outils contenus dans cette trousse. Elle offre un choix très judicieusement fait de ceux qui sont nécessaires au naturaliste voyageur, sans qu'il se charge inutilement de ceux qui ne lui sont pas rigoureusement indispensables et qu'il peut, d'ailleurs, se procurer partout.

QUATRIÈME SECTION

Disposition et Conservation des Collections d'Histoire naturelle.

---

§ 1. OBSERVATIONS GÉNÉRALES.

La conservation des objets formant les brillantes collections des amateurs dépend, en grande partie, de leur bonne préparation; mais, cependant, elle exige encore d'autres soins sans lesquels on risquerait de perdre, en plus ou moins de temps, des individus précieux rassemblés avec autant de peine que de dépenses.

Les animaux couverts de plumes ou de poils sont ceux qui exigent le plus de précautions pour être conservés dans tout leur éclat, parce que, plus que les autres, ils ont la malheureuse faculté d'attirer un grand nombre d'insectes destructeurs, tels que le *dermeste du lard*, le *dermeste à deux points blancs*, l'*anthrène à broderie*, les *teignes*, les *bruches*, etc. Les plus petits insectes sont les plus dangereux, parce qu'ils se glissent par les ouvertures les plus fines, par les fentes les moins visibles; ils se logent dans les plumes, dans le poil, et dans tous les tissus qui ne sont pas bien pénétrés de préservatif; ils rongent, coupent et détruisent toutes les matières animales, ou même végétales, y déposent leurs œufs, d'où sortent bientôt une multitude de larves qui achèvent en très peu de temps de rendre le mal irréparable.

Les reptiles et les poissons deviendraient aussi promptement la proie des animaux dévastateurs, si leur peau nue ne laissait apercevoir leurs dégâts aussitôt qu'ils ont attaqué une pièce, et n'invitait le préparateur à y porter un prompt remède.

Les crustacés sont moins attaqués lorsqu'ils ont été bien préparés, parce qu'ils n'offrent rien en prise à la dent meurtrière de ces avides insectes. Cependant, on voit encore quelquefois des teignes attaquer les membranes coriaces qui tiennent les articulations, et, si l'on n'y faisait attention, l'animal tomberait en pièces au moment où l'on s'y attendrait le moins.

Peu d'objets d'histoire naturelle sont aussi exposés aux ravages des insectes destructeurs que les insectes eux-mêmes. La raison en vient de ce que les préparateurs n'étant pas dans l'usage de les vider, leurs muscles et les viscères desséchés offrent à ceux-ci une nourriture qui leur plaît et les attire de fort loin. Non seulement on ne vide pas les insectes pour les placer dans la collection, mais même le plus grand nombre des amateurs ne se donnent pas la peine de les préserver. Aussi, malgré toutes les autres précautions que l'on peut prendre, il est rare de voir une collection de cette intéressante classe d'animaux durer plus de sept ou huit ans sans être attaquée, souvent même ordinairement détruite.

Les coquilles et la plupart des zoophytes n'ont rien à craindre des insectes ; mais il n'en est pas de même des plantes. Les herbiers mal tenus recèlent bientôt des teignes et des bruches, qui attaquent non seulement les plantes, mais encore les feuilles de papier entre lesquelles elles sont placées. Lorsqu'on est resté trop longtemps sans visiter un herbier, on trouve souvent qu'un seul de ces insectes s'y est creusé de longs boyaux, pénétrant quelquefois quinze ou vingt feuilles à la fois, et a entièrement gâté un pareil nombre de plantes. Qu'on juge des dégâts que peuvent y faire plusieurs de ces petits animaux.

Les minéraux sont entièrement à l'abri des insectes.

Après ces dangereux animaux, c'est l'humidité qui est le plus grand fléau des collections. Lorsque les oiseaux et les mammifères en sont la proie, la peau se ramollit et se corrompt en fort peu de temps, ses fibres se relâchent et laissent échapper les plumes ou les poils flétris ou décolorés ; la moisissure s'empare des pattes et du bec, en ronge l'épiderme décoloré, et finit par laisser les os à nu, outre que les fils de fer se rouillent, s'oxydent et décomposent les parties qu'ils touchent et qu'ils devaient soutenir. Une collection d'oiseaux ou de mammifères, exposée pendant un an à l'humidité, est une collection perdue sans ressource.

L'humidité agit sur les reptiles et les poissons d'une manière plus désolante encore, parce que ses dégâts sont plus rapides. On voit d'abord paraître, sur les animaux qui y sont exposés, de petites taches rondes et d'une couleur brunâtre ; bientôt ces taches s'étendent, perdent leur forme circulaire, se couvrent d'une moisissure ressemblant à de petits poils blancs, se réunissent, et l'animal est entièrement gâté ; quels que soient les soins et les procédés que l'on essaiera pour raviver ses couleurs, jamais on n'y parviendra, il est perdu sans retour. Chez les poissons à écailles et sur les serpents, le mal est encore plus dangereux, parce qu'on ne peut pas s'en apercevoir d'abord. La partie mince de la peau sur laquelle les écailles sont attachées, ou, si l'on aime mieux, l'épiderme, se détache d'une manière imperceptible, et, lorsqu'on reconnaît l'humidité par d'autres signes, et que l'on veut y porter remède, il n'est plus temps ; cette pellicule légère tombe et reste dans les doigts, sans qu'on puisse lui rendre son adhérence par aucun moyen.

Sur ces animaux, l'humidité agit quelquefois d'une autre manière ; ils se ternissent peu à peu, perdent leurs brillantes couleurs, et finissent par passer des couleurs claires et vives à d'autres nuances sombres, foncées et sales. Nous avons souvent remarqué que le vert et le jaune, deux des nuances les plus ordinaires aux quadrupèdes ovipares et aux serpents, passaient d'abord au bleu, puis au brun. On peut arrêter la décoloration d'un animal en le faisant sécher aussitôt qu'on s'en aperçoit, et le portant dans un lieu à l'abri de l'humidité, mais jamais on ne lui rendra la teinte qu'il a perdue.

Les crustacés annoncent qu'ils sont la proie de l'humidité par de petites houppes de moisissures qui se placent autour des yeux et aux articulations. Si l'on remarque des taches sur le test pierreux dont ces animaux sont couverts, c'est que le mal est à son dernier période ; dans ce cas, il répand une odeur fétide, et, dès qu'on le touche, il tombe en poussière.

Les insectes sont presque aussitôt détruits qu'attaqués par l'humidité ; la moisissure s'empare de la naissance des antennes et couvre bientôt toute la tête ; elle paraît autour des élytres, sur les cuisses et à toutes les articulations des pattes ; il se forme, sur les élytres et le thorax, des taches petites, rapprochées et grisâtres, et l'animal perd tout son éclat en deux ou trois jours. Si l'on veut y porter remède, on trouve que les ligaments des articulations sont décomposés et anéantis ; l'abdomen exhale une odeur fétide et tout tombe en morceaux au plus léger attouchement. Les papillons craignent peu l'humidité sur les ailes ; mais il n'en est pas de même pour le corps, surtout dans les espèces qui l'ont très gros, telles que les papillons de nuit, les sphynx : l'abdomen devient mou, brunit et tourne au gras, pour me servir de l'expression des amateurs. Lorsqu'il en est là, le mal est sans remède, car, si l'on parvient à le dessécher de nouveau, aussitôt que l'atmosphère deviendra humide il attirera comme une éponge les vapeurs aqueuses contenues dans l'air, et retombera dans son premier état de putridité. Cependant les auteurs allemands recommandent, dans ce cas, de couper l'abdomen à son insertion au thorax, de le mettre tremper quarante-huit heures dans l'alcool, et de le recoler au corselet. Nous n'avons pas essayé cette méthode.

Les coquilles sont moins sensibles à l'humidité, quoique une seule goutte d'eau qu'on laisserait tomber sur quelques espèces, et qui y sécherait sans être essuyée, fût capable d'y faire une tache ineffaçable. Si des coquilles y étaient cependant exposées trop longtemps, elles s'y terniraient, et leurs charnières se disjoindraient.

Un herbier exposé pendant un mois seulement dans un lieu humide est perdu sans ressource ; les feuilles et les fleurs deviennent de couleur de tabac longtemps avant qu'on y aperçoive de la moisissure.

Enfin les minéraux doivent être garantis avec le plus grand soin de l'humidité, car beaucoup d'entre eux ont une grande tendance à se combiner avec elle, et, en même temps, quelquefois du moins, avec l'oxygène de l'air, d'où il résulte que quelques-uns sont déliquescents et que certains autres se changent en oxydes et même en sels, comme cela arrive à une espèce de sulfure de fer qui passe à l'état de sulfate.

La poussière agit de la même manière sur tous les objets entrant dans la formation d'un cabinet d'histoire naturelle : elle les ternit et les gâte à la longue, en s'identifiant avec eux.

L'air, lorsqu'il est en contact libre avec eux, peut leur être utile de temps à autre lorsqu'il s'agira d'en essuyer l'humidité ; mais, dans toute autre circonstance, il leur est nuisible, parce qu'il ne peut circuler librement dans les armoires sans que les insectes et la poussière n'y entrent avec lui, et parce que, aussi, étant un des principaux agents de la combinaison et de la décomposition des corps, il a bientôt détérioré les surfaces des objets qui sont exposés à son action.

La lumière, à laquelle tous les corps vivants doivent les brillantes couleurs dont ils séduisent notre imagination ou éblouissent nos yeux, semble vouloir leur retirer ses bienfaits dès que ces corps, privés de vie, ont été soumis à nos préparations. Si l'on veut que, dans une collection quelconque, ils conservent longtemps l'éclat de leur coloris, il faut les soustraire à son action, ou l'on verra bientôt pâlir, d'une manière désolante, les corps qui y seraient exposés. Plus la lumière sera vive, plus la décoloration sera rapide, et c'est surtout sur les poissons que l'on s'en apercevra d'abord. Elle agit aussi avec une certaine énergie sur le pelage des mammifères, et, pour s'en convaincre, il ne faut que comparer la couleur des animaux conservés dans les galeries du Muséum d'Histoire naturelle de Paris, avec les teintes brillantes des mêmes animaux vivants.

Il résulte de tout ce que nous venons de dire, qu'on a été obligé d'inventer plusieurs procédés pour soustraire les objets d'histoire naturelle aux nombreux accidents qui abrégeraient considérablement leur durée. Nous allons indiquer d'abord les moyens de les en préserver, puis nous enseignerons les meilleures méthodes pour les réparer, s'ils ont été altérés.

§ 2. DISPOSITION D'UN CABINET D'HISTOIRE NATURELLE.

La forme d'appartement la plus convenable pour réunir une nombreuse collection d'objets d'Histoire naturelle, est le carré long, et cela par la raison qu'il y a peu de place de perdue. Le sens de la longueur doit être du nord au midi, de manière à ce que la façade se trouve toujours regarder le levant ou le couchant. Si on ne pouvait lui donner cette disposition, il vaudrait beaucoup mieux que ses ouvertures ou fenêtres fussent au nord qu'au midi. On le placera au premier étage, autant qu'on le pourra, et, si l'on était forcé de le construire à un rez-de-chaussée, on l'élèverait sur un faux plancher pour éviter l'humidité. Du reste, quant à sa disposition intérieure résultant de l'arrangement des objets que l'on y placera, il en sera parlé à l'article particulier de chaque classe. Si l'on n'était pas dans l'intention de faire construire un bâtiment spécialement destiné à former un cabinet, on pourrait l'établir dans un appartement quelconque, pourvu qu'il fût sec, et que ses jours ne fussent pas tournés au midi. Dans les pays où l'hiver est pluvieux, on fera très bien d'y placer un poêle, non pas pour donner de la chaleur, mais seulement pour en chasser l'humidité. Cependant, si l'on conservait des animaux dans une liqueur préparée, autre que l'esprit de vin, il faudrait empêcher qu'il y gelât fortement, ce qui ferait éclater les vases. Les fenêtres d'un cabinet d'histoire naturelle doivent toujours être munies d'épais rideaux à l'intérieur, et de persiennes ou volets à l'extérieur. Les uns et les autres ne s'ouvriront que lorsque l'étude ou la curiosité amènera quelqu'un dans le cabinet, où jamais un rayon de soleil ne doit pénétrer. Enfin, il sera souvent balayé, et on le tiendra le plus propre possible, afin de ne laisser aucune retraite aux plus petits insectes.

Une petite brochure publiée en Allemagne, sous le titre : « *Das Zoologische Museum zu Berlin* » (*Muséum zoologique de Berlin*), donne des détails sur la manière de conserver les animaux dans ce pays. On y trouve quelques faits utiles à connaître, ce qui nous détermine à en donner ici un extrait.

« Dans un cabinet d'histoire naturelle, dit l'auteur, toutes les armoires doivent avoir 2ᵐ30 de hauteur, afin que l'œil puisse reconnaître, sur les rayons les plus élevés, les plus petits objets qui s'y trouvent placés ; les vitres doivent en être de la plus grande dimension possible et du verre le plus beau et le plus transparent. Autant que cela se peut, il faut que les objets placés dans ces armoires soient exposés à un beau jour, afin de rendre leur étude plus facile ; quant à leur arrangement, il doit être ordonné d'après un système de classement méthodique, selon un des systèmes reçus, d'après leur volume et quelquefois leur valeur. Il faut que chaque animal y soit placé avec son nom vulgaire et les noms qui lui ont été donnés par tous les naturalistes qui l'ont décrit, afin que les étudiants puissent facilement le trouver et le reconnaître dans la collection, quel que soit le système qu'ils suivent. Cette synonymie, pour être bien faite, n'est pas un ouvrage aisé. Par une lettre initiale, on indique les espèces non décrites ; chaque nom savant de l'animal doit être suivi des initiales du nom du naturaliste qui le lui a donné.

» Le célèbre Hoffmann a eu l'heureuse pensée de désigner la partie de la terre où se trouve chaque animal, par la couleur du papier de l'étiquette. Ceux d'Europe portent une étiquette en papier blanc ; ceux d'Afrique en papier jaune ; ceux d'Asie en papier bleu ; ceux d'Amérique en papier vert ; ceux de l'Australie en papier lilas. Au bas de l'étiquette, dans le coin à gauche, se trouve le nom du royaume ou de la province qui est la patrie de l'animal ; à droite, le nom du naturaliste qui l'a le premier découvert ou apporté de ses voyages.

» Il faut classer les animaux dans les armoires, quel que soit le nombre que peut renfermer une famille, en commençant par le rayon d'en haut où l'on place les individus du premier genre ; puis, en allant de gauche à droite et descendant de rayon en rayon, on place les genres à la suite les uns des autres, de manière à ce que l'ordre soit le même dans le cabinet que dans un livre. Si toute la famille, ou l'ordre, ou la classe, ne peut tenir dans une armoire, on en porte le reste dans une autre armoire à droite de la première, et l'on recommence à les placer sur le rayon le plus élevé, pour continuer à suivre le même ordre.

» Pour que l'œil puisse saisir tout de suite l'ordre du système établi, on écrit le nom des classes en majuscules. Les lettres des étiquettes doivent aussi varier dans leurs formes, pour que l'on puisse, sans consulter les dénominations latines, distinguer tout de suite les espèces de leurs variétés. »

Les étiquettes, au Muséum de Paris, sont toutes de grandeurs uniformes, proportionnées à la grandeur des animaux. Les plus petites ont à peu près 35 millimètres de longueur sur 15 à 20 millimètres de hauteur, et les plus grandes, 70 millimètres de longueur sur 35 millimètres de hauteur. Elles sont entourées sur leurs bords d'un double filet noir. Pour obtenir ces étiquettes fort propres, on fait graver ces filets sur une planche de cuivre qui contient un plus ou moins grand nombre d'étiquettes, et on les fait tirer par un imprimeur en taille-douce sur du papier-carte.

Les papillons aux riches couleurs, une fois fixés sur leur liège, finissent par perdre en beauté. La lumière ternit les ailes brillantes et enlève l'éclat des teintes. Une collection d'insectes pâlit très rapidement quand on ne les maintient pas dans l'obscurité. Les couleurs vertes et carminées passent en quelques semaines.

On a fait récemment des expériences à cet égard en Belgique. On a enfermé des insectes dans de petites boîtes fermées par des verres différemment colorés et exposés en plein soleil. Voici les résultats observés :

Verre incolore. Après quinze jours d'exposition au soleil, les ailes carminées étaient visiblement attaquées. Après quatre-vingt-dix jours, le carmin était passé au jaunâtre.

Verre bleu. Même effet qu'avec le verre blanc.

Vert. Cette teinte retarde l'altération, qui ne commence qu'au bout d'un mois.

Violet. Effet meilleur encore. L'altération est à peine sensible au bout de cinquante jours.

Jaune. Le verre jaune seul a laissé la couleur carminée des ailes presque intacte, même au bout de quatre-vingt-dix jours.

Il n'y a pas de préservatif absolu. La lumière accomplit son œuvre de destruction ; toutefois, à moins de laisser les collections dans l'obscurité, ce qui est le remède souverain, il y a grand avantage à les placer derrière des vitrines fermées par des verres jaunes. L'altération des couleurs devient aussi faible que possible.

§ 3. CONSERVATION DES OISEAUX.

Les nombreux individus qui composent cette classe sont soumis à la préparation pour deux buts : le premier, de les rassembler en collection pour l'étude ; le second, pour former, avec quelques-uns seulement, mais choisis parmi les plus brillants, des groupes charmants dont on orne les cheminées et les consoles des appartements. Dans les deux cas, on emploie des meubles différents pour les renfermer.

Les oiseaux de collection se placent dans des armoires en bois solide et bien joint, dont le devant vitré s'ouvre à deux battants. On donne à ces meubles plus ou moins de largeur et de hauteur, et une profondeur calculée sur le volume des oiseaux qu'ils doivent renfermer. L'essentiel est de coller plusieurs bandes de papier sur tous les joints, tant à l'intérieur qu'à l'extérieur, afin de ne laisser aucune issue aux insectes et à la poussière ; ils doivent aussi fermer hermétiquement. On les peindra en dedans et en dehors avec deux ou trois bonnes couches de couleur à l'huile.

A chaque coin, dans l'intérieur, on placera un montant taillé en crans, de 25 millimètres en 25 millimètres. Ces crans serviront à placer des rayons à la hauteur que l'on désirera. Les planches formant les rayons ne seront pas posées directement dessus, mais bien sur de petites traverses, de manière à laisser la faculté de les rapprocher des vitres ou du fond, selon le besoin. Les traverses seules s'ajusteront sur les crans.

Si l'on faisait construire plusieurs de ces armoires, le bon goût indiquerait assez de les faire toutes sur le même modèle et dans les mêmes dimensions. Quelques personnes sont dans l'usage de faire pratiquer, dans le dessous, un tiroir de 135 à 160 millimètres de hauteur , ce qui devient très commode pour serrer les peaux non montées, les collections de minéralogie, de coquilles, etc.

Ces armoires, une fois garnies d'oiseaux, doivent s'ouvrir le moins souvent possible, afin de ne pas favoriser l'entrée des insectes et de la poussière. On fera bien de placer des rouleaux de coton entre la porte et ses battants, pour les faire joindre parfaitement. Cette précaution, en usage au Muséum d'Histoire naturelle, est un peu minutieuse, parce qu'il faut replacer les rouleaux chaque fois qu'on ouvre et qu'on ferme, mais elle n'en est pas moins excellente. On peut, si on le veut, placer de temps à autre, dans ces armoires, des morceaux de camphre, ou y jeter quelques gouttes d'essence de serpolet. Enfin, il ne faut négliger aucun moyen pour s'assurer de la conservation des individus qu'elles contiennent.

Deux fois par an, les oiseaux doivent être visités scrupuleusement. On passe la main sur le plumage, pour voir si les plumes ne se détachent dans aucune partie du corps ; s'il en tomble quelques-unes, et qu'elles aient les tuyaux coupés ou rongés, c'est une preuve incontestable que l'oiseau est attaqué par les insectes. On fera partir toutes les plumes qui ne tiendront plus, on lèvera les autres, et l'on passera à leur base et sur la peau, à la place attaquée et aux environs, un pinceau imbibé de préservatif un peu clair.

Les oiseaux destinés à orner un appartement, ou à former des groupes, se placent sur des socles, sous des cylindres de verre. Comme on est assez dans l'usage d'enjoliver ces petites compositions, nous allons entrer, à ce sujet, dans quelques détails.

Des Groupes.

On appelle ainsi des espèces de tableaux représentant quelquefois une action, mais n'ayant le plus souvent que l'intérêt que peut inspirer le brillant plumage des oiseaux qui les composent. Un faucon déchirant dans ses cruelles serres une tourterelle ou un écureuil ; deux colombes se becquetant sur un buisson de roses ; une perdrix couvrant de ses ailes sa nombreuse couvée, pour la dérober à la dent cruelle d'une belette, ou à l'œil perçant d'un oiseau de proie ; un rossignol opposant sa colère impuissante à un serpent qui glisse sa tête dans son nid pour saisir et dévorer un de ses petits, voilà ce que nous appelons des tableaux représentant une action. Ces sortes de compositions sont extrêmement agréables lorsqu'elles sont faites avec goût, et que le préparateur a eu assez de talent pour donner à chaque individu l'attitude et l'expression les plus capables de peindre l'émotion qu'on lui suppose, la colère, la frayeur, la férocité, l'amour, etc.

Les animaux ont des passions comme les hommes ; elles sont en moindre nombre, mais aussi elles ont beaucoup plus d'énergie. La crainte et la colère donnent aux oiseaux des attitudes différentes et très caractéristiques. Nous citerons pour exemple trois espèces très connues, la pie, le merle et le troglodyte. Ce qu'on sait de ces animaux est suffisant pour mettre l'amateur sur la voie des observations.

« La pie, dans l'état de repos, a les plumes de la partie supérieure du corps presque lissées sur la peau, et celles de l'abdomen légèrement hérissées, comme pendantes ; son cou est retiré ; sa queue est parallèle à son corps, ou même légèrement inclinée, ses ailes sont placées dans leurs cavités pectorales. Dans cet état, elle est toujours perchée.

» Le merle, dans le repos, a les plumes légèrement ébouriffées, le cou entièrement retiré dans la poitrine, la queue légèrement relevée, et les ailes un peu pendantes. Il est perché.

» Le troglodyte a les plumes lissées, la queue est parallèle. Il perche dans tous les cas.

» Dans l'action, le corps de la pie se place horizontalement ; son cou s'allonge, sa tête est tournée de côté, ses plumes sont entièrement lisses et sa queue très relevée ; ses pattes sont placées vers le milieu de son corps ; ses ailes sont pendantes, et elle peut n'être pas perchée.

» Le merle a les plumes ébouriffées, le cou un peu allongé, la tête droite et même un peu relevée, le bec dirigé en avant, la queue très relevée et les pattes ployées comme si elles ne pouvaient pas supporter le poids de son corps ; ses ailes sont très pendantes. On peut ne pas le percher.

» Le troglodyte a les plumes lissées, la queue est relevée verticalement, son cou est médiocrement allongé, sa tête est inclinée, c'est à dire que son bec est dirigé en bas. Ses ailes sont très pendantes, ses pattes étendues, et son corps est placé parallèlement à l'horizon.

» Quand les oiseaux éprouvent le sentiment de la crainte, leur cou est très allongé, leurs plumes sont extrêmement lissées, le bec, le corps et la queue sur la même ligne, et légèrement penchés en avant. Les ailes sont écartées du corps vers la naissance du bras, et le bout est appliqué exactement près de la queue.

» Si de la crainte ils passent à la colère, tout le corps s'incline davantage en avant, le bec s'ouvre, les prunelles des yeux se rapprochent l'une de l'autre, ce qui donne à l'oiseau un regard louche. Les plumes du cou se hérissent, celles de dessous du corps s'y appliquent exactement ; la queue s'élève et s'écarte en voûte ; les jambes se ploient, et les ailes s'écartent du corps, ou s'ouvrent à demi en se relevant sur le dos.

» Si l'amateur ne sait pas saisir toutes ces nuances, et mille autres plus fugitives encore ; s'il est réduit, pour empailler, à copier servilement des gravures souvent fautives, ces oiseaux n'auront jamais cet air gracieux et animé, cette apparence de vie qui plaît et surprend à la fois. »

L'intelligence du préparateur doit seule le guider lorsqu'il choisira les matériaux dont il composera un groupe ; cependant, il est des choses que l'on emploie généralement, et que nous allons énumérer. Les buissons sur lesquels on pose ordinairement les oiseaux se vont chercher sur la lisière des bois. Ce sont ordinairement des branches de prunelliers, que la dent des bestiaux a empêchées de se développer, qui ont pris des formes plus ou moins pittoresques, et qui se sont couvertes de mousses et de lichens blancs et jaunes.

La branche choisie est placée sur un socle, en l'enfonçant par la base dans un trou qu'on y a fait, et l'assujettissant avec de la colle pour la maintenir dans la position qu'on veut lui donner. Avec de petits fils de fer très minces, on y attache des feuilles et des fleurs artificielles que l'on se procure chez les fabricants de ces sortes d'ouvrages.

On va chercher chez des tourneurs ces petits copeaux qu'ils détachent de leurs ouvrages de corne : on les teint en vert ou en jaune, et l'on s'en sert avec beaucoup d'avantage pour imiter les mousses et les lichens, si on les a un peu hachés ; en morceaux plus longs, ils imitent assez bien l'herbe menue des prés. Pour les fixer sur les branches et sur le socle, on les enduit de colle forte, de gomme, ou même de colle de farine, et l'on saupoudre avec du sable, du marc de café et de la laine tontisse de couleur brune ou verdâtre.

Pour imiter une pierre, un rocher, on emploie ordinairement du carton gris, détrempé dans de l'eau avec un peu de colle de farine, et qu'on laisse sécher après lui avoir donné la forme pittoresque inspirée par le goût ; on l'enduit de colle et on le saupoudre de sable tamisé très fin, et d'une couleur appropriée au tableau. Enfin, on emploie du sable, et même du marc desséché de café, pour imiter la terre.

Nous ne nous étendrons pas davantage sur ce sujet, par la raison que nous en avons dit assez pour l'homme de goût. Lorsqu'un groupe est terminé, que tout est bien sec, on n'a pas d'autres moyens, pour assurer sa conservation, que de le couvrir d'une cage ou d'un cylindre de verre.

Si l'on s'apercevait qu'un oiseau de collection ou de groupe fût attaqué par les insectes, il faudrait aussitôt le retirer, afin que la contagion ne s'étendît pas jusqu'aux autres. On le placerait dans une étuve assez chaude pour tuer les insectes, leurs larves et leurs œufs, sans détériorer les plumes, et on l'y laisserait plusieurs heures. Un four, par exemple, d'où l'on viendrait de sortir le pain, serait excellent pour cet usage, et se trouverait à peu près au degré de chaleur convenable. Pour empêcher qu'il ne se refroidît trop vite, on pourrait placer quelques charbons ardents à l'entrée. Mais, dans tous les cas, nous recommandons, pour désinfecter tous les genres de collection attaqués par des insectes, le nécrentome de M. Boisduval, dont nous avons parlé au commencement de cet ouvrage, page 149.

Quand un animal est très grand, soit oiseau, soit mammifère, il faut renoncer à le faire entrer dans une étuve, et alors on l'expose à une fumigation de soufre. On se procure une caisse assez grande pour le couvrir entièrement : on y pratique une fenêtre vitrée pour observer ce qui doit se passer en dedans, et l'on opère dans une cour ou un jardin, pour ne pas s'exposer à la suffocation. On place dans la caisse une terrine dans laquelle on a mis plus ou moins de fleur de soufre, selon qu'on juge la quantité nécessaire, et on y met le feu avec un morceau de papier ou un charbon ardent. Si la boîte est hermétiquement fermée, la fumée remplira toute sa capacité, pénétrera le sujet dans toutes ses parties, et détruira entièrement les insectes, leurs œufs et leurs larves. Quelques heures après, on ouvrira pour laisser échapper la vapeur suffocante ; on nettoiera les poils qui peuvent être couverts d'une poussière blanchâtre et légère, et, pour cela, on se servira d'une brosse douce pour les mammifères, d'une éponge ou d'une plume pour les oiseaux. On peut ensuite le replacer sans crainte dans la collection. Nous devons avertir les amateurs que, pour faire cette opération, il faut choisir un temps très sec, car, s'il y avait la moindre humidité dans l'air, la vapeur du soufre s'attacherait aux plumes, et les couvrirait d'une humidité qui détruirait bientôt leurs couleurs.

Si l'oiseau n'est attaqué que jusqu'à un certain point, on peut se contenter de lui passer sur toutes les parties du corps une bonne quantité de la liqueur de Smith ; quand il est bien imbibé, on le met sécher, et on peut ensuite le mettre sans inconvénient avec les autres.

On recommande un moyen qui nous paraît meilleur dans ses résultats. Il consiste à faire faire une boîte en fer blanc dans laquelle on renferme l'individu attaqué, et on la ferme assez bien pour que de l'eau bouillante, dans laquelle on la plonge pendant deux ou trois heures, ne puisse pas y pénétrer. La chaleur agit, dans ce cas, avec autant d'énergie que dans l'étuve, et tue les insectes et leurs œufs. On peut encore porter cette boîte dans un four de boulanger, assez chaud pour tuer les insectes sans nuire aux animaux empaillés.

Cette méthode a beaucoup d'analogie avec celle que nous avons recommandée dans la deuxième section de cet ouvrage, page 149.

§ 4. CONSERVATION DES MAMMIFÈRES.

Cette classe d'animaux est sujette à se détériorer de la même manière et par les mêmes causes que les oiseaux ; aussi la traitera-t-on de même dans tous les cas.

Il est beaucoup de quadrupèdes que l'on ne peut guère mettre sous verre à cause de leur grande taille. On se contente donc de les placer sur leur socle au milieu de l'appartement. Tous les mois et surtout au printemps, on les visite exactement, on les bat avec une baguette, si on les soupçonne attaqués, et on leur passe une forte couche de la liqueur de Smith. L'essentiel est de les garantir de la poussière au moyen de tentures.

§ 5. CONSERVATION DES REPTILES ET DES BATRACIENS.

Ils sont beaucoup moins sujets à s'attaquer que les précédents, et il suffit, pour les préserver entièrement, de les tenir dans des armoires vitrées, à l'abri de la poussière. Si l'on apercevait la moindre trace d'insectes, on leur passerait une couche épaisse d'essence de térébenthine et on les en saturerait sans ménagement. Quant à ceux conservés dans la liqueur conservatrice, il ne s'agit que de remplir exactement les vases toutes les fois que l'évaporation aura diminué la quantité d'esprit de vin nécessaire pour les y faire flotter. Les uns et les autres doivent se tenir à l'abri d'une grande lumière, qui détériorerait leurs couleurs.

§ 6. CONSERVATION DES POISSONS.

Ces animaux ont cela de particulier que la lumière agit sur eux avec beaucoup plus d'énergie que sur tous les autres objets entrant dans la formation d'un cabinet d'histoire naturelle : ainsi donc, il faudra les placer dans les endroits les plus sombres, et même, s'il était nécessaire, couvrir les cadres ou les rayons où ils seront renfermés, avec des rideaux assez épais. Du reste, leurs modes de conservation sont les mêmes que ceux des reptiles.

§ 7. CONSERVATION DES INSECTES.

On a trois manières de les placer dans la collection, et, si l'on tient à jouir à la fois de l'agréable et de l'utile, on doit employer les deux procédés. Le premier consiste à faire faire des cadres de 34 millimètres de profondeur, s'ouvrant par devant au moyen du verre que l'on soulève à volonté, parce qu'il est enchâssé dans quatre petites baguettes attachées en manière de porte sur un des côtés de la boîte ; sur le fond de ces cadres, on fixe avec de la colle forte de petits billots de moelle de sureau, sur le bout desquels on enfonce la pointe de l'épingle passée au travers du corps de l'insecte. Ces cadres s'attachent contre les murailles.

La seconde méthode consiste à faire faire un meuble composé de plusieurs tiroirs, dont chacun aura 27 millimètres de profondeur ; le fond de ces tiroirs sera recouvert d'une lame de liège sur laquelle on piquera les insectes. Pour rendre ces fonds plus propres, on peut coller par dessus une feuille de papier blanc.

En Allemagne, on n'emploie que rarement le liège pour garnir le fond des boîtes. On le remplace par une composition résineuse ainsi faite :

Poix blanche.................	5 kilog.
Cire jaune	3 —
Talc de Russie	1 —
Térébenthine	500 gram.

On fait fondre toutes ces matières dans une casserole, en les mélant bien entre elles, et en ayant soin que la matière, qui s'y gonfle beaucoup, ne sorte pas du vase. On prend ensuite huit feuilles de papier huilé, et on leur fait un rebord de la hauteur de deux doigts, que l'on soutient avec un morceau de bois, et l'on fixe les coins avec des épingles. On verse alors dans ces formes de papier le mélange bien fondu. Si on s'aperçoit qu'il contient du marc, avant de le jeter dans les formes, on le passe à travers un canevas très clair, et on le fait chauffer de nouveau avant de le couler.

Pour s'assurer que les formes sont parfaitement de niveau, et que, par conséquent, les tablettes auront une épaisseur égale de 7 millimètres, on plante dans chaque coin une épingle qui fait saillie de 7 millimètres, et quand on coule la matière, on voit que les formes sont de niveau si elle arrive juste à la hauteur de toutes les quatre.

On attend que la composition soit froide ; alors on la lève, on la débarrasse du papier des formes, et on colle au fond des boîtes, en faisant simplement chauffer le dessous et les côtés. Je ne pense pas qu'en France on donne jamais la préférence à ces tablettes résineuses tant que l'on aura du liège, et cependant elles ont l'avantage d'écarter les insectes, tandis que le liège leur fournit souvent des logements dans lesquels ils se cachent.

L'auteur duquel j'extrais ceci, indique un moyen fort curieux de garantir les collections des mites et autres petits insectes dévastateurs. « C'est, dit-il, d'y introduire quelques scorpions de livres (la pince des bibliothèques, appartenant à la classe des arachnides trachéennes), pour donner la chasse aux petits animaux qui s'y trouvent. On laisse ces ardents chasseurs jusqu'à ce qu'ils aient détruit les insectes, et on ne doit même pas les en retirer, car ils s'en vont d'eux-mêmes lorsqu'ils ne trouvent plus leur nourriture. » Il est fâcheux que M. Thon n'ait pas terminé ce petit conte en nous apprenant comment les objets de la collection se trouvent de la présence de ces chasseurs qui, sans doute, ne manquent pas de briser les antennes et les tarses des papillons et autres espèces délicates.

Enfin, la troisième manière de placer les insectes en collection me paraît la meilleure, et la voici : On fait faire un meuble absolument dans la forme d'un casier de bureau, dont les cases sont disposées de manière à recevoir des cartons. Ce meuble, pour être très commode, ne doit avoir que 3 à 4 décimètres au plus de profondeur, sur une largeur et une hauteur indéterminées. Chaque case, et toutes doivent être séparées par une mince traverse sur les côtés et par un fond en planchettes de bois mince, en dessus et en dessous ; chaque case, dis-je, doit être dans des dimensions telles qu'un carton s'y enchâsse juste, sans laisser de vide en dessus et sur les côtés. Les cartons auront chacun 2 décimètres 1/2 de largeur, 4 décimètres de longueur, 6 à 7 centimètres de profondeur. Ils s'ouvriront au moyen d'un couvercle dont un petit rebord enchâssera le devant et les côtés de la boîte, comme le couvercle *b* de la figure 56. Sur le devant sera placée une petite manette ou un bâton en cuivre, afin de pouvoir saisir le carton par là pour le retirer aisément de sa case. Le fond de la boîte sera garni d'une lame de liège sur laquelle, pour plus de propreté, on collera une feuille de papier blanc. Les insectes seront piqués sur le fond par ordre d'espèces, de genres et de familles. Chaque boîte portera, en dehors, sur le devant, une étiquette collée, sur laquelle sera écrit le nom de la famille et du genre auxquels appartiennent les insectes renfermés dans les cartons ; le nom et la synonymie de chaque espèce seront écrits sur une petite étiquette piquée sur le liège avec l'insecte. On a de ces étiquettes de cinq couleurs différentes, dont chacune indique une des cinq parties du monde où l'insecte a été trouvé : le blanc indique l'Europe ; le jaune, l'Afrique ; le bleu, l'Asie ; le vert, l'Amérique ; le lilas, l'Océanie ; enfin, chacun peut modifier tous ces détails selon sa fantaisie, ainsi que les proportions que nous avons données pour les cartons, s'il le juge convenable. Cependant, comme toutes les boîtes doivent être de la même dimension, il serait bon de chercher un terme moyen pour leur grandeur, de manière à ce que le plus grand nombre pussent contenir un genre complet.

On visitera souvent les boîtes d'insectes, et aussitôt qu'on apercevra une poussière jaunâtre sous un individu, on pourra être sûr qu'il est attaqué. Si c'est un coléoptère, on le détachera de dessus le fond et on le plongera pendant quelques heures dans la liqueur de Smith, ou tout simplement dans de l'esprit de vin, après quoi on le fera sécher : on lui passera sur tout le corps une bonne couche d'essence de serpolet, et on le replacera dans son tiroir ou son cadre. On aura soin de tenir ceux-ci fermés hermétiquement, et de temps en temps on y jettera un peu d'essence de serpolet, dont l'odeur écarte les dermestes. Un morceau de camphre, enveloppé dans un chiffon et placé dans un coin, produit le même effet, mais il faut le renouveler au moins deux fois par an, parce qu'il s'évapore très vite.

Les papillons et beaucoup d'autres insectes ne peuvent pas se traiter par une liqueur ; lorsqu'ils sont attaqués, il ne reste qu'un moyen de les conserver, c'est de les placer dans une étuve, ou mieux dans le nécrentome, dont la chaleur sera assez forte pour faire périr les animaux rongeurs, leurs larves et leurs œufs, sans endommager les couleurs des insectes de la collection. Lorsqu'on les sortira du nécrentome, on étendra du préservatif un peu délayé dans de l'eau, entre leurs pattes et sur toutes les parties du corps cachées à la vue. Soignés de cette manière, ils pourront encore durer fort longtemps. Les anthrènes, les dermestes et les ptines sont les insectes dévastateurs les plus dangereux pour les collections de cette classe d'animaux. Nous avons figuré cette étuve, ou nécrentome (fig. 12, page 151), et une autre plus simple et de beaucoup préférable (fig. 11, page 149). Mais le moyen le plus simple et le plus sûr pour détruire les ennemis des collections d'insectes, que ce soit des végétations parasites ou des animaux, consiste simplement à enduire d'acide phénique pur l'intérieur des boîtes, ou même seulement les plaques de liège sur lesquelles les préparations sont fixées. On peut aussi se servir d'éther phénique ou de benzine phéniquée, mais l'acide parfaitement pur est bien préférable. Dans tous les cas, le mal déjà fait sera arrêté, et son retour n'aura pas lieu.

§ 8. CONSERVATION DES CRUSTACÉS.

Ceux-ci ne seront plus posés dans les armoires. Comme leurs formes leur donnent quelque analogie avec les insectes, ils en ont aussi dans la manière de les placer dans des espèces de boîtes, profondes de 27 à 135 millimètres, plus ou moins, selon la grosseur des individus, et recouvertes par des verres de vitres. On les fixe sur le fond au moyen de fils de fer, s'ils appartiennent à de grandes espèces, ou tout simplement avec des épingles, s'ils sont d'une très petite taille. Les soins à leur donner consistent à les visiter souvent pour les nettoyer de la poussière, et à passer de temps à autre, avec un pinceau, un peu d'essence de térébenthine sur les ligaments de leurs articulations. Les bois se suspendent contre les murailles comme des cadres ordinaires.

§ 9. CONSERVATION DES COQUILLES.

Elles se traiteront à peu près comme les insectes, quant à la place qu'elles doivent occuper dans le cabinet d'histoire naturelle, c'est à dire qu'on pourra les placer dans un coquillier, ou meuble composé de tiroirs d'une profondeur calculée sur la grosseur des coquillages. On les y posera sur du coton, ou sur de petits carrés de carton blanc et mince, sur lesquels on écrira le nom de chaque espèce avant de les y coller avec de la gomme.

On les place aussi, et de la même manière, sur le fond de boîtes vitrées que l'on pose à plat sur des tables, ou, si l'on veut, on fait rayonner des boîtes ou cadres avec de petites règles de bois léger, et on les pose dessus, de manière à pouvoir pendre les cadres contre la muraille.

Du reste, on n'a pas d'autres soins à prendre des coquilles, que de les préserver de la poussière, de l'humidité, et d'une trop grande lumière qui les décolore.

§ 10. CONSERVATION DES ZOOPHYTES.

Les animaux de cette classe, dont la consistance approche de celle des coquilles, se traitent et se conservent de même. Ceux qui ont de l'analogie avec les insectes seront aussi traités de la même manière.

Les espèces à corps mou se conservent dans l'alcool ou toute autre liqueur préservatrice.

§ 11. CONSERVATION DES VÉGÉTAUX.

Le véritable amateur de botanique doit visiter ses herbiers au moins deux fois par an, et, surtout, il doit les conserver dans un lieu très sec, à l'abri de la poussière et des souris. Toutes les fois qu'il trouvera dans ses cahiers une plante mal desséchée, noircissant ou se couvrant de moisissure, il l'ôtera sur-le-champ, la fera de nouveau sécher à un courant d'air, et ne la remettra dans l'herbier que lorsqu'il se sera assuré qu'elle n'a conservé aucune trace d'humidité de nature à endommager les plantes voisines.

Celles qui se trouveraient attaquées par des insectes seraient passées à la liqueur de Smith, même avec la feuille de papier, s'il était nécessaire, et on ne les remettrait dans le cahier que lorsqu'elles seraient bien sèches.

Il ne s'agit plus que de déposer les cahiers dans des armoires fermant hermétiquement, ou, ce qui vaut encore mieux, dans des boîtes en bois léger, faites absolument comme les boîtes de bureau, et s'ouvrant en dessus et sur le côté (fig. 32). On met sur chacune une étiquette indiquant la classe, l'ordre et la famille des plantes qu'elle contient, et toutes se placent dans une armoire.

Ces boîtes sont un peu plus grandes que le format de l'herbier, et s'ouvrent par devant *a*, et en dessus *b*, à la manière des cartons de bureaux. Nous remarquons qu'en y plaçant les cahiers d'un herbier, on doit toujours les y mettre la tranche du côté du fond de la boîte, et le dos du côté de l'ouverture : c'est le seul moyen de ne pas gâter les plantes quand on retire un cahier placé sous les autres.

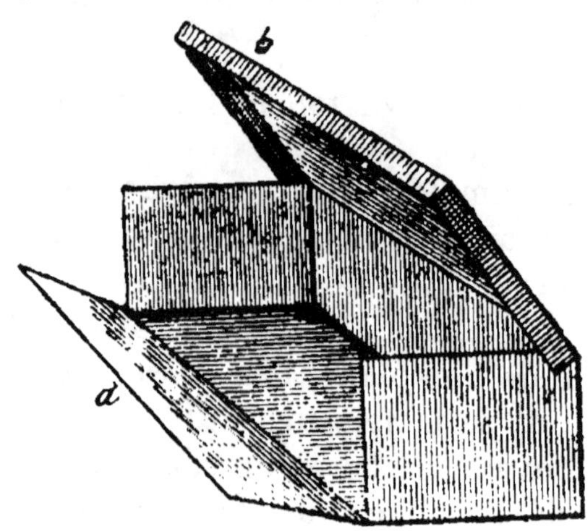

Fig. 32.

Quelques amateurs, parmi lesquels M. Bertot, qui a imaginé le procédé suivant, prennent l'empreinte des plantes qu'ils collectionnent et s'évitent ainsi la peine de préparer et de visiter leurs herbiers. Ce procédé présente, à ce point de vue, un certain intérêt qui nous engage à le faire connaître ; mais il ne peut remplacer la méthode ordinaire, qui a l'avantage de conserver l'échantillon à l'état naturel.

La plante ou la partie de la plante dont on veut obtenir l'empreinte est d'abord mise en contact par pression répétée avec du papier huilé. Par la seule pression de la main, on parvient à faire adhérer une très petite quantité d'huile à la surface du végétal.

La plante retirée du papier huilé est déposée avec précaution sur du papier blanc. On presse de nouveau avec la main passée à plat au verso du papier. L'image du végétal est déjà reproduite sur le papier. Pour la faire apparaître, on saupoudre le papier avec une quantité convenable de plombagine, puis on promène celle-ci en tous sens, comme on le fait quand on veut sabler l'écriture.

Avec un assortiment de couleurs, avec des pastels en poudre, par exemple, on peut reproduire les couleurs naturelles des végétaux. Enfin, pour donner au dessin la solidité et la fixité nécessaires, on mêle à la plombagine ou au pastel un peu de couleur résineuse, 40 pour 100 en poids.

Le dessin est fixé, quand il est exposé à une chaleur suffisante pour faire fondre la résine, soit devant un foyer, soit par l'application d'un fer chaud. On peut préparer ainsi des empreintes vraiment jolies et se faire un album de plantes choisies et coloriées qui aura sa place toute trouvée sur la table du salon.

On fait aussi d'intéressantes collections de bois ; on se procure des échantillons ayant, autant que possible, une largeur égale à la moitié du diamètre de la tige qui les a fournis, afin d'avoir le cœur du bois, le bois fait, l'aubier et même l'écorce sur le même morceau. Cette planchette sera d'une longueur indéterminée, mais un peu plus grande que large, si on veut que la collection ait quelque grâce. Son épaisseur sera de 27 millimètres au plus et de 13 millimètres au moins. Un des côtés sera poli avec grand soin, l'autre pourra ne pas l'être. Mais ces échantillons de bois de fil ne suffisent pas pour une collection complète, il faut en avoir en bois debout, c'est à dire que les planchettes, au lieu d'être sciées dans le sens de la longueur de la tige, le seront transversalement. Ces échantillons sont très difficiles à polir, surtout quand ils appartiennent à des bois tendres, tels que saules, peupliers, etc. Cependant un ébéniste habile en vient assez aisément à bout avec des râpes, des limes, de l'adresse et surtout de la patience. D'ailleurs, cette opération ne demande pas à être finie dans la perfection ; il suffit que l'on puisse parfaitement reconnaître les couches concentriques du bois.

Les meilleurs échantillons de bois sont ceux que l'on recueille du tronc des arbres mûrs, pour me servir de l'expression des forestiers, c'est à dire ayant atteint leur plus grand développement. Cependant, pour les espèces exotiques, on se contente d'échantillons pris sur de jeunes sujets, faute de pouvoir s'en procurer d'autres. Du reste, il suffit que l'arbre soit assez avancé en âge pour que le bois ait une certaine épaisseur nonobstant l'aubier, et qu'il ait pris sa teinte naturelle.

Ces collections se placent simplement dans une armoire ordinaire, et ne demandent pour tous soins de conservation que d'être abrités de la poussière et de l'humidité.

§ 12. CONSERVATION DES MINÉRAUX.

La conservation des minéraux est la plus facile et la plus simple de toutes. Il ne faut à ces objets que les placer dans des armoires vitrées et rayonnées pour les abriter de la poussière et de l'humidité. Tous les soins à leur donner par la suite consistent à les frotter avec une brosse très dure, quand on s'aperçoit que la poussière les a gagnés, malgré les précautions prises pour l'en empêcher.

§ 13. DESTRUCTION DES INSECTES NUISIBLES
AUX COLLECTIONS.

Voici comment M. de Chavannes résume les expériences qu'il a faites sur ce sujet :

La collection des coléoptères de notre musée, dont les individus étaient très attaqués lors de leur placement, se trouve placée dans les cadres garnis de liège. Les larves de dermestes et d'anthrènes se glissent facilement au-dessous de ce liège, et rendent illusoire tout nettoyage ordinaire. J'ai dû chercher un moyen de les détruire, qui fût à la fois facile, certain et peu coûteux ; je crois l'avoir trouvé dans l'emploi de l'hydrogène sulfuré.

Avant de rapporter les expériences auxquelles je me suis livré, j'énumérerai les moyens employés pour prévenir ou arrêter les ravages des insectes en général. Les soins assidus, le nettoyage, le battage, l'exposition au soleil, sont certainement très efficaces ; mais, malgré ces soins, on peut constater dans toutes les collections un peu vastes, des dégâts plus ou moins considérables lorsque les cadres et les armoires ne ferment pas parfaitement bien. Le mercure vif, conseillé d'abord par M. Faraday, et le calomel déposé dans les cadres, qui devraient produire une atmosphère mercurielle, n'ont aucune action. Ils n'éloignent pas les insectes, encore moins les tuent-ils. J'ai vu des larves de dermestes vivre pendant longtemps entourées de poudre de calomel. On enduit quelquefois de savon arsénical ou de sublimé corrosif le corps des insectes ; ce moyen ne préserve que la partie enduite, il détériore plus ou moins les insectes et les épingles, et demande en outre un temps considérable. Les huiles essentielles de térébenthine, de pétrole, de cajeput et la plupart des essences analogues sont inefficaces. Le camphre, le tabac en poudre (ou son huile essentielle) et l'huile de cumin sont d'assez bons moyens ; il faut les employer à grandes doses et les renouveler fréquemment. Ils contribuent à tenir éloignés les insectes destructeurs, mais ils ne tuent pas ceux qui existent dans une collection.

Le camphre a l'inconvénient de gêner le glissement des tiroirs après qu'il s'est condensé sur leurs bords. L'emploi de la chaleur dans le nécrentome, quoique d'un résultat certain, est long et dispendieux. L'usage d'un four est d'une direction difficile ; on risque de brûler les cadres ou de les chauffer trop peu ; cette grande chaleur rend du reste les insectes trop cassants, les déforme s'ils sont délicats, et déjette les cadres qu'on y expose.

Les fumigations de gaz carbonique sont réputées incertaines ; ce gaz n'est pas proprement délétère et ne tue pas les insectes lorsqu'il est mélangé à l'air atmosphérique. Les fumigations mercurielles ou sulfureuses, conseillées par Mauduit, sont quelque peu dangereuses ; elles ternissent les couleurs et altèrent les épingles. L'action éminemment délétère du gaz hydrogène sulfuré, la facilité et le bon marché de sa préparation, m'ont déterminé à essayer son emploi. On sait que tous les animaux plongés dans ce gaz périssent en quelques instants. Son action est d'autant plus énergique, que la respiration de l'animal est plus active, et non pas, comme l'ont écrit quelques auteurs, d'autant plus que l'animal est plus petit, car c'est par les voies respiratoires qu'il pénètre dans le sang, dont il détruit les proportions vivifiantes, et qu'il devient ainsi un poison violent pour le système nerveux, dont il anéantit les fonctions. Mis en contact avec les téguments ou les muqueuses du canal digestif, ce gaz détruit également la vie, mais d'une manière moins foudroyante. Thénard et Dupuytren ont constaté que 1/1500 mêlé à l'air suffît pour un oiseau, 1/800 un chien, 1/23 un cheval.

Parent-Duchâtelet dit avoir respiré un air qui en contenait 1/300. Pour obtenir l'hydrogène sulfuré, j'ai employé une partie de sulfure de fer et 2 d'acide sulfurique très étendu. J'ai soumis diverses espèces d'animaux à son influence, en faisant pénétrer une portion de gaz dans les bouteilles en verre blanc qui les contenaient. Je ne puis rien préciser, quant aux proportions du mélange d'hydrogène sulfuré et d'air atmosphérique contenu dans les flacons.

Reptiles et Batraciens. — Un *lacerta agilis* est mort en cinq minutes ; des larves de triton, dans une petite quantité d'eau, ont résisté quinze minutes. La petitesse des vaisseaux pulmonaires, le peu de développement de la respiration chez les reptiles, expliquent pourquoi ces animaux résistent comparativement plus longtemps. Pour les larves de la salamandre, le gaz n'a pu agir que lorsqu'une partie s'était dissoute dans la petite quantité d'eau qui les entourait.

Insectes et vers. — Diptères de diverses espèces, morts en quelques secondes ; hémiptères notonectes en quelques minutes ; lépidoptères et chenilles de diverses espèces, en quelques secondes ; orthoptères, un criquet, une minute et demie ; coléoptères, diverses espèces, avec des larves de dermestes, deux à trois minutes ; annélides, sangsues, trois à quatre minutes.

Afin d'expérimenter si des insectes protégés par un tissu de soie épais, et de plus engourdis par le froid, succomberaient facilement, j'ai introduit dans un mélange d'air atmosphérique et de gaz des nids de *B. chrysorrhœa* ; six minutes après, j'en ai tiré quelques-uns : les petites chenilles étaient encore vivantes ;

après un quart d'heure elles étaient asphyxiées, mais elles sont revenues à la vie après quelques heures. Celles qui sont restées plongées pendant une heure sont bien mortes. D'après le résultat de ces expériences, qu'il était facile de prévoir, je dois croire que l'action prolongée pendant quelque temps d'un mélange d'hydrogène sulfuré et d'air atmosphérique sera suffisante pour anéantir tous les insectes destructeurs qui pourraient se trouver dans les insectes d'une collection, ou dans quelque recoin des cadres ; je crois même que leurs œufs seraient également tués. Je me suis assuré que le gaz ne nuisait pas aux couleurs des insectes, ni trop aux épingles ; j'en ai introduit une bonne quantité dans des cadres contenant des lépidoptères de diverses couleurs et d'autres insectes délicats, et, après plusieurs jours, je n'ai aperçu aucune détérioration. Je dois rappeler cependant l'action bien connue de l'hydrogène sulfuré sur tous les vernis en couleur, contenant des sels de plomb.

La manière de procéder à la désinfection est bien simple : on place dans une caisse de grandeur suffisante, et qui ferme bien, les objets à désinfecter, tels que cadres d'insectes, mammifères, oiseaux, peaux, etc. ; on fait arriver le gaz dans la caisse par un tube partant de la bouteille où se trouve le mélange de sulfure de fer et d'acide sulfurique étendu. Au bout d'un ou de deux jours, on ouvre la caisse, dont on laisse échapper le gaz avant d'en retirer les objets, afin de ne pas être incommodé soi-même.

FIN DU TOME PREMIER.

TABLE DES MATIÈRES

TROISIÈME SECTION

Emballage des Objets d'Histoire naturelle.

QUATRIÈME SECTION

Disposition et conservation des Collections d'Histoire naturelle.

FIN DE LA TABLE DES MATIÈRES.

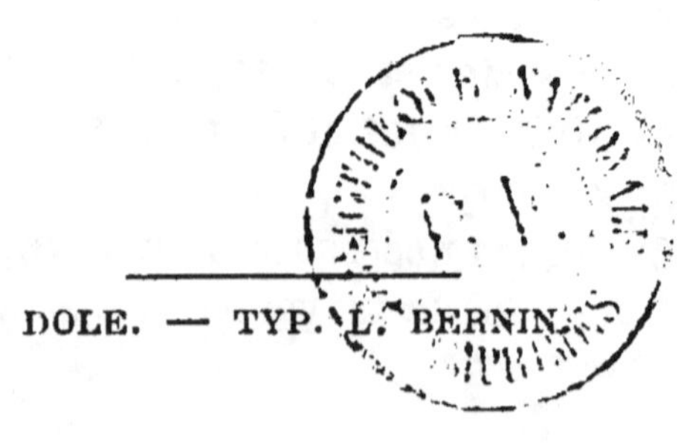

DOLE. — TYP. L. BERNIN.